U0165521

公法系列

移民政策與法制

高佩珊 主編

陳明傳、許義寶、王寬弘、柯雨瑞、黃翠紋
高佩珊、江世雄、黃文志、蔡政杰、吳冠杰 著

五南圖書出版公司 印行

　　隨著全球化時代的到來，全球人口的跨境遷移或者爲尋求更美好的
生活、更穩定的居住環境；或者爲逃離戰亂、尋求庇護，亦有跨國組織犯
罪集團從中運作，致使移民成爲影響你我生活之重要議題。無論是遷出或
遷入、合法或非法、歐盟或亞洲各地都面臨不同移民問題的挑戰。因爲
反移民進而反歐盟，再到反全球化，全球各地似乎興起逆民主化潮流，各
國政治版圖隨之改變。以歐盟和美國爲例，右派勢力之崛起、排外或爭
取獨立的運動，不只與經濟表現有關，更是和移民問題密不可分，爲各國
政府帶來挑戰。民眾對於移民的看法更是隨著恐怖攻擊事件或政治事件而
改變。故而，本書集結國內對於移民問題研究許久的學者、專家與移民實
務工作者，針對我國與歐美等國移民法制、政策或實務工作做一探討。

　　本書共分爲八個章節，第一章國籍法與歸化國籍素行要件之法規範由
許義寶教授撰寫；大陸地區人民進入臺灣相關入出境法令之探討由王寬弘
老師負責；第三章則從國際法及各國憲法角度探討外來人口人權保障機制
之問題與策進，由柯雨瑞教授、黃翠紋教授及吳冠杰講師共同撰寫；第四章
爲日本難民認定機制之現況與問題分析，由江世雄副教授主筆。第五章新
住民在臺發展脈絡與法制，則由蔡政杰講師負責；第六章移民政策與人口
販運的關聯性分析：觀念與挑戰，由黃文志助理教授撰寫；第七章美國移
民政策暨各國移民積分計點制度之比較研究由陳明傳教授所寫。最後一章
第八章，美國川普政府移民政策分析則由高佩珊副教授主筆。本書編撰目
的在爲當前移民各國政策與法制之研究，投注心力，更期望能爲我國移民
政策之規劃與移民事務之推展，略盡心力，企盼讀者，不吝指正與賜教。

主編 高佩珊 謹誌

2018年10月10日

於中央警察大學

作者簡介

陳明傳

現職：中央警察大學國境警察學系暨研究所兼任教授

學歷：美國德州聖休士頓州立大學刑事司法博士

專長：國土安全、移民理論與移民政策、警察行政、刑事司法

許義寶

現職：中央警察大學國境警察學系暨研究所教授

學歷：中正大學法學研究所博士

專長：移民與入出境管理法規、警察法規、行政法、憲法與人權

王寬弘

現職：中央警察大學國境警察學系暨研究所警監教官

學歷：中央警察大學犯罪防治研究所法學博士

專長：國境執法、國家賠償、警察人事行政

柯雨瑞

現職：中央警察大學國境警察學系暨研究所教授

學歷：中央警察大學犯罪防治研究所法學博士

專長：入出國管理、移民法制、移民政策、國境執法、犯罪學、警察與犯罪預防、非法移民、人口販運、毒品犯罪、跨國犯罪、刑事政策、憲法

黃翠紋

現職：中央警察大學行政警察學系暨研究所教授兼所長

學歷：中央警察大學犯罪防治研究所法學博士

專長：性別主流化、性別議題與執法、移民政策、犯罪預防、性別暴力防治

高佩珊

現職：中央警察大學國境警察學系暨研究所副教授

學歷：英國艾塞克斯大學政府研究所政治學博士

專長：國際關係、難移民研究、危機談判、全球化、國際政治經濟、兩岸關係、國家安全、海洋戰略、警用英文、移民英文

江世雄

現職：中央警察大學外事警察學系暨研究所副教授

學歷：日本神戶大學法學博士

專長：國際法、國際刑事法、國際海洋法、國際人權法

黃文志

現職：中央警察大學國境警察學系暨研究所助理教授

學歷：美國德州聖休士頓州立大學刑事司法博士

專長：國土安全、恐怖主義、國境執法、危機管理與談判跨國境犯罪偵查、國際執法合作、刑事司法互助、東南亞區域關係研究、外國人在臺犯罪研究

蔡政杰

現職：內政部移民署南區事務大隊業務隊隊長、中央警察大學國境警察學系兼任講師

學歷：中國文化大學政治學研究所博士候選人、中央警察大學外事警察研究所（國境組）法學碩士

專長：入出國管理、移民法制、移民政策、警察行政、國境安全及人流管理、大陸事務法規、兩岸人民交流機制研究、移民行政法規

吳冠杰

現職：臺灣警察專科學校區隊長、臺灣警察專科學校兼任講師

學歷：中央警察大學外事警察研究所（國境組）法學碩士、政治大學教育研究所博士生

專長：入出國管理、移民法制、移民政策、警察勤務、憲法

編者序

作者簡介

第三章　外來人口人權保障法制之初探

（柯雨瑞　吳冠杰　黃翠紋）　**65**

第一章

國籍法與歸化國籍素行要件之法規範

許義寶*

第一節　前言[1]

　　國籍是指一個人屬於一個國家國民的法律資格，也是國家實行外交保護的依據[2]。從18世紀末及19世紀初開始，各國即將國籍作為立法的重要內容。我國國籍法自民國18年公布施行以來，歷經5次修正，針對外國人或無國籍人歸化與回復本國國籍3年內不得任公職之事項，則以第18條及第10條加以規範。

　　國籍之取得通常有2種方式：（一）根據出生取得國籍，此種方式又分為依血統和出生地2種原則。依血統原則，不論出生在何地，只要其父母一方為本國人，其子女就獲得父母一方或兩方的國籍，又稱為屬人主義；若依出生地原則，無論父母是哪國人，只要出生在該國的領土內，即自動獲得該國國籍，又稱為屬地主義。而多數國家係採血統和出生地相結

---

* 中央警察大學國境警察學系暨研究所教授。

1 本章之完成，改寫自許義寶，歸化國籍「品行端正」認定相關法律問題之探討一文，發表於中央警察大學國土安全與國境管理學報，27期，2017年6月，頁79-115。加以補充有關國籍法之概要等重要節次內容及修正新規定之條文而成。

2 相關文獻，請參考葉錦鴻，論外籍配偶的法律地位—以入境、居留與歸化為中心，台灣國際法季刊，11卷3期，2014年9月，頁7-26。邱華君，公務人員雙重國籍之探討，人事月刊，346期，2014年6月，頁3-10。張裕焯，一個「黑戶小孩」的國籍身分與生存困境，台灣人權學刊，2卷2期，2013年12月，頁129-141。李東穎，論外國人的基本權地位—德國法的比較觀察，憲政時代，42卷3期，2017年1月，頁235-264。施正鋒，外籍配偶的公民權，台灣原住民族研究學報，5卷4期，2015年12月，頁107-137。楊翹楚，移民—雙重國籍之探討，警學叢刊，45卷5期，2015年3-4月，頁29-60。

合的原則。（二）通過加入取得國籍，此種方式是根據個人意願或某種事實，並具備相關條件，例如婚姻、收養或自願申請等，才可取得他國國籍。例如一國男子和另外一國女子結婚，如果女子願意申請，則獲得男子所屬國的國籍，如女子所屬國的法律規定，不允許雙重國籍，則女子必須放棄本國國籍才可申請男子所屬國的國籍。又如一國國民收養無國籍或他國兒童，被收養者的國籍會發生改變，或者繼續保持收養者的原國籍等。另有自願申請的方式，又稱歸化，是指一國國民自願申請另一國國籍[3]。

　　我國國籍法於105年12月21日修正公布第3、4、9、11、19條條文，其中第3條有關外國人一般歸化及其條件修正爲：「外國人或無國籍人，現於中華民國領域內有住所，並具備下列各款要件者，得申請歸化：一、於中華民國領域內，每年合計有一百八十三日以上合法居留之事實繼續五年以上。二、年滿二十歲並依中華民國法律及其本國法均有行爲能力。三、無不良素行，且無警察刑事紀錄證明之刑事案件紀錄。四、有相當之財產或專業技能，足以自立，或生活保障無虞。五、具備我國基本語言能力及國民權利義務基本常識（第1項）。前項第三款所定無不良素行，其認定、邀集專家學者及社會公正人士研議程序、定期檢討機制及其他應遵行事項之辦法，由內政部定之（第2項）。第一項第五款所定我國基本語言能力及國民權利義務基本常識，其認定、測試、免試、收費及其他應遵行事項之標準，由內政部定之（第3項）。」

　　原來國籍法規定，申請歸化者須具備「品行端正」要件，內政部指出其目的是要維護國家安全及社會秩序，依客觀事實及社會大眾通常合理的共同最低度行爲價值，訂定「歸化國籍婚姻眞實及品行端正認定原則」，明確界定「品行不端正」是有從事、媒合或教唆他人坐檯陪酒等八項情形。內政部指出，且外國人如有品行不端正行爲，在查獲後2年至3年內如未再犯，仍可重新申請歸化，並非永遠不能申請歸化。內政部表示，若刪除「品行端正」規定，外國人從事或媒合坐檯陪酒或猥褻色情按摩等，無觀察期即可歸化中華民國國籍，易遭社會大眾誤解降低歸化標準，縱容從

3　國籍疑義，國家發展委員會檔案管理局，https://www.archives.gov.tw/Publish.aspx?cnid= 948&p=903，瀏覽日期：2018.7.30。

事國人難以認同行為的外國人入籍[4]。

依歸化國籍婚姻眞實及品行端正認定原則第3條第1項規定：「外國人或無國籍人依國籍法規定申請歸化……屬下列情形之一者，認定為品行不端正：（一）觸犯刑法，經受緩起訴處分確定或緩刑、拘役、罰金之宣告確定。（二）違反社會秩序維護法，經裁處居留或罰鍰確定。（三）妨害婚姻或家庭，經配偶提出告訴。（四）從事、媒合或教唆他人坐檯陪酒或脫衣陪酒。（五）妨害風化或妨害善良風俗之行為。（六）出於自願施用毒品。（七）其他經內政部認定為品行不端行為。」

修正國籍法「品行端正」要件，新規定為申請歸化者須具備「無不良素行，且無警察刑事紀錄證明之刑事案件紀錄」要件，內政部為求公正客觀，有關無不良素行之認定，將邀集專家學者及社會公正人士共同研議訂定[5]。依歸化國籍無不良素行認定辦法第2條：「本法第三條第一項第三款所稱不良素行，指有下列情形之一者：一、因犯罪受緩起訴處分、拘役、罰金或緩刑判決確定。但因過失犯罪者，不在此限。二、下列違反社會秩序維護法行為，經裁處拘留或罰鍰確定尚未執行或繳納完畢：（一）無正當理由攜帶具有殺傷力之器械、化學製劑或其他危險物品。（二）放置、投擲或發射有殺傷力之物品而有危害他人身體或財物之虞。（三）主持、操縱或參加不良組織有危害社會秩序。（四）吸食或施打煙毒或麻醉藥品以外之迷幻物品。（五）在公共場所或公眾得出入之場所，意圖與人性交易或媒合性交易而拉客。（六）非依自治條例規定，媒合或從事性交易。（七）意圖鬥毆而聚眾。三、未對其配偶或未成年子女盡法定扶養義務，經法院判決確定；或有事實足認無正當理由未盡該法定扶養義務。四、有習慣性家庭暴力行為，經法院判決確定；或有事實足認有該行為，但其情可憫、係出於自我防衛或不可歸責於申請人，不在此限。」

有關外國人欲歸化我國，須符合我國國家利益及不得有犯罪紀錄、妨害社會秩序、善良風俗等之要求，以免造成我國之不利益。依前述國籍法

---

[4]　中央社報導，歸化須品行端正—內政部：未再犯可申請，2016.4.27。

[5]　內政部新聞稿，保障新住民權益及延攬優秀外國人才，立法院三讀通過「國籍法」修正案，2016.12.9。

第3條第3款之規定,「無不良素行,且無警察刑事紀錄證明之刑事案件紀錄」,必須符合二項要件,一者為無警察刑事案件紀錄[6],另一為無不良素行。

另刑事案件紀錄資料不予記載之情形,依警察刑事紀錄證明核發條例第6條:「警察刑事紀錄證明應以書面為之;明確記載有無刑事案件紀錄。但下列各款刑事案件紀錄,不予記載:一、合於少年事件處理法第八十三條之一第一項規定者。二、受緩刑之宣告,未經撤銷者。三、受拘役、罰金之宣告者。四、受免刑之判決者。五、經免除其刑之執行者。六、法律已廢除其刑罰者。七、經易科罰金或依刑法第四十一條第二項之規定易服社會勞動執行完畢,五年內未再受有期徒刑以上刑之宣告者。」外國人除有犯罪之紀錄,不得申請歸化外[7],另如有違反社會秩序維護法或妨害善良風俗之行為,均可能造成我國社會之不利益。

有關國籍法之修正,從原來對於「品行端正」要求,與新規定「無不良素行」之要件,二者在界定上雖有部分之差異,但仍有其相關之處。本章擬探討國籍法之概要及歸化國籍要求中,須具「品行端正」規定,與分析有關實務上之案例,以供參考。

第二節 國籍法與歸化國籍之概念

壹、國籍法之概要

一、歸化之概念

何謂歸化?所謂歸化係指無國籍人或外國人依一國法律規定,自願申

---

[6] 依警察刑事紀錄證明核發條例第3條:「本條例所稱警察刑事紀錄證明,係指警察機關依司法或軍法機關判決確定、執行之刑事案件資料所做成之紀錄證明。」

[7] 對有犯罪紀錄之外國人,如欲申請歸化,其期限有一定之限制;即必須在管制年限後,始得申請,以維護國家利益與公共秩序。

請取得該國國籍，該國家賦予國籍之謂[8]。

　　國籍法第3條第1項規定：「外國人或無國籍人，現於中華民國領域內有住所，並具備下列各款要件者，得申請歸化：一、於中華民國領域內，每年合計有一百八十三日以上合法居留之事實繼續五年以上。二、年滿二十歲並依中華民國法律及其本國法均有行為能力。三、無不良素行，且無警察刑事紀錄證明之刑事案件紀錄。四、有相當之財產或專業技能，足以自立，或生活保障無虞。五、具備我國基本語言能力及國民權利義務基本常識。」第5條規定：「外國人或無國籍人，現於中華民國領域內有住所，具備第三條第一項第二款至第五款要件，並具有下列各款情形之一者，亦得申請歸化：一、出生於中華民國領域內，其父或母亦出生於中華民國領域內。二、曾在中華民國領域內合法居留繼續十年以上。」106年6月8日修正前同法施行細則第4條規定：「本法第三條至第五條及第十五條所稱於中華民國（以下簡稱我國）領域內有住所，指以久住之意思，住於我國領域內，且持有有效之外僑居留證或外僑永久居留證者。」又第5條規定：「本法第三條至第五條所定合法居留期間之計算，包括本法中華民國八十九年二月九日修正施行前已取得外僑居留證或外僑永久居留證之合法居留期間[9]。」

二、歸化應提出喪失原有國籍之證明

　　國籍法第9條規定：「外國人依第三條至第七條申請歸化者，應提出喪失其原有國籍之證明。但能提出因非可歸責當事人事由，致無法取得該證明並經外交機關查證屬實者，不在此限。」上開規定，乃89年2月9日修正公布之條文，該條但書「非可歸責當事人事由」，係指該當事實發生非因當事人之故意或過失所致，而純粹因客觀事實之存在或發生而合致，與當事人主觀之意思無關。再者，我國國籍法並未明文禁止雙重國籍，但為避免應喪失原有國籍規定不甚明確所造成之困擾，及外國人

---

[8]　參便民法律，何謂歸化？http://blog.udn.com/census668/23239153，瀏覽日期：2018.7.30。

[9]　最高行政法院107年度判字第256號判決。

因歸化取得我國國籍而產生雙重國籍，特予本次修正國籍法第9條明確規定，應提出喪失原有國籍之證明，以利執行。惟實務上考量於申請歸化前無法取得該項證明而屬非可歸責於當事人者，如經外交機關查證屬實，則以例外排除之，又國籍法之立法目的，已從過去不以外國國籍必須喪失為要件，變更為以喪失外國國籍為原則，例外在要件限制要始得排除。是以，因法令規定致無法取得喪失原有國籍證明，屬「非可歸責當事人事由」[10]。

三、喪失國籍者其權利之得喪

喪失中華民國國籍者，其權利之得喪，應依相關法令規定辦理，例如土地法第17條所稱土地權利，惟中華民國國民始得享有，又依礦業法第5條第1項（現行礦業法第6條第1項）、漁業法第5條本文規定，礦業權與漁業權，原則上非中華民國人不能取得。故相關法令如無特別規定，則中華民國國籍之喪失與回復，並不影響其權利之得喪變更。此亦為國籍法於89年2月9日經總統令修正公布，刪除舊法第14條關於喪失國籍效力規定之理由。從而祭祀公業派下權，除特別權利之內容，有如前揭土地法第17條等規定之限制外，派下權所含一般性之權利，並不當然因國籍之喪失而喪失，其於國籍回復時自亦不生回復之問題[11]。

四、國籍為任公務人員之要件

公務人員任用與國籍考量：（一）立法者本其立法裁量，斟酌規範事物性質之差異而為合理之區別對待，以公務人員任用法第28條第3項就第1項各款規定，依公務人員違法情節、忠誠義務衝突程度及危害國家利益之關聯性，制定不同之處理方式及法律效果，且為強化公務人員謹守對國家之忠誠義務，尚乏可達成相同效果之較溫和手段，則其以經依同條第1項第2款情事撤銷任用者，應向該公務人員追還業已依規定支付之俸給及其他

10　法律決字第0960005810號。

11　（90）秘台廳民一字第05373號。

給付，應係爲達成前述立法目的之必要手段，尚無悖於平等原則及比例原則。（二）上訴人雖以其於85年11月14日修正公布公務人員任用法第28條禁止任用雙重國籍者爲公務人員之規定前，即已取得加拿大國籍並擔任公務人員。又其兼任行政職務係應校長之要求，並非出於自願，而據以爭執原處分之適法性云云；惟查，上訴人雖於85年11月14日修正公布公務人員任用法第28條禁止任用雙重國籍者爲公務人員之規定前，即已取得加拿大國籍，惟其嗣後既然選擇繼續擔任我國公務人員，且於93年8月1日續以醫事人員任用，擔任被上訴人護理師，自應受行爲時公務人員任用法第28條規範之拘束。又上訴人雖稱其兼任行政職務係應校長之要求，惟不論其係主動或被動兼任行政職務，一旦決定接受兼任行政職務，即應依國籍法第20條第4項規定，於就（到）職前辦理放棄外國國籍，並於就（到職）之日起1年內完成喪失該國國籍及取得證明文件之手續[12]。

公務人員任用法第9條規定：「公務人員之任用資格，依左列規定：一、依考試及格。二、依法銓敍合格。三、依法考績升等。初任各官等人員，須具有擬任職務所列職等之任用資格者始得任用……。」同法第21條規定：「除法律另有規定外，各機關不得指派未具第九條資格之人員代理或兼任應具同條資格之職務。」及同法第30條規定：「各機關任用人員，違反本法規定者，銓敍機關應通知該機關改正……。」復查國籍法施行條例第10條規定：「國籍法施行前及施行後，中國人已取得外國國籍仍任中華民國公職者，由該管長官查明撤銷其公職。」各機關任用公務人員，應確實依照上開法規辦理[13]。

五、香港永久性居民與雙重國籍

國人持有「香港永久性居民身分證」者，是否具有雙重國籍，及得否任我國公職乙節，經轉准行政院大陸委員會函復略以，「關於國人持有『香港永久性居民身分證』者，得否任公職，本會認爲：前揭人士既經內

---

[12] 最高行政法院106年度裁字第378號裁定。

[13] （84）院台人一字第07455號。

政部認定不具雙重國籍，則應無公務人員任用法第二十八條第二款『具中華民國國籍兼具外國國籍者』不得爲公務人員之適用。復查香港澳門關係條例第十六條第一項：『香港及澳門居民經許可進入臺灣地區者，非在臺灣地區設有戶籍滿十年，不得登記爲公職候選人、擔任軍職及組織政黨』之規定，並未將任職公教納入禁止之列，故基於香港澳門關係條例立法精神及目前政府維護港澳居民既有權益的港澳政策，仍應保障香港居民任職公教之權利。」準此，國人持有香港永久性居民身分證者，其任公職與公務人員任用法第28條第2款規定，尚無違背[14]。

六、其他－105年國籍法部分條文修正重點

爲落實延攬優秀外國人才及保障新住民權益，國籍法部分條文修正重點如下：（一）對我國有殊勳，經內政部報請行政院核准，或由中央目的事業主管機關推薦科技、經濟、教育、文化、藝術、體育及其他領域之高級專業人才，有助我國利益，經內政部邀請社會公正人士及相關機關召開審查會審核通過，申請歸化無須喪失原有國籍。（二）外籍配偶申請歸化無須提憑生活保障無虞證明，另外籍配偶因受家暴離婚或喪偶後，如未再婚與亡故配偶親屬仍有往來或與亡故配偶婚姻關係存續2年以上或扶養無行爲能力或限制行爲能力之我國籍子女申請歸化合法居留期間由5年降至3年。（三）爲避免發生喪失原有國籍而無法歸化之情形，先許可外國人歸化再補提喪失原有國籍證明。（四）爲保障當事人權益，明定內政部知有與本法規定不合情形之日起2年內始得予撤銷；但自歸化、喪失或回復中華民國國籍之日起逾5年，不得撤銷，且撤銷處分前，應遴聘有關機關代表、社會公正人士及學者專家共同組成審查會審查，給予當事人陳述意見之機會。另爲杜絕假借虛僞結婚歸化取得我國國籍，經法院確定判決，係通謀爲虛僞結婚或收養而歸化取得中華民國國籍，不受撤銷權期間之限制，且撤銷歸化許可無須召開審查會[15]。

---

[14]　（88）台甄四字第1830936號。

[15]　內政部105年12月27日台內戶字第10512044922號函辦理。

貳、歸化國籍之概念

　　有關歸化，外國人如已具備法定的條件資格，有採取當然准予歸化權利之主義者，如美國的制度。另外，亦有採取即使申請人皆已具備法定的資格條件，但是否准予歸化的決定，認為屬於主管機關的裁量權限者，為英國所採行。日本國籍法之制度，採取後者之立場[16]。

　　外國人申請歸化成為我國國民，與其權利有密切相關。因國民為國家之成員，可永遠在本國居住，享受各種憲法所賦予之基本權利，而外國人不得享有參政權，及社會權亦會受到相對限制。因此，有意在我國長期居住之外國人，大多會選擇申請歸化[17]。

一、成為國民之身分

　　外國人或無國籍人自願成為我國國民，並經國家同意之行為謂之歸化。因此，歸化必須是一個公法的意思表示，並且以自願為原則。因此，我國法律不承認強迫歸化之制度。另外，歸化是一個經過行政機關批准之行為，主管機關內政部依國籍法第3條對歸化之決定擁有裁量權。外國人並無「歸化請求權」。易言之，歸化並非一種對任何人皆適用的天賦人

---

[16] 江川英文、山田鐐一、早田芳郎，国籍法，有斐閣，1997年7月，頁96。

[17] 歸化我國國籍：我國於89年修正之國籍法，規定外國人或無國籍人為我國國民之配偶需有「每年合計有一百八十三日以上合法居留之事實繼續三年以上始得歸化」之限制於93年屆滿3年，致93年起歸化人數呈逐年增加；94年起外交部加強外籍配偶境外訪談以杜絕假結婚風氣，中外聯姻對數呈逐年漸減，致98年起歸化取得我國國籍人數亦轉呈下降。104年歸化我國國籍人數計3,612人，較103年續降787人或17.89%，主要係外籍新娘歸化人數減少731人。（一）按歸化原因分：以為國人之外籍配偶者3,275人占90.67%最多，自願（含隨同）歸化者258人占7.14%次之，其餘為未成年人之父母或養父母現為國人者58人、其他21人。（二）按原屬國籍分：歸化者原國籍以東南亞之越南籍2,703人占76.31%最多，其餘依序為印尼籍412人、菲律賓籍243人、緬甸籍51人、泰國籍36人、馬來西亞籍23人、柬埔寨籍10人、新加坡籍2人，合計東南亞國家有3,480人占96.35%，主要多為國人之外籍配偶歸化我國國籍者；若與103年比較，越南籍減少693人最多、印尼籍減少92人次多、菲律賓籍減少44人再次之。（三）按性別分：女性3,424人占94.80%，遠高於男性之188人占5.20%；其中，女性歸化我國籍者主要係外籍新娘3,198人占93.40%（以越南籍配偶占77.67%為主），自願（含隨同）歸化僅191人（亦以越南籍者占74.35%居多）；男性歸化我國籍者亦以外籍新郎77人占40.96%最多（以越南籍配偶占19.48%最多），自願（含隨同）歸化亦有67人占35.64%次之（亦以越南籍占19.40%最多）。參105年第15週內政統計通報。

權，而是純粹由國家法律決定歸化之條件，歸化主管機關（內政部）應依法行政，其裁量權範圍依本法對歸化情形之不同，可分成三種歸化類別：（一）一般歸化。（二）特殊歸化。（三）殊勳歸化[18]。

英美法系各國，對國籍的概念，主要重視「忠誠義務」的傳統。依1929年所制定的有關國籍的條約草案規定，「國籍」為「依忠誠義務作為紐帶，結合國家與自然人的身分」；「國民」為「依忠誠義務的紐帶，與國家相結合的自然人」作為定義[19]。

「國民權」則為具有本國國民身分之人民始得享有之權利，例如經濟上及教育上的受益權。我國憲法第3條規定，具有中華民國國籍者，為中華民國國民。也就是說，有國籍者皆為國民，從而對國家發生國民的權利義務關係。國籍之取得依國籍法之規定，分為固有國籍與取得國籍二種。前者指因出生而取得之國籍而言，後者亦稱「得來國籍」，係指由出生以外之原因，如婚姻、認知、收養、歸化而取得之國籍。各國關於固有國籍之決定標準，有兩種主義：一為屬人主義，另一為屬地主義[20]。

國民為具有我國國籍者，一個國家成立的要素，包括領土、國民、政府組織與具有外交能力關係。國民之來源，主要有二，即出生取得國籍與後來歸化取得國籍。出生取得國籍，為一國家國民之來源主要的方式，因國家選擇國民之來源不同的方式，有採血統主義之原則與出生地主義之原則，以取得國籍。

為減少無國籍人之發生，依「減少無國籍狀態公約」第1條：「1.締約國對於在其領土內出生且非經授予國籍即無國籍者，應授予該國國籍。此項國籍應：(a)依據法律於出生時授與之，或(b)於關係人本人或由他人代表依國內法規定之方式向主管當局提出申請時授與之。此種申請除依本條第二項之規定外不得拒絕。締約國規定依本項(b)款授與該國國籍者並得規定於國內法所定某一年齡及某種條件下依據法律授與該國國

---

[18] 陳新民，中華民國憲法釋論，三民書局，1999年10月修訂三版，頁92-94。

[19] 百地章，国家主権の行使としての「国籍付与」，日本法学，80巻2号，日本大学法学部創設百二十五周年記念号，2014年10月，頁264-265。

[20] 法治斌、董保城，憲法新論，元照，2014年9月六版，頁148-149。

籍……。」

於當今國際社會，紛紛放棄「永久效忠制度」而改採「自由出籍制度」，歸化爲世界各國所採取之制度，其爲國際法上一項重要制度，因爲當事人之「自由出籍權」經各國及國際社會之承認與認許，歸化制度才具有現實可行性，爲各國國籍法所採納。例如美國在1868年法律規定：「出籍權是所有人類的一個自然的並固有的權利，是對生命權、自由權和幸福追求權所必不可少的。」英國在1870年國籍法亦規定自由出籍原則，認爲不列顛臣民由於自願行爲而在外國入籍者，即喪失不列顛國籍[21]。

二、符合法定之條件

一般國家國籍制度的立法，大都會有歸化的制度，但是所設定的歸化前提條件爲何？各個國家在法律上未必會一致，其寬嚴程度與人口政策，及因國家國情會有不同。例如，該申請人曾經擁有該國之國籍、其配偶或父母親等爲該國之國民，依該本人之願望提出，因其與受理申請國家之間，具有特別的關係，比起一般外國人的申請，其要求歸化的條件，會予以放寬[22]。

爲維護國家安全、秩序與利益，對於外國人申請歸化，各國均設有寬嚴不同之條件。依我國國籍法第3條第1項外國人一般歸化條件：「外國人或無國籍人，現於中華民國領域內有住所，並具備下列各款要件者，得申請歸化：一、於中華民國領域內，每年合計有一百八十三日以上合法居留之事實繼續五年以上。二、年滿二十歲並依中華民國法律及其本國法均有行爲能力。三、無不良素行，且無警察刑事紀錄證明之刑事案件紀錄。四、有相當之財產或專業技能，足以自立，或生活保障無虞。五、具備我國基本語言能力及國民權利義務基本常識。」

以下擬略述外國人一般歸化之要件的意義：

---

[21] 賴來焜，國際（私）法之國籍問題—以新國籍法爲中心，著者自印，2000年9月，頁138。

[22] 江川英文、山田鐐一、早田芳郎，国籍法，有斐閣，1997年7月，頁97。

（一）於中華民國領域內，每年合計有**183**日以上合法居留之事實繼續**5**年以上

　　居留之申請與延長，均要經過移民署之查核。對一般外國人，要求須具備5年的合法居留後，始得申請歸化，為觀察或確認其在這5年的居留過程中，是否合法及其活動居留原因，是否符合。並在這期間的工作或活動是否有違反我國公共利益等情事。如都是合法之狀態，即符合申請歸化之基本條件。

（二）年滿**20**歲並依中華民國法律及其本國法均有行為能力

　　此主要為基於自由意願，想要歸化成為我國之國民。人之行為能力，為能自己單獨決定，對其身分或權利上重要之意思表示，加以變更現狀。基於國籍自由原則，人可以選擇自己所希望之他國國籍，而放棄其原來國家之國籍，此種權利亦屬國際人權之一種[23]。於此須符合年滿20歲以上，及依其本國之法律，亦有行為能力之規定。

（三）無不良素行，且無警察刑事紀錄證明之刑事案件紀錄

　　對於外國人欲申請成為我國國民，必須要求其行為良好，不得有犯罪或其他不良素行之紀錄，以免危害我國之公共安全與社會秩序。

1. 無不良素行

　　國家有義務維護社會秩序與善良風俗，對於外國人如欲歸化為我國國民，得要求其不得有從事妨害善良風俗之行為，以免危害我國公共利益。

　　實務上曾發生某一小吃部，位處縣、市交界處，臨近省道交通要衝，交通便利，有恃無恐的從事僱用多名越南籍女子擔任服務小姐坐檯陪酒之行為；且因會玩敢秀、作風大膽，豔名遠播，成為業者的活招牌。標榜

23　相關國際公約對取得國籍權利之規定，如：（一）國際聯合會國籍法公約第6條：「有一個以上國籍之人，而此等國籍非自願取得者，經一國之許可得放棄該國之國籍，但該國給與更優出籍權利之自由不在此限，倘此人在國外有習慣及主要之居所，而適合其所欲出籍國家之法定條件者，前項許可不應拒絕。」（二）關於無國籍人地位的公約第32條（入籍）：締約各國應盡可能便利無國籍人的入籍和同化。他們應特別盡力加速辦理入籍程序，並盡可能減低此項程序的費用。

「越南妹妹，勁辣敢秀」，生意興隆，每日下午2點以後，尋芳客即絡繹不絕。因此警察局持地方法院核發之搜索票，前往以「越南妹」服務小姐為主之小吃部，實施掃黃、搜索專案勤務，當場於該小吃部包廂內，查獲小姐為男客從事半套性交易行為，依涉犯刑法妨害風化罪嫌移送地方法院檢察署偵辦[24]。對於從事此種行為之外國人，屬無正當行業，嚴重影響國內之善良風俗，應加以管制，禁止其歸化成為國民。

　　依歸化國籍婚姻真實及品行端正認定原則第1條規定：「國籍法第三條第一項第三款規定，外國人或無國籍人申請歸化國籍及準歸化中華民國國籍證明，應具備品行端正、無犯罪紀錄之要件，另同法第四條第一項第一款規定，其以我國人之配偶身分提出申請，係以婚姻真實為前提，為使內政部及各直轄市、縣（市）政府有一致且明確之認定依據，特制定本原則。」第3條規定：「外國人或無國籍人依國籍法規定申請歸化，其犯罪情節輕微，且依警察刑事紀錄證明核發條例規定無須登載於警察刑事紀錄證明中，屬下列情形之一者，認定為品行不端正：（一）觸犯刑法，經受緩起訴處分確定或緩刑、拘役、罰金之宣告確定。（二）違反社會秩序維護法，經裁處居留或罰鍰確定。（三）妨害婚姻或家庭，經配偶提出告訴。（四）從事、媒合或教唆他人坐檯陪酒或脫衣陪酒。（五）妨害風化或妨害善良風俗之行為。（六）出於自願施用毒品。（七）其他經內政部認定為品行不端行為（第1項）。外國人或無國籍人有前項第一款或第二款之行為，於緩刑期滿未有其他犯罪，或於其他刑罰、行政罰執行完畢後三年內，或第三款之行為經配偶提出告訴後三年內，或第四款至第八款之行為遭查獲後三年內，未再有前項各款行為之一者，得再重新申請歸化（第2項）。外國人或無國籍人有第一項第二款之行為經裁處居留、罰鍰確定後滿二年，或第三款之行為經配偶提出告訴後滿二年，或第四款至第八款之行為遭查獲後滿二年，可提出有益家庭及積極從事公益事證確鑿足認已改過自新，且未再有第一項各款行為之一者，得再重新申請歸化（第3項）。」外國人如符合上開認定原則第3條第2項規定，其「得再重新申

---

[24] 參臺南市政府警察局第三分局，查獲越南小吃部涉嫌妨害風化案新聞稿，2015.7.30。

請歸化」[25]。

　　上述之「歸化國籍婚姻眞實及品行端正認定原則」配合國籍法之修正，目前改爲無不良素行之要求，內政部已研擬認定之辦法即「歸化國籍無不良素行認定辦法」，作爲依據。

2. 無警察刑事紀錄證明之刑事案件紀錄

　　無犯罪紀錄[26]依修正前國籍法第3條第1項第3款規定「具備下列各款要件者，得申請歸化：三、品行端正，無犯罪紀錄。」只要「有犯罪紀錄」，即不符申請歸化之要件，自無疑義。而所謂「無犯罪紀錄」，當係指未曾因犯罪經判決確定而言，至有無該等情事，均有法院判決或檢察官執行紀錄等資料可稽，並非不確定法律概念，要無欠缺法律明確性之問題。是只要有犯罪且經判刑確定，即屬「有犯罪紀錄」（除非緩刑期滿），並不以登載於警察刑事紀錄中爲必要。再者，國籍法第3條第1項第3款規定，申請歸化須具備品行端正，無犯罪紀錄，立法目的係考量外籍人士歸化我國國籍，不應損害本國社會安定與公序良俗，此爲立法裁量，尙難認違反比例原則。

　　一般外國之國籍法，亦都會規定此種基本要求條件，以有效維護公共利益。對於外國人之入國、居留，亦有相關之負面條件限制，例如有犯罪紀錄或曾被判處有期徒刑者，禁止其入國[27]。而外國人欲歸化成爲我國國民，其影響層面與後續之法律效果，均比外國人入國、居留更進一步；因此，此一條件亦屬必要。

---

[25]　臺北高等行政法院103年度訴字第1564號判決，原告之訴駁回。

[26]　無犯罪紀錄與無警察刑事紀錄證明之刑事案件紀錄，二者意思略有差異，詳見警察刑事紀錄證明核發條例第6條：「警察刑事紀錄證明應以書面爲之；明確記載有無刑事案件紀錄。但下列各款刑事案件紀錄，不予記載：一、合於少年事件處理法第八十三條之一第一項規定者。二、受緩刑之宣告，未經撤銷者。三、受拘役、罰金之宣告者。四、受免刑之判決者。五、經免除其刑之執行者。六、法律已廢除其刑罰者。七、經易科罰金或依刑法第四十一條第二項之規定易服社會勞動執行完畢，五年內未再受有期徒刑以上刑之宣告者。」

[27]　入出國及移民法第18條：「外國人有下列情形之一者，入出國及移民署得禁止其入國：……七、在我國或外國有犯罪紀錄。……十三、有危害我國利益、公共安全或公共秩序之虞。……十四、有妨害善良風俗之行爲……。」

（四）有相當之財產或專業技能，足以自立，或生活保障無虞

　　對外國人經濟能力之要求，亦甚爲重要。因國家財政能力有限，國家之經費，在用於公共設施及一般推行公務之支出，其服務對象主要以國民爲核心；外國人未曾或未長期在我國居住繳稅，如有一無經濟能力之外國人，到我國居留並申請歸化成爲我國國民，而其無力維生者，將成爲社會救助之對象。長期以往，將會危害我國正常之財政分配。因此，必須要求申請歸化之外國人，須出具財力證明。但國民之外籍配偶，屬未來國民或國民之另一半，應將其視爲國民。在下列所舉外國（法國）之移民法判決中，法院認爲家庭團聚與移民管制二者之間，應符合比例原則，而將行政機關主張因所提出之居住證明不足之管制，予以撤銷，認爲依衡平上考量應保護家庭團聚爲重。

　　在法國之判例上，對家族生活受尊重權利的意義與功能，提及爲考察家族生活受尊重的權利，在出入國管理的實際上，將有什麼樣的功能效果；對此權利之實際被適用的各個判例，必須爲分析、檢討。依國家所爲的出入國管理的處分，判斷其是否違反歐洲人權條約第8條，所爲的比例審查；在性質上，要具體考慮各個案件的各別要件，如要提出什麼樣明確的標準，也極爲困難。在出入國管理上，因涉及家族生活受尊重權利而成爲判決的問題[28]。

　　首先申請家族團聚被拒絕的案例，認爲家族團聚伴隨著，如不在國籍國居住的人，因除在他國居住的近親家族團聚，通常的情形，在團聚的意義上，比較有利於入國、居留的條件。法國對此，依1945年的出入國法律第六章，已予制度化。

　　1. 依據法國與奈及利亞的協定，認爲該申請家族團聚之資格的奈及利亞人原告，在入國事項上，因其妻子收入不足的理由，被拒絕的決定。因其妻子在法國自1967年生活以來，已有5個小孩（其中3人有法國國籍），且也考慮原告的家族，要再到法國居住；此決定，對原告家族生活

---

[28] 馬場里美，出入国管理における「私生活及び家族生活を尊重される権利」-フランス及び歐州人權裁判所の判例を素材として，早稻田法学会誌，50期，2000年3月25日，頁216。

受尊重的權利，已構成不成比例的侵害。

2. 依據1945年的（入出國）法律，該申請其子女到法國居住；關於以家族的住居不適當為理由，被拒絕的原告。認為原告，於1993年與其妻子及2名子女團聚，考量在法國生活及其他狀況；如以家族住居不適當為理由，而拒絕原告與其子女家族再為團聚的權利；對其家族受尊重的權利，在目的上已是不符比例的侵害[29]。

我國有關外籍配偶（新住民）之申請歸化條件中，對於財力證明部分，亦增加其他經內政部認定者之原因，即放寬認定標準，對屬於我國國民之外籍配偶者[30]。

（五）具備我國基本語言能力及國民權利義務基本常識

為使歸化之外國人在我國生活，可以適應無虞及瞭解一些公民知識，遂參考其他外國之國籍法規定，要求須具備語言能力與國民權利義務之基本常識。此要求之出發點，有其正當性，但在執行上要兼具合理性與可行性。對此，主管機關已具體訂定相關之執行辦法，放寬其認定之標準，以兼顧外國人在短時間可以學習及符合規定。

三、主管機關之審核與高權行為

依事務的性質，入國自由、居留權利，並不認為外國人當然可以享有。依取得權利的條件，「取得國籍」也就是「成為國家構成員的資格」權利，外國人並不被認為當然具有。有關國際人權公約（B公約）規定：

---

[29] 馬場里美，出入国管理における「私生活及び家族生活を尊重される権利」-フランス及び欧州人権裁判所の判例を素材として，早稲田法学会誌，50期，2000年3月25日，頁216-218。

[30] 相當之財產或專業技能，足以自立，或生活保障無虞之證明（以下文件之一）（檢具之文件包含其在國內設有戶籍未領取生活扶助之配偶、配偶之父母或父母）（已取得外僑永久居留證或準歸化中華民國國籍證明者，申請歸化時，得免附本證明）：（一）國內之收入、納稅、動產或不動產資料。（二）雇主開立之聘僱證明或申請人自行以書面敘明其工作內容及所得（表14）。（三）我國政府機關核發之專門職業及技術人員或技能檢定證明文件。（證明文件，係在臺灣地區配偶、配偶之父母或父母之一所有者，該等人員並應出具足以保障申請人在國內生活無虞之擔保證明書。）（四）其他足資證明足以自立或生活保障無虞之資料。參見國籍變更申請案件提憑證件一覽表，2016.2修訂。

「所有的兒童，有獲得國籍的權利」（第24條第3項），使各國不存在「無國籍兒童」，應該朝這個方向努力，該規定只是這樣的敘述，並非對國家課予「賦予其國籍」的作爲義務[31]。

在早期許多國家採取所謂「永久效忠制度」，不許可內國人民喪失或解除其「固有國籍」，故其即使自願歸化而取得另一國籍，其依然保留其「固有國籍」，甚而其歸化取得另一國籍之行爲，亦不被固有國籍國承認，故在當時歸化制度在法律上不具重要性[32]。

外國人入國居留須向國家主管機關申請許可，於居留期限屆滿前，有延長居留需要者，須另向主管機關申請延期。對於外國人在居留期間有違法或犯罪行爲，移民行政主管機關得依入出國及移民法相關規定，加以制止或驅逐出國[33]。一國家對於外國人之接受與否，具有核准與拒絕之權限，此屬於國家主權之表現。對於外國人是否准許其繼續在國內居住，亦屬主權決定之範圍，可依法爲准許與否之決定。

因此，如外國人申請歸化爲本國國民，自可永久在我國居住，不必定期申請居留之延長或受到被撤銷居留許可及受到驅逐出國之處分。站在國家之立場，准許外國人歸化，可增加國民之成員，與一國移民政策之門檻，亦有相關。對於具專業能力或國民之配偶、子女，符合我國利益者，可依法接受其申請，核准申請歸化。

---

[31] 百地章，国家主権の行使としての「国籍付与」，日本法學，80巻2号，日本大学法学部創設百二十五周年記念号，2014年10月，頁266。

[32] 賴來焜，國際（私）法之國籍問題—以新國籍法爲中心，著者自印，2000年9月，頁138。

[33] 請參考入出國及移民法第36條規定。

第三節 素行要件實務判決之探討

壹、有坐檯陪酒之行為

一、案件事實

　　本件被告係以原告於95年10月27日經高雄縣政府警察局外事課與刑警大隊臨檢仁武鄉○心美容推拿坊，發現原告從事坐檯陪酒工作；另原告於96年8月30日又經高雄縣政府警察局仁武分局澄觀派出所查獲從事坐檯陪酒工作，否准原告申請歸化。經查「居留外僑查察記事紀錄」、「外僑居留資料查詢畫面—查察記事」固均記載「2006年10月27日本局外事課與刑警大隊臨檢仁武鄉○心推拿坊發現從事坐檯陪酒工作」。訊據證人丙○○證述：「95年11月15日我是高雄縣政府警察局的外事課警員，我是專案的承辦人，我有配合員警去臨檢過外籍配偶，查緝是否有從事色情行業或持偽造非法的居留證之情事。本案的外僑居留資料查畫面—查察記事是我作的。我有看過蔡○霖，當天的查緝情形，是我有去○心推拿坊。（法官問：你對原告有無印象？提示原告外籍居留證影本之資料。）沒什麼特別印象。當天的情形，是沒有看到什麼坐檯陪酒的情形，所以只是寫寫記錄。應該是臨檢表送來後，我根據臨檢表之記載而負責電腦輸入。通常小吃店是有推拿按摩的工作，但不是坐檯陪酒，這應該是筆誤。沒有發現○心推拿坊有從事色情，所以作作臨檢表就走了。」依其證言無法證明原告於95年10月27日從事陪酒坐檯為警查獲，證人為當天臨檢人員，親身經歷臨檢經過，且為本件「居留外僑查察記事紀錄」註記人員，其證言可以採信；被告復未能提出95年10月27日臨檢相關紀錄，並稱「○心推拿坊的部分已經調不到臨檢紀錄」，自難僅憑「居留外僑查察記事紀錄」認定原告於97年10月27日有坐檯陪酒之事實[34]。

---

[34] 臺北高等行政法院98年度訴字第369號判決，訴願決定及原處分均撤銷。被告對於原告民國96年11月6日歸化國籍申請事件應依本判決之法律見解及國籍法相關規定，對於原告作成決定。原告其餘之訴駁回。

二、相關問題

　　外國人在我國須遵守相關法規之規範，維護社會善良風俗，符合道德倫理規範，是國人及在臺外籍人士均應遵守之行為，移民署業依職權訂定「入出國及移民法第十八條第一項第十四款及第二十四條第一項第十二款之妨害善良風俗行為認定基準」，公告生效。違反者，將依入出國及移民法之規定予以驅逐出國，並管制再入國3年至5年。

　　移民署進一步說明該基準之認定內容為：（一）違反刑法第十六章之一妨害風化罪各條規定並經法院判刑確定。（二）違反社會秩序維護法第三編第二章妨害善良風俗各條規定並經警察機關或法院裁定確定。（三）於視聽歌唱場所、酒家、酒吧、PUB、酒店（廊）、小吃部或其他公眾得出入場所從事坐檯陪酒之行為，並收取坐檯費用者。上述行為如經查獲均將予以驅逐出國，並管制入國3年至5年。期藉此認定基準之實施，能導正坐檯陪酒歪風，減少虛偽結婚，維護社會善良風俗[35]。

　　對於妨害善良風俗之行為，為國家法治所不容許。又如外國人，以此為營生之主要方法，亦會對社會秩序與發展帶來不利，因此，有關外國之移民法對於從事風化、色情之產業的外國人，均加以管制入國或為驅逐其出國[36]，以免造成社會秩序之危害。另對於妨害風化罪，刑法相關之罪章，或社會秩序維護法第80條等相關條文[37]，亦訂有處罰之規定。外國人如有具體違反之情節，可以調查及移送裁罰。

　　意圖營利從事猥褻或性交易行為，有害社會善良風俗。有關「性交易」之定義，包括：（一）兒童及少年性交易防制條例第2條所稱之性交

---

[35] 內政部移民署，發布外籍人士從事妨害善良風俗行為之認定基準，2009.7.1。

[36] 請參考日本出入國管理及難民認定法第24條有關驅逐出國之規定。其中妨害風化之行為，包括：從事性交易或斡旋、拉客或其他提供場所給直接從事此種行為之人（但人口販運人之被害人，在受控制下從事者，不在此限）。原文：売春又はその周旋、勧誘、その場所の提供その他売春に直接に関係がある業務に従事する者（人身取引等により他人の支配下に置かれている者を除く）。

[37] 社會秩序維護法第80條：「有下列各款行為之一者，處新臺幣三萬元以下罰鍰：一、從事性交易。但符合第九十一條之一第一項至第三項之自治條例規定者，不適用之。二、在公共場所或公眾得出入之場所，意圖與人性交易而拉客。」

易，係指有對價之姦淫或猥褻行為而言，所謂對價，即當事人間之行為具有互為依存，互有因果之報償關係；亦即當事人間除主觀上有以報償為姦淫或猥褻代價之認識外，尚須客觀上有報償之交付，始克當之。（二）須有對價之合意：所謂對價關係，除客觀上須有對價之交付外，尚須當事人間主觀上有以之為性交對價之認識，且雙方均具有為此合意之能力，始克當之。若僅係行為人利用兒童年幼無知，以少許金錢、物品誘之，使其不反對為性交或猥褻之行為，或為性交、猥褻行為之後，給予少許金錢、物品，以資攏絡或用此囑其不可將事外洩，均難認彼此間已達成性交易之意思合致，應無該條例第22條第1項之適用。（三）須有「性交」或「猥褻」行為。1.性交之定義（刑法第10條第5項）：稱性交者，謂非基於正當目的所為之下列性侵入行為：(1)以性器進入他人之性器、肛門或口腔，或使之接合之行為。(2)以性器以外之其身體部分或器物進入他人之性器、肛門，或使之接合之行為。2.猥褻之定義：猥褻係指以性交以外，足以刺激或滿足性慾，並引起普通一般人羞恥或厭惡感而認為侵害性之道德感情，且有礙於社會風化之行為[38]。上述所規制坐檯陪酒之行為，認為已妨害風良風俗。有刺激或滿足性慾之舉動，並引起普通一般人羞恥或厭惡感之行為，如此描述定義均含內心之感受或一般社會之評價，所侵害之法益為善良風俗。

　　上述本案，法院認為依被告所提證據無法證明原告於95年10月27日及96年8月30日從事陪酒坐檯，足以認定品行不端；原告無犯罪紀錄，有刑案資料前科查註表可憑；此外查無原告不符合國籍法第3條第1項第3款「品行端正，無犯罪紀錄」情形，則被告以原告不具「品行端正，無犯罪紀錄」要件，否准原告申請歸化我國國籍之處分為不當，訴願決定予以維持，即有不合。原告訴請撤銷訴願決定及原處分，為有理由，應予准許。至原告請求被告應作成准予原告歸化中華民國國籍之處分，因行政法院非上級行政機關，有關國籍歸化涉及被告行政裁量權之行使，自不宜由本院代行政機關行使該裁量權而為判決，爰依行政訴訟法第200條第4款規定，

---

[38] 參內政部網頁，「性交易」之定義，瀏覽日期：2017.3.23。

判命被告依據本判決之法律見解及國籍法相關歸化國籍之規定，對於原告作成決定，以符法制[39]。

　　申請人在特定營業場所工作，擔任服務生或其他勞務，是否即構成坐檯陪酒之行為？有待證據認定。在我國國籍歸化法制上，對外國人有特別之要求規定，即須符合素行善良、品行端正或無不良素行之要件。其目的在於維護我國善良風俗，有其目的之正當性。

　　坐檯陪酒為特種營業場所，以酒店、酒家或特種咖啡茶室經營的方式，藉由女子坐檯以招攬顧客上門。一般社會觀念對此種經營方式，有另類之看法。但如一般國民從事坐檯陪酒，依目前我國刑法及社會秩序維護法之規定中，對此種行為並無處罰之規定。反之，對於「外國人」從事此種行為，即與工作、獲得酬勞有關。如該外國人在臺工作，依規定須申請工作證或如未依規定而違法工作，有此情形者，屬於違反入出國及移民法與就業服務法之規定，依法得加以處罰或驅逐其出國。

　　外國人申請歸化成為本國國民，須符合國籍法規定之要件。其中有關本案之「品行端正」，屬於不確定法律概念[40]。內政部對於何謂品行端正之內涵，訂有審查之原則，以供實務上認定之參考。其中如屬於「有從事坐檯陪酒之行為者」，屬於不符合品行端正之條款，法院在審查具體申請個案時，對於主管機關所制定之參考原則命令，原則上予以尊重。但如認為該規範原則有違反憲法或法律時，亦得表示客觀適當之見解，而不受該行政命令之拘束。

　　對於具體申請歸化之個案，主管機關得加以審查決定。本案主管機關

---

[39] 臺北高等行政法院98年度訴字第369號判決，訴願決定及原處分均撤銷。被告對於原告民國96年11月6日歸化國籍申請事件應依本判決之法律見解及國籍法相關規定，對於原告作成決定。原告其餘之訴駁回。

[40] 有關不確定法律概念，釋字第702號解釋理由書指出：立法者仍得衡酌法律所規範生活事實之複雜性及適用於個案之妥當性，適當運用不確定法律概念或概括條款而為相應之規定，苟其意義非難以理解，且為受規範者所預見，並可經由司法審查加以確認，即不得謂與前揭原則相違（本院釋字第521號、第545號、第659號解釋參照）。另對職業自由之限制，因內容之差異，在憲法上有寬嚴不同之容許標準，若所限制者為從事一定職業所應具備之主觀條件，則需所欲實現者為重要之公共利益，且其手段屬必要時，方得為適當之限制，始符合憲法第23條比例原則之要求，迭經本院解釋在案（本院釋字第584號、第649號解釋參照）。

認爲原告不符合「品行端正」之要件,其原因在於有坐檯陪酒行爲。依調查證據原告在特種營業場所工作,依臨檢紀錄表所錄,原告確實在該場所內工作;但法院追查是否有發現「從事坐檯陪酒行爲」,調查之員警則無法作證。因此法院撤銷原處分及訴願之決定,要求主管機關須依國籍法規定,重新作成適當合法之處分。

本文認爲本案之思考點有二,可再加以調查或評估。第一,原告如屬常業性在特種營業場所工作,而該場所有高度從事妨害風化行爲,或該場所曾被多次查獲妨害風化犯罪或違序之犯行紀錄。因此,可再補強其他證據或另爲調查,是否有從事坐檯陪酒之行爲。第二,有關外國人在國內活動,國籍法要求外國人之標準與本國人之標準,有所不同,屬於本質性之差異。此亦有其必要性,因大多數外國之國籍法均規定,申請歸化之外國人,須具備素行善良之要件[41]。

貳、有妨害家庭之行爲

一、案件事實

本案有配偶之人在婚姻關係存續期間,與他人發生性行爲,就此違反婚姻與家庭制度,且有違公序良俗。法院判決認爲,婚姻與家庭爲社會形成與發展之基礎,受憲法制度性保障。國家爲確保婚姻制度之存續與圓滿,自得制定相關規範,約束夫妻雙方互負忠誠義務。性行爲自由與個人之人格有不可分離之關係,固得自主決定是否及與何人發生性行爲,惟依憲法第22條規定,於不妨害社會秩序公共利益之前提下,始受保障。是性行爲之自由,自應受婚姻與家庭制度之制約,業經司法院釋字第554號解釋在案。是以,有配偶之人在婚姻關係存續期間,與他人發生性行爲,就

---

41 國籍之賦予,是國家主權之行使,各主權國家在不違反國際公約、國際慣例及國籍法之一般公認法律原則下,有權依據國家利益制定法律,決定何人爲其國民,世界多數國家如美、加、英、法、日、韓、新、澳、紐、菲、越等對於申請歸化者均規定須具備好品德。爲避免影響國家安全及社會秩序,對於欲歸化我國之外籍人士之行爲採較高之標準。參內政部,歸化國籍無不良素行認定辦法草案總說明,2017.3.23版本。

此違反婚姻與家庭制度，且有違公序良俗之情節，被告（主管機關）認為不符合國籍法第3條第1項第3款品行端正之要件，經核尚無悖離法規範意旨及社會價值標準[42]。

二、相關問題

　　法院認為原告（當事人）所稱所謂品行端正係指無犯罪紀錄，且本件未經原告之前配偶提出告訴，不符歸化國籍認定原則關於品行不端正之要件。經查：（一）國籍法第3條第1項第3款之法條文義係將「品性端正」與「無犯罪紀錄」併列，二者均為須具備之要件，即申請歸化之外國人或無國籍人，除必須無犯罪紀錄外，其品性亦應端正。原告主張其無犯罪紀錄，被告以其與越南籍男子交往，認為品性不端，擴張解釋國籍法第3條第1項第3款法條文義，並不足取。（二）歸化國籍認定原則是為使有一致且明確之認定依據而訂定，品行不端正之情形複雜，無法逐條逐項逐款列舉。是該認定原則第3條第1項除列出七款具體情形外，並訂定第8款「其他經內政部認定為品行不端行為」之概括規定，以彌補第1款至第7款規範之不足，並保留行政裁量空間。原告以妨害婚姻或家庭，配偶未提出告訴，即不可認定為品性不端正，自有誤解[43]。

　　實務上法院認為是否准許外國人或無國籍人申請歸化我國國籍，乃國家主權行使之高權行為，而為維護國家利益、本國社會安定與公序良俗，國籍法第3條第1項第3款明定，外國人或無國籍人申請歸化，須具備「品行端正，無犯罪紀錄」之要件。蓋外籍人士歸化我國，自不應損害我國社會安定與公序良俗，且法條文義既將「品行端正」與「無犯罪紀錄」併列，二者即屬均須具備之要件，換言之，申請歸化之該外國人或無國籍人除必須無犯罪紀錄外，其品行亦應端正。

　　所稱「品行端正」，屬不確定法律概念，行政機關有判斷餘地，雖其詮釋或涵攝於個案結果之合法性仍應接受司法審查，但行政機關之認定尚

---

[42]　臺北高等行政法院104年度訴字第232號判決，原告之訴駁回。

[43]　參臺北高等行政法院104年度訴字第232號判決。

非基於錯誤之事實，或基於與事件無關之考量，復未違反平等原則及一般
公認之價值判斷標準，其判斷即應予以尊重。而查，婚姻與家庭爲社會形
成與發展之基礎，受憲法制度性保障，國家爲確保婚姻制度之存續與圓
滿，自得制定相關規範，約束夫妻雙方互負忠誠義務，性行爲自由與個人
之人格有不可分離之關係，固得自主決定是否及與何人發生性行爲，惟依
憲法第22條規定，於不妨害社會秩序公共利益之前提下，始受保障，故而
性行爲之自由應受婚姻與家庭制度之制約，業經司法院釋字第554號解釋
在案，是被告認原告有配偶而與人通姦，違反婚姻與家庭制度，且有違公
序良俗，難謂符合品行端正要件，經核尙無悖離法規範意旨及社會價值標
準，其認定亦非基於錯誤之事實，或基於與事件無關之考量，法院予以尊
重[44]。

　　國際移民重視外來人口對於國家公共利益之影響，因此包括依親居留
資格之審查，必須爲眞實的婚姻；不得假藉結婚之名義，而從事其他非法
工作或其他目的之活動，如此，將會違反移民行政之規範要求。國民之外
籍配偶，申請歸化爲我國國籍，如其有妨害家庭的行爲事實，依其申請的
基礎資格將有所動搖，而不能認爲屬於「國民配偶」之地位；採取實質上
的審查認定，予以否准。依形式上之判斷，其目前的婚姻狀態還存在，還
未自願離婚或經法院判決離婚，是否可以此拘束主管機關或法院之判斷。
依移民行政或歸化事務之性質，及合義務目的之裁量決定，應調查案件之
具體事實，而爲適當合法之決定。

　　從申請人之婚姻自由面向而言，此屬於個人自由之範圍。但國籍行政
仍得基於職權爲必要之調查，包括對社會善良風俗之維護，及申請人之各
個申請要件是否符合等，均得加以調查。或謂國家對個人之私生活過於介
入，或有無必要去干涉屬於私生活、家庭內之事務問題。從站在管制「非
法移民」之國籍行政目的上，如申請人基於投機目的而結婚，或已無維繫
原來婚姻之計畫，則應客觀認爲不符合「國民配偶」之申請條款。此種解
釋與認定虛僞結婚之事實證據，爲同一之標準。

---

[44]　臺北高等行政法院102年度訴字第1339號判決。

　　另「品行端正」之要求，為基於維護社會之善良風俗目的，以免社會價值觀或善良風氣受到不當影響。或謂此要件不甚明確，但觀察相關外國之國籍法有關外國人申請歸化之要件中，亦皆明定「素行善良」等要件。在合法婚姻期中有婚外情之行為，且生育子女，對此行為社會之一般觀念及看法是否能接受，應大有問題。依目前我國刑法規定，仍有妨害家庭罪，而刑法之規定，為社會正義最後一道防線，如不加以維護可能嚴重危害到整體之社會秩序。在日本之移民法判決中，一日本國民之外籍配偶，因夫妻之間感情不睦，所以並未同住在一處，該外籍配偶於申請居留延長之案件時，被主管機關否准。主管機關所持理由為申請人目的之生活與未來計畫，已與之前的婚姻目的及組織家庭計畫，有重大改變，自不符合原來的資格條件[45]。

　　本案例主要為強調申請人已有妨害家庭行為之事實，因此不得准許其歸化之申請。確實品行端正之要件，相當廣泛，如不加以限定，可能造成無限上綱或有過度擴張解釋，造成對申請人權利的不當侵害。

　　申請人在提出申請歸化時，是否可要求面談？依入出國及移民法第65條：「入出國及移民署受理下列申請案件時，得於受理申請當時或擇期與申請人面談。必要時，得委由有關機關（構）辦理：一、外國人在臺灣地區申請停留、居留或永久居留。二、臺灣地區無戶籍國民、大陸地區人民、香港或澳門居民申請在臺灣地區停留、居留或定居（第1項）。前項接受面談之申請人未滿十四歲者，應與其法定代理人同時面談（第2項）。第一項所定面談之實施方式、作業程序、應備文件及其他應遵行事項之辦法，由主管機關定之（第3項）。」依舉輕以明重之法理，申請人仍在居留中，始得申請歸化，如對居留中之活動與行為是否合於入出國及移民法所規定，有違法之可疑，自得要求申請人接受面談。但面談之內容及範圍，是否得超過入出國及移民法所規定之目的？亦有待探討。本文認為申請人對其申請之事項與行為，是否符合國籍法之要求，有舉證之責

---

[45] 另請參考許義寶，入出國法制與人權保障，五南圖書，2014年7月二版，頁405。

任。對於主管機關在必要範圍，所爲之調查，有協力之義務[46]。

「品行端正」所要求之標準，甚爲廣泛，其目的在維護我國之社會秩序與善良風俗。至於具體違反之情節與標準，在法治國家中，應求其具體明確。主管機關在爲核准之前，須盡到審核之責任，採取以直接或間接方式，加以瞭解申請人是否有其他違法或虛僞之情事。「妨害家庭之行爲」，依目前社會之價值觀，應還無法接受，認爲此屬有害善良風俗之行爲。司法院釋字第554號解釋提及「國家爲確保婚姻制度之存續與圓滿，自得制定相關規範，約束夫妻雙方互負忠誠義務，性行爲自由與個人之人格有不可分離之關係，固得自主決定是否及與何人發生性行爲，惟依憲法第22條規定，於不妨害社會秩序公共利益之前提下，始受保障，故而性行爲之自由應受婚姻與家庭制度之制約」，有關移民與國籍行政中，亦應依此作爲判斷之指標，以有效維護社會之秩序。

又謂：（一）婚姻屬私法關係，私人自由之一環；或依社會之價值觀趨於開放，有關性行爲之觀念與約束，已日漸不存在[47]。（二）國家是否要介入私人婚姻之維繫，以賦予國籍作爲條件，要求申請人一定要擔保其婚姻應確實及繼續？站在國籍行政之立場，爲維護國家利益及社會秩序，對欲歸化爲我國之外國人，要求其須具備一定之條件，此屬各國國籍法之

---

[46] 有關申請人舉證之責任案例，依最高行政法院95年9月份庭長法官聯席會議決議：「尚需提出『行使地上權之主觀意思而占有』之證明文件。」其理由爲：「稱地上權者，謂以在他人土地上有建築物或其他工作物或竹木爲目的而使用其土地之權，民法第832條定有明文。又占有土地建築房屋或種植竹木，有以無權占有之意思，有以所有之意思，有以租賃或借貸之意思爲之，非必皆以行使地上權之意思而占有，故主張以行使地上權之意思而占有者，應負舉證責任；另主張時效取得地上權者，須以行使地上權之意思而占有始足當之，若依其所由發生事實之性質，無行使地上權之意思者，非有變爲以行使地上權之意思而占有之情事，其取得時效，不能開始進行。」當事人主張有利於己之事實，就其事實有舉證之責任，民事訴訟法第277條定有明文。準此，有關時效取得地上權必須有行使地上權之意思及占有他人土地之事實，二者必須兼具，缺一不可。參高雄市政府訴願決定書，高市府法訴字第10130799600號。

[47] 我國憲法對基本權利的規範，是於第二章「人民的權利與義務」中，採列舉主義爲原則，故有第7條至第18條及第21條之規定，包括亦援其例所訂增修條文第10條各項基本權利，不過，均未有「婚姻權」的明文。因此，通說雖有認爲婚姻權受憲法保障乃自明之理，故無須憲法特別規範；然亦有以第22條「凡人民之其他自由及權利，不妨害社會秩序公共利益者，均受憲法之保障。」之概括主義規定，論證婚姻權亦爲我國憲法保障的基本權利之一，但並非絕對不可限制的基本人權，所以，最低年齡、近親婚姻、重婚（多配偶）等婚姻形式，皆爲我國法律所不許。參隋杜卿，我國同性婚姻權合憲性之探討，國政研究報告，2015.8.7。

必然。因對於外國人之是否接納，國家有自由決定之權利，屬於國家主權之範圍。因此，對於社會善良風俗有危害顧慮之人，自得加以排除。至於性觀念的開放與行為，仍可加以區分；如其有逾越行為，即妨害家庭之犯行時，則不符合「品行端正」之標準。

同意外國人歸化成為本國國民，依本案之案例事實，似有造成非法移民之問題。如取得我國國籍後，可能會與原來之配偶離婚，後再與外國籍男子結婚之計畫。對此如有明顯之證據，證明申請人似有此問題，站在維護國家利益及國籍行政目的之前提下，得加以審查否准。

參、涉及惡意遺棄行為之認定

一、案件事實

原告係經婚姻介紹之公司媒介，與我國臺南市市民丙於93年11月15日在越南結婚，翌年1月28日入境我國，辦理戶籍登記為94年1月5日結婚，嗣經數年家庭生活後，丙於97年8月17日向臺南地方法院起訴，以原告離家經營越南美食店，惡意遺棄在繼續狀態中為理由，請求裁判准予離婚，惟經該院審理後於98年2月4日以97年度婚字第565號判決丙敗訴確定[48]。

被告（主管機關）受理本件申請，委由移民署對丙進行訪查，丙稱伊與原告之婚姻為真實，2人同居同房共3年多等語。本院依原告聲請通知丙為證，丙於本院證稱兩人當初係本於永久共同生活之目的而結婚，惟原告自97年5月起即離家未返家與伊共同居住，其於家事法庭所陳述之內容均屬事實，故在97年8月6日即口頭告知原告欲與之離婚等語；前揭民事案卷，丙於該事件中陳稱兩造間情感疏離係因原告來臺工作所得悉數寄回越南，另自97年5月間2人共同出資經營越南飲食，原告經管財務不清捲款離去，飲食店面男男女女出入，關係混亂，致令原告身心受創，名譽受損等語。姑不論證人丙陳述之離婚歸責事由是否屬實，然綜合其於民事庭、本

---

[48] 臺北高等行政法院99年度訴字第262號判決，訴願決定及原處分均撤銷。被告應作成准予原告歸化為中華民國國民之行政處分。

院及訪查中所為之多次陳述內容，足以證明渠兩人結婚而成立之夫妻關係乃屬真實，且迄今仍有效存在。被告於辯論期日抗辯經訪查及其他相關佐證資料，無積極事證足認其婚姻無真實，實不可採。是以，本件系爭要件原告為中華民國國民之配偶一節業已合致，並其餘要件均已具備，依國籍法第4條第1項第1款及第3條第1項第2款至第5款規定，原告申請歸化自應許可[49]。

二、相關問題

法院認為丙與原告目前猶處於感情破裂之僵局，其並未稱婚姻不實以破壞原告申請國籍之計畫，反倒仍稱婚姻為真，自無不予信採之理。至原告結婚來臺，或因臺灣生活舒適及生財容易，為追求美好之生活並增加財源以改善家鄉家人之生活，此乃人情之常，亦可謂為其遠離家鄉來臺與年長20餘歲之丙結婚之動機，焉能據而推翻婚姻之真正。又其離家迄今未回之緣故，已經丙之子庚於民事庭證稱等語，足認原告無法返家係遭丙所拒；此外，臺南地院前開離婚判決就原告未履行同居義務乃具有正當事由，並認定本件實屬丙遺棄原告，而非原告惡意遺棄丙，於判決理由中亦詳為論述。

本案兩人分居狀態乃屬婚姻過程之變化，此於人性情感社會中本屬常見，自不得指感情生變即謂婚姻不實。另原告為外國人，對於臺灣社會之種種規範習俗猶在摸索學習中，實難期其對於具有專業性之法律知識能操作自如，被告質疑原告何以未積極作為依民法相關規定聲請法院裁定夫妻住所等等，核此對於來臺僅有5年之原告誠屬強求，原告不知如何保障婚姻關係，已是情境堪憐，被告反指摘原告消極以對，進而推論婚姻非真，實有悖於論理法則，自難成立。末查，倘近年來外籍配偶大量申請歸化於國內社會有負面影響，此應由制度層面予以檢討，立法限縮婚姻關係處於不穩定之外籍配偶歸化之可能，而非置現行有效之法律於不顧，對於分居中之合法配偶，概予否准；至個案婚姻是否虛偽，也應由事證調查所得按

---

[49] 臺北高等行政法院99年度訴字第262號判決。

證據法則予以判斷，非可僵化依循行政慣例曲解法律之適用。

　　判決指出原告與我國國民丙之婚姻爲眞正，其餘申請歸化之要件也已具備，自已符合國籍法第4條第1項第1款申請歸化之法定要件，被告應作成准許原告歸化爲中華民國國民之處分，乃被告別無其他事證遽指該椿婚姻非眞，予以否准，自屬違法[50]。

　　本文認爲歸化屬於公法行爲，屬國家主管機關行使之高權行爲，須綜合申請人之條件是否符合國籍法之要件規定，而爲准駁之決定。外國人在我國依親居留，長期居住之後，如申請歸化獲准、取得我國之國民身分證，可進一步申請社會福利、獲得相關津貼與行使選舉投票等權利，因此，獲得國籍與其權利亦有重要相關。

　　主管機關在審查本案時，如僅站在配偶一方提出指控申請人「不盡扶養義務」，而爲否准歸化之申請，認爲此行爲屬於違反「品行端正」之要求標準，當有重大疑問。其一，所成爲法律要件之一的品行端正，當不得過於空泛，或成爲沒有具體適當內容之條件，此將有違法治國家法律明確性之要求。因此，在立法技術上雖允許使用「不確定法律概念」之要件，但其仍須符合相關法制要件之檢視[51]。

　　夫妻之間，有同居之法律義務[52]；但夫妻之間的扶養義務，應非法律

---

[50] 臺北高等行政法院99年度訴字第262號判決。

[51] 奉行立憲主義的現代法治國家，在尊重民主多元價值與因應不可確知的各式風險中，若欲衡平自由與安全（秩序）等核心價值，其施政多樣性下所依據的法律自難鉅細靡遺，立法者難免會制定有如系爭規定以不確定法律概念作爲干預人民自由權利構成要件的概括條款；再由執法機關於具體個案中依其專業，涵攝與判斷該等抽象概念；若生爭執，方由司法機關定紛止爭。此種給予立法者藉抽象用語，取代具體明確要件規定之立法方式，除可避免隨時修法之壓力外，又可預留執法時能與時俱進的空間；執法者若能本於社會上可以探知認識之客觀倫理秩序、價值規範及公平正義原則作爲其對不確定法律概念之專業「判斷」（Beurteilung）基礎，進而將抽象概念逐步具體化或類型化；法院若又能於相關爭議中形成可信賴的先例，成法律有機成長的要素；均有助於法安定性之維持外，亦可成爲追求個案正義的利器。但欲達此理想目標，公權力機關皆需充分服膺權力分立相互制衡及積極保障人權的憲法原則。不論如何，本院歷來之解釋，皆原則上肯認概括條款之必要性。參大法官李震山釋字第702號解釋部分不同意見書。

[52] 釋字第452號解釋理由書：是夫妻履行同居義務之處所並不以住所爲限。鑑諸現今教育普及，男女接受教育之機會均等，就業情況改變，男女從事各種行業之機會幾無軒輊，而夫妻各自就業之處所，未必相同，夫妻若感情和睦，能互相忍讓，時刻應及他方配偶之需要，就住所之設定能妥協或折衷，而有所約定者固可，若夫或贅夫之妻拒不約定住所，則依民法第

義務，而為人情之常或依其相互之間的感情而定，不能一概而論。如果法律上規定一定要符合扶養配偶，否則屬於品行不端行為，似有將一般社會風俗或道德標準，強加於個人必須遵守，有過於概括及廣泛之問題。「惡意遺棄」之行為，如不屬於刑法規定之要件，僅是民法規定之條款，似可透過請求離婚及賠償相關之贍養費方式解決。從「歸化國籍」行政之立場，應審核申請人之法律身分或地位，是否合於居留之目的；或申請人有無其他違法之犯行而定。似不必過度介入私人之婚姻與家庭關係。如未盡到扶養未成年子女，即有違法之處。如婚姻之真意已不存在，即可認為不符合依國民配偶之資格，而為申請。

肆、無結婚真意且使公務員登載不實

一、案件事實

　　本案外國人無結婚真意，採取假結婚之方式，使公務員登載不實文書，被認為有品行不端情事，且向主管機關對歸化之重要事項，提供不正確資料行為。外國人申請歸化之文件資料，如有虛偽不實等情事，主管機關得以依法撤銷其國籍。依行政程序法第121條第1項固規定：「第一百十七條之撤銷權，應自原處分機關或其上級機關知有撤銷原因時起二年內為之」，但有關許可歸化處分之撤銷期間，國籍法第19條規定為「五年內」，該規定係行政程序法第121條第1項之特別規定，應優先適用，主管機關得依國籍法第19條規定於5年內撤銷歸化之許可。

二、相關問題

　　法院認為有關是否核准外國人歸化取得我國國籍，屬於國家主權行使之高權行為。為維護國家利益、本國社會安定與公序良俗，國籍法第3條

1002條前段規定，他方配偶即須以其一方設定之住所為住所，未能兼顧他方選擇住所之權利及具體個案之特殊情況，與憲法上平等及比例原則尚有未符，應自本解釋公布日起，至遲於屆滿一年時失其效力。

第1項第3款明定申請歸化國籍者，須品行端正。所稱品行端正係不確定法律概念，依歸化國籍之事件性質，行政法院自應作低密度之審查[53]。

　　行政程序法第3條第3項第2款固規定「有關國籍變更之行為，不適用本法之程序規定」，但其立法意旨在於外國人國籍變更涉及國家主權及高度政治性之國家利益（例如外國人之祖國是否亦給予我國人民相同待遇或難民庇護等亦涉及外交事項），故僅限於對外國人之處分（例如否准歸化）方有其適用，本件既已許可原告歸化中華民國國籍，原告已屬本國人，被告事後再予撤銷歸化，已不太涉及國家主權及高度政治性之國家利益，而更涉及本國人之國籍變更，自應有行政程序法程序規定之適用。行政程序法第119條規定：「受益人有下列各款情形之一者，其信賴不值得保護：一、以詐欺、脅迫或賄賂方法，使行政機關作成行政處分者。二、對重要事項提供不正確資料或為不完全陳述，致使行政機關依該資料或陳述而作成行政處分者。……」外國人如無結婚真意，且犯有行使使公務員登載不實文書罪，確有品行不端情事，且向主管機關對歸化之重要事項，提供不正確資料，其信賴不值得保護，主管機關自得依職權撤銷違法之許可歸化處分[54]。

　　許可外國人「歸化我國國籍」後，該外國人即取得我國國民之身分，其權利及義務即與我國國民相同，因此，對於是否核准歸化，須加以審核申請人之資格條件是否確實相符。有時依所提出之現有文件資料，只能一般審視或請申請人補充說明，或向其他行政機關調閱相關之資料，以為查證。有時違法犯罪之案件，一時間並無法立即查知，因此，依法律追訴期間規定，得在授權追訴期限內，將嫌疑人起訴或追繳其不法所得。

　　移民之申請歸化，屬於授益之行政處分，申請人如以虛偽不實之資料申請，或以犯罪不法之方法取得我國國籍，其信賴不值得保護，主管機關自得依法予以撤銷。「使公務員登載不實」罪，有其刑法規定之要件，法院在審判上須依犯意、行為及是否造成公共危害等，加以綜合考量審理；

[53] 臺北高等行政法院104年度訴字第232號判決，原告之訴駁回。
[54] 臺北高等行政法院103年度訴字第1605號判決，原告之訴駁回。

如果嫌疑人惡性不大、已知悔改等，法院或檢察機關常會從輕判決，或逕為緩起訴等之處理，依國籍法及刑事紀錄條例規定，有時此種輕微犯罪並不列入「犯罪前科紀錄」之中[55]。

是否允許外國人歸化涉及國家主權與利益之決定，對於觸犯刑事法律，且有虛偽目的居留之外國人，當會危害我國之社會秩序。「品行端正」之要求，有其一般之基準，即依一般社會通念而言[56]，不能是違法犯罪者，或經常有違序之行為，或屬問題人物，造成周遭地區之困擾。如有這樣的行為之外國人，一旦經取得我國國籍，即會對我國社會秩序造成可能預見之危害。

採取「撤銷申請歸化之國籍」，當事人可能會變成無國籍人，但其重點是有重大違法、虛偽不實之犯行，主管機關依事實證據而為處分。被撤銷我國國籍之後，是否予以驅逐出國，當視入出國及移民法之規定，以該當事人是否有符合居留之原因而定；但不得以正在訴訟中為由，申請居留。而在國際移民中，不法移民以非法工作之目的居多，本案行為人以虛偽不實之資料申請，依法理而言，在是否給予核准之時，主管機關有調查之職責與義務，亦可透過當事人之協力義務，要求提出更多之資料，以為確認所提資料之真實性。

本案之判決中，提及行政程序法之適用問題，因原申請人已取得我國國籍屬於我國國民，因此依行政程序法第3條規定，並非排除對象，可以適用主管機關得於發現行政處分有違法錯誤之時，可在2年內予以撤銷之規定。另國籍法亦有明文規定，主管機關為許可歸化後，如在5年內發現申請歸化之資料文件有虛偽不實情事，得予以撤銷。因國籍法為特別法，應優先適用。5年之期限，為督促主管機關為積極調查或發現違法之義

---

[55] 有關刑事案件紀錄資料不予記載情形，請參考警察刑事紀錄證明核發條例第6條規定。

[56] 有關一般社會通念之涵義，在大法官釋字第636號解釋理由書中提及，本條例第2條第3款規定之欺壓善良、第5款規定之品行惡劣、遊蕩無賴均屬對個人社會危險性之描述，其所涵攝之行為類型過於空泛，非一般人民依其日常生活及語言經驗所能預見，亦非司法審查所能確認，實務上常須與強暴、脅迫、恐嚇等行為或與同條文其他各款規定合併適用。此基本構成要件所涵攝之行為內容既不明確，雖第5款另規定「有事實足認為有破壞社會秩序或危害他人生命、身體、自由、財產之習慣」，亦不能使整體構成要件適用之範圍具體明確，因此上開欺壓善良及品行惡劣、遊蕩無賴之規定，與法律明確性原則不符。

務。

　　例外之撤銷，相對的主管機關應負舉證及採取嚴謹之原則，以避免過度侵害已歸化成為國民者之權利。因此，應以有惡意及重大危害公共利益之要件者，才列入撤銷之對象為宜。

第四節　結論

　　自然人取得國籍，有生來取得與後來取得二種。出生取得國籍，依血統主義原則，不論出生在何地，只要其父母一方為本國人，其子女就獲得父母一方或兩方的國籍；另依出生地主義原則，無論父母是哪國人，只要出生在該國的領土內，即自動獲得該國國籍。後來取得國籍，此種方式是根據個人意願或某種事實，並具備相關條件，例如自願申請歸化取得他國國籍。

　　外國人申請歸化我國國籍，須依國籍法之規定。歸化之申請條件，包括一般外國人之申請，另外有國民配偶與子女之申請，與特殊高科技之人才與對我國有特殊貢獻之人之分。歸化取得國籍是後來獲得國籍之一種方式，有別於出生取得國籍。對於外國人是否合於申請我國國籍之歸化要件，在國籍法中並訂有個別之要件。

　　本章探討歸化取得我國國籍之要件，及歸化之「品行端正」要件規定。此屬於不確定法律概念之品行端正，有其涵義之廣泛性，基於主管機關所訂定之認定原則，具體列出不符合之行為，可作為拘束個案處分之依據，可以增加其可預測性。在本文中提出四個行政法院之判決，加以討論法院認定之基礎，及從接納國際移民之觀點，主管機關可以採取何種之認定基本原則。民主法治國家之維繫，必須謹守國家與公共利益之原則，對於有造成危害之外國人，須加以管制。

　　品行端正之認定，如過於空泛將對申請人之權益保障，有所不足，行政機關可能基於恣意認定，而不准許歸化之申請。因此，具體、明確且限

於特定之範圍要求，即有此必要。依「歸化國籍無不良素行認定辦法」第2條第1項：「本法第三條第一項第三款所稱不良素行，指有下列情形之一者：一、因犯罪受緩起訴處分、拘役、罰金或緩刑判決確定。但因過失犯罪者，不在此限。二、下列違反社會秩序維護法行為，經裁處拘留或罰鍰確定尚未執行或繳納完畢：（一）無正當理由攜帶具有殺傷力之器械、化學製劑或其他危險物品；（二）放置、投擲或發射有殺傷力之物品而有危害他人身體或財物之虞；（三）主持、操縱或參加不良組織有危害社會秩序；（四）吸食或施打煙毒或麻醉藥品以外之迷幻物品；（五）在公共場所或公眾得出入之場所，意圖與人性交易或媒合性交易而拉客；（六）非依自治條例規定，媒合或從事性交易；（七）意圖鬥毆而聚眾。三、未對其配偶或未成年子女盡法定扶養義務，經法院判決確定；或有事實足認無正當理由未盡該法定扶養義務。四、有習慣性家庭暴力行為，經法院判決確定；或有事實足認有該行為，但其情可憫、係出於自我防衛或不可歸責於申請人，不在此限。」考量立法比例原則，亦為憲法第23條所明文規定。在國內生活之外國人，亦得加以主張適用。即符合「無不良素行」之行為，其行為內涵與危害性，與我國禁止其申請歸化，二者法益之比較衡量，是否相當之問題。原則上，如該非法、違法違規行為是社會上一般大眾所無法贊同之行為，且以此為常業或反覆為之；例如有多次妨害風化違序之行為紀錄者。

　　有關行政程序法之適用，雖然在行政程序法第3條中排除國籍歸化事項之適用，但主管機關在為審查個案申請時，為調查事實證據仍得準用其相關之規定。例如請申請人提出相關有利證據及文件，或負舉證責任。在外國人未正式成為我國國民之前，內政部移民署人員仍得依入出國及移民法加以查察面談。但在國籍法或入出國及移民法中對於相關「歸化」申請之查察面談，似乎未有明確授權。本文建議在相關國籍法施行細則或入出國及移民法中，似可加入相關「歸化」申請遇有必要時之調查面談規定。

參考文獻

一、中文部分

李東穎，論外國人的基本權地位—德國法的比較觀察，憲政時代，42卷3期，2017年1月。

法治斌、董保城，憲法新論，元照，2014年9月六版。

邱華君，公務人員雙重國籍之探討，人事月刊，346期，2014年6月。

施正鋒，外籍配偶的公民權，台灣原住民族研究學報，5卷4期，2015年12月。

張裕焯，一個「黑戶小孩」的國籍身分與生存困境，台灣人權學刊，2卷2期，2013年12月。

許義寶，入出國法制與人權保障，五南圖書，2014年7月二版。

許義寶，移民法制與人權保障，中央警察大學出版社，2017年8月。

陳新民，中華民國憲法釋論，三民書局，1999年10月修訂三版。

楊翹楚，移民—雙重國籍之探討，警學叢刊，45卷5期，2015年3-4月。

葉錦鴻，論外籍配偶的法律地位—以入境、居留與歸化為中心，台灣國際法季刊，11卷3期，2014年9月。

賴來焜，國際（私）法之國籍問題—以新國籍法為中心，著者自印，2000年9月。

二、日文部分

江川英文、山田鐐一、早田芳郎，国籍法，有斐閣，1997年7月。

百地章，国家主権の行使としての「国籍付与」，日本法學，80卷2号，日本大学法学部創設百二十五周年記念号，2014年10月。

馬場里美，出入国管理における「私生活及び家族生活を尊重される権利」—フランス及び欧州人権裁判所の判例を素材として，早稲田法学会誌，50期，2000年3月25日。

第二章
大陸地區人民進入臺灣相關入出境法令之探討

王寬弘*

第一節　前言

　　因為臺灣與大陸的關係有其特殊政治、文化歷史背景關係。國民政府遷臺兩岸分治後，從互不往來的閉鎖關係，到些微往來的半開放關係，如今幾乎是開放的頻繁互動關係。在兩岸互動的轉折關鍵點，首先是蔣經國先生當總統時解除戒嚴，開放到大陸探親開始，接著於2008年開放大陸地區人民來臺觀光。2008年6月，時任之臺灣海基會董事長江丙坤先生與大陸海協會會長陳雲林先生展開第一次江陳會談，針對兩岸包機及大陸人民來臺觀光兩項議題進行協商。在此之後，兩會分別於2008年11月、2009年4月、12月、2010年6月及12月展開密集性的會談，簽署各議題之協議，兩岸間的通郵、通商、通航之三通模式已然成形。而在兩岸人民交流的部分，隨著兩岸三通的交流，也不再像以往一般只侷限在特定關係或身分的人民交流，現階段不論在社會類或商務、專業類之間的交流，都已相當的開放，甚至陸方的官方人員也可以透過審查制度來臺交流，兩岸人員往來儼然已經邁入一個全面性交流的嶄新局面[1]。

---

* 中央警察大學國境警察學系暨研究所警監教官。

[1] 以觀光為例，以往大陸地區人民只能經由第三國中轉來臺觀光（通稱第二類觀光），或是只有旅居在國外的大陸地區人民才可以向我國駐外使館處提出申請來臺觀光（通稱第三類觀光），經由第二、三類觀光來臺人數的陸客，每日合計之平均入出境之陸客人數並不到100人

隨著兩岸的開放及事務發展之蓬勃，帶動兩岸互動之交流，兩岸人民的往來越來越頻繁，大陸地區人民來臺短期停留入境人次、居留許可案件及定居許可人數逐年增加，更可以發現兩岸人民的互動是深度緊密。即使2016年後，兩岸關係降溫，陸客來臺減少，但陸客來臺的人次數量仍是相當可觀。2017年大陸地區人民進入臺灣地區（各類交流）健檢醫美計19,614人次、專業交流計116,242人次、商務交流計80,663人次。至於觀光，一類計1,980,501人次、三類計843,664人次、個人旅遊計83,695人次，合計1,980,501人次。而2017年大陸地區人民居留許可有12,953人、定居許可有6,087人[2]。

在迎接大陸地區人民來臺，也相對地必須有大陸地區人民進入臺灣之入出境國相關法令，期間入出境管理之法令也有隨時勢修正之情事，例如目前即無觀光二類情形[3]。自2008年開放陸客來臺觀光迄今（2018）年滿10年，本文乃試圖對現行大陸地區人民進入臺灣的相關入出境之法令情形勾勒說明。

有關入出國（境）管理制度，係指針對入出一國國境之人、物（包含貨物及交通工具）所施行管理措施之總稱。就人的管理部分，約略可涵括入出國前之申請許可，入出國當時之國境管理，入國後之居停留管理以及必要時之強制出境及收容。本文主要以文獻探討的方式，將大陸地區人民進入臺灣所涉及之入出國法令做一系統性分析整理，以瞭解相關入出國法令體系。針對大陸地區人民進入臺灣過程中，包含入境前之申請與審核、入境時之證照查驗與安全檢查以及入境後之居、停留等入境管理，其主要之法律依據以及違反禁止或命令規定之法律效果等相關入境管理法令，並

次。2008年7月18日以後可經由團進團出的方式申請來臺觀光（稱為第一類觀光），每日開放申請陸客人數達4,311人。蔡政杰，開放大陸地區人民來臺觀光對我國國境管理衝擊與影響之研究，中央警察大學外事警察研究所碩士論文，2011年，頁1-4。

[2]　上述統計資料取自內政部移民署2017年大陸地區人民進入臺灣地區（各類交流）人數統計表及大陸地區人民、港澳居民、無戶籍國民來臺居留、定居人數統計表。https://www.immigration.gov.tw/ct.asp?xItem=1343512&ctNode=29699&mp=1，瀏覽日期：2018.6.23。

[3]　第二類：91年起開放大陸地區人民由大陸地區經第三地中轉來臺從事觀光活動，2008（民國97）年修正「大陸地區人民來臺從事觀光活動許可辦法」，最後一團於2008（民國97）年7月17日入境後正式走入歷史，取消該類來臺觀光政策。

擇若干相關問題進一步探討。

第二節　入出國法令法源與體系

壹、入出國法令法源

　　在依法行政的民主法制國家，一個行政行為均要有其法源、法律依據。本文試以憲法、法律及行政命令等三個法律位階說明其法源。大法官會議釋字第497號解釋，清楚指出中華民國81年7月31日公布之臺灣地區與大陸地區人民關係條例（簡稱兩岸人民關係條例）係依據民國80年5月1日公布之憲法增修條文第10條（現行增修條文改列為第11條）「自由地區與大陸地區間人民權利義務關係及其他事務之處理，得以法律為特別之規定」所制定，為國家統一前規範臺灣地區與大陸地區間人民權利義務之特別立法。依該條例之授權行政機關訂定相關行政命令，如內政部依該條例第10條及第17條之授權分別「大陸地區人民進入臺灣地區許可辦法」及「大陸地區人民在臺灣地區依親居留長期居留或定居許可辦法」，明文規定大陸地區人民進入臺灣地區之資格要件、許可程序及停留期限，係在確保臺灣地區安全與民眾福祉，符合該條例之立法意旨，尚未逾越母法之授權範圍，為維持社會秩序或增進公共利益所必要，與上揭憲法增修條文無違，於憲法第23條之規定亦無牴觸。進言之，人民遷徙之自由乃憲法第10條所規定，而遷徙自由意謂著人民有入出國境權利。惟依據憲法第23條之規定，為維持社會秩序或增進公共利益所必要，人民入出國境權利並非不得限制，但必須依據法律且合比例原則。

　　因此，大陸地區人民進入臺灣之入出國主要法令法源。在憲法位階：為憲法第10條、第23條及憲法增修條文第11條；在法律位階：為臺灣地區與大陸地區人民關係條例；在行政命令位階：為「臺灣地區與大陸地區人民關係條例施行細則」及兩岸人民關係條例授權訂定之各種行政命令，如

「大陸地區人民進入臺灣地區許可辦法」及「大陸地區人民在臺灣地區依親居留長期居留或定居許可辦法」等行政命令。

貳、入出國法令體系

　　至於大陸地區人民進入臺灣之入出國適用法令之體系，兩岸人民關係條例第10條規定，大陸地區人民非經主管機關許可，不得進入臺灣地區。因此大陸地區人民進入臺灣地區，在入境前均應申請許可取得入境許可證；在入境時通過安全檢查及證照查驗，之後取得相關停留資格或辦理居留、長期居留或定居等。由於我國入出國之法令並不單一[4]，不同對象適用不同法律，且有些法律可能僅有義務規定而無法律效果。本文此試以「入境前申請許可」、「入境時查驗與安檢」、「入境後停居留定居」等三階段說明大陸地區人民來臺的相關適用法令[5]。大陸地區人民來臺的入出境相關法令體系，茲表示如下：

表 2-1　大陸地區人民來臺的入出境相關法令體系表

程序	入境前		入境時			入境後
	申請許可		證照查驗		安全檢查	停居留定居
義務規定	入出國及移民法第5條[6]	臺灣地區與大陸地區人民關係條例第10條等	入出國及移民法第4條	臺灣地區與大陸地區人民關係條例第9條[7]	國家安全法第4條	入出國及移民法、臺灣地區與大陸地區人民關係條例相關法條

4　人民之入出國有關法律主要計有：國家安全法、入出國移民法、臺灣地區與大陸地區人民關係條例、香港澳門關係條例。

5　入出國管理之入國前申請許可尚有護造簽證，則爲屬外交事務，由於本文探討對象爲大陸地區人民，彼等進入臺灣並不適用申請護照簽證方式，而是以申請方式向內政部移民署申請許可，故於此入出國法令申請許可並未將護照簽證納入，特此說明。

6　本條規範需申請許可的對象是臺灣地區無戶籍國民，是否得類推至大陸人民來臺的規範？恐有疑義，故宜以臺灣地區與大陸地區人民關係條例第10條爲規範依據。

7　本條規範的對象爲臺灣地區人民進入大陸地區，是否得類推至大陸人民來臺的規範？恐有疑義，故宜以入出國及移民法第4條爲規範依據。

表 2-1　大陸地區人民來臺的入出境相關法令體系表（續）

	入境前		入境時			入境後
違反處罰	入出國及移民法第74條	入出國及移民法第74條	入出國及移民法第84條	入出國及移民法第84條	國家安全法第6條	入出國及移民法、臺灣地區與大陸地區人民關係條例相關法條

資料來源：作者整理。

第三節　入境前申請許可相關法令規定

　　大陸地區人民進入臺灣之法律依據主要爲臺灣地區與大陸地區人民關係條例，依該條例第10條規定大陸地區人民非經主管機關許可，不得進入臺灣地區。而該條例第3條之1規定，行政院大陸委員會[8]統籌處理有關大陸事務，爲本條例之主管機關。但應注意，「大陸地區人民進入臺灣地區許可辦法」及「大陸地區人民在臺灣地區依親居留長期居留或定居許可辦法」第2條第1項均規定「本辦法之主管機關爲內政部」。大陸地區人民進入臺灣地區許可辦法第2條第2項規定，主管機關審查相關申請事項，必要時得會同各目的事業主管機關及相關機關處理之，或由主管機關邀集國家安全局、大陸委員會及中央相關機關組成聯合審查會（以下簡稱聯審會）會商處理之[9]。

　　經許可進入臺灣地區之大陸地區人民，不得從事與許可目的不符之活動。但因歷史背景與兩岸政治因素之考量，大陸地區人民申請來臺之原因有其限制，以大陸人民來臺目的分類約可分爲一般性、受僱工作、商務觀光、配偶團聚依親、就學及專案許可等，其規定分別規定於臺灣地區與大陸地區人民關係條例第10條至第17條。本文依其目的而適用之法條及行政

---

[8]　行政院大陸委員會於2018年7月改名爲大陸委員會，不再冠名行政院。

[9]　兩岸條例之主管機關雖爲大陸委員會，但據大陸委員會法政處表示，各條文所稱之主管機關實指目的事業主管機關，如兩岸條例第9條及第10條之主管機關，應均爲內政部，而非陸委會。

命令說明如下：

壹、一般性目的

　　在一般性目的入境之法源爲臺灣地區與大陸地區人民關係條例第10條，依該條規定大陸地區人民非經主管機關許可，不得進入臺灣地區。經許可進入臺灣地區之大陸地區人民，不得從事與許可目的不符之活動。前二項許可辦法，由有關主管機關擬訂，報請行政院核定之。依此訂定「大陸地區人民進入臺灣地區許可辦法」，大陸地區人民進入臺灣地區許可辦法可認爲是大陸地區人民進入臺灣地區之一般性目地之行政命令。大陸地區人民申請進入臺灣地區從事：一、社會交流。二、專業交流。三、商務活動交流。四、醫療服務交流等活動之一者[10]，應依該辦法規定辦理。其中社會交流乃早期基於人道爲大陸地區人民來臺探親、團聚、奔喪、探視而開放。

貳、受僱工作

　　受僱工作來臺入境之法源爲臺灣地區與大陸地區人民關係條例第11條，依該條規定僱用大陸地區人民在臺灣地區工作，應向主管機關申請許可。經許可受僱在臺灣地區工作之大陸地區人民，其受僱期間不得逾1年，並不得轉換雇主及工作。但因雇主關廠、歇業或其他特殊事故，致僱用關係無法繼續時，經主管機關許可者，得轉換雇主及工作。大陸地區人民因前項但書情形轉換雇主及工作時，其轉換後之受僱期間，與原受僱

---

[10]　大陸地區人民進入臺灣地區許可辦法第3條規定：「大陸地區人民申請進入臺灣地區從事下列活動之一者，應依本辦法規定辦理：一、社會交流：（一）探親。（二）團聚。（三）奔喪。（四）探視。二、專業交流：（一）宗教教義研修。（二）教育講學。（三）投資經營管理。（四）科技研究。（五）藝文傳習。（六）協助體育國家代表隊培訓。（七）駐點服務。（八）研修生。（九）短期專業交流。三、商務活動交流：（一）演講。（二）商務研習。（三）履約活動。（四）跨國企業內部調動服務。（五）短期商務活動交流。四、醫療服務交流：（一）就醫。（二）健康檢查或美容醫學。」

期間併計。相關許可及其管理辦法，由行政院勞工委員會會同有關機關擬訂，報請行政院核定之。另第17條第2項第1款規定，符合第11條受僱在臺灣地區工作之大陸地區人民，得申請工作居留，居留期間最長爲3年[11]，期滿得申請延期。惟目前臺灣並尚未開放大陸地區人民來臺工作居留的申請。

參、商務觀光

　　從事商務或觀光活動來臺入境之法源爲臺灣地區與大陸地區人民關係條例第16條第1項，依該條項規定大陸地區人民得申請來臺從事商務或觀光活動，其辦法，由主管機關定之。因此，商務活動交流依據大陸地區人民進入臺灣地區許可辦法處理，觀光活動則依大陸地區人民來臺從事觀光活動許可辦法處理[12]。其中觀光活動來臺者辦理停留，而從事商務活動依臺灣地區與大陸地區人民關係條例第17條第2項第2款規定，從事商務之申請居留，居留最長爲3年，期滿得申請延期。

---

[11] 雇主向行政院勞工委員會申請僱用大陸地區人民工作，應先以合理勞動條件在臺灣地區辦理公開招募，並向公立就業服務機構申請求才登記，無法滿足其需要時，始得就該不足人數提出申請。但應於招募時，將招募內容全文通知其事業單位之工會或勞工，並於大陸地區人民預定工作場所公告之（第11條第4項）。僱用大陸地區人民工作時，其勞動契約應以定期契約爲之（第11條第5項）。

[12] 觀光類別：（一）個人旅遊：大陸地區人民設籍於主管機關公告指定之區域，符合下列情形之一者，得申請許可來臺從事個人旅遊觀光活動：1.年滿20歲，且有相當新臺幣20萬元以上存款或持有銀行核發金卡或年工資所得相當新臺幣50萬元以上。其直系血親及配偶得隨同申請。2.年滿18歲以上在學學生。（二）第一類：大陸地區人民符合以下其中一項資格者（大陸地區人民來臺從事觀光活動許可辦法第3條第1、2、5款），得申請來臺觀光：1.有固定正當職業者或學生。2.有等值新臺幣20萬元以上之存款，並備有大陸地區金融機構出具之證明者。3.其他經大陸地區機關出具之證明文件（如大陸居民往來臺灣通行證）。2008（民國97）年7月4日直航包機來臺觀光首發團抵臺後正式實施。（三）第二類：2002（民國91）年起開放大陸地區人民由大陸地區經第三地中轉來臺從事觀光活動，97年修正「大陸地區人民來臺從事觀光活動許可辦法」，最後一團於2008（民國97）年7月17日入境後正式走入歷史，取消該類來臺觀光政策。（四）第三類：2002（民國91）年起開放旅居或留學海外，及旅居或留學港澳之大陸人士，亦即符合「大陸地區人民來臺從事觀光活動許可辦法」第3條第3、4款資格者，得申請來臺觀光。

肆、配偶團聚依親

配偶團聚依親來臺入境之法源為臺灣地區與大陸地區人民關係條例第17條第1項，依該條項規定大陸地區人民為臺灣地區人民配偶，得依法令申請進入臺灣地區團聚，經許可入境後，得申請在臺灣地區依親居留。另依臺灣地區與大陸地區人民關係條例第17條第3項規定，經許可在臺灣地區依親居留滿4年，且每年在臺灣地區合法居留期間逾183日者，得申請長期居留。另依臺灣地區與大陸地區人民關係條例第17條第5項規定，經許可在臺灣地區依親長期居留者，居留期間無限制；長期居留符合該條項規定者，得申請在臺灣地區定居。而依臺灣地區與大陸地區人民關係條例第17條之1規定，經許可在臺灣地區依親居留或長期居留者，居留期間得在臺灣地區工作。

次查臺灣地區與大陸地區人民關係條例第10條之1規定，大陸地區人民申請進入臺灣地區團聚、居留或定居者，應接受面談、按捺指紋並建檔管理之；未接受面談、按捺指紋者，不予許可其團聚、居留或定居之申請。其管理辦法，由主管機關定之。依此授權主管機關內政部訂定大陸地區人民申請進入臺灣地區面談管理辦法及大陸地區人民按捺指紋及建檔管理辦法。

伍、就學

大陸地區人民來臺就學之法源有臺灣地區與大陸地區人民關係條例第22條第3項、大學法第25條第3項及專科學校法第32條第1項之規定。臺灣地區與大陸地區人民關係條例第22條第3項規定：「大陸地區人民經許可得來臺就學，其適用對象、申請程序、許可條件、停留期間及其他應遵行事項之辦法，由教育部擬訂，報請行政院核定之。」另依大學法第25條：「……大陸地區學生進入大學修讀學位，不受前條公開名額、方式之限制（第1項）。前項大陸地區學生，不得進入經教育部會商各有關機關認定公告涉及國家安全、機密之院、系、所及學位學程修讀（第2項）。第

一項學生進入大學修讀學位之名額、方式、資格、辦理時程、招生委員會組成方式、錄取原則及其他有關考生權利義務事項之辦法，除大陸地區學生部分由教育部擬訂，報請行政院核定外，其餘由教育部定之（第3項）。」[13]教育部依此授權訂定大陸地區人民來臺就讀專科以上學校辦法。

　　依大陸地區人民來臺就讀專科以上學校辦法第2條規定該辦法所稱大陸地區學生「指大陸地區人民經許可來臺灣地區就讀國內二年制專科以上學校修讀學位者。」該辦法第3條規定，大陸地區人民符合國內下列學制：「一、公私立大學校院日間學制博士班、碩士班及學士班。二、公私立專科學校日間學制二年制副學士班。三、公私立大學校院進修學制碩士班。前項學制，不包括軍警校院。」報考資格之一者，得依本辦法申請來臺就學。而大陸地區學生在臺合法修習年限之中，自得合法於臺灣地區停留居住，但仍應以就學爲其主要目的，不得從事其他應另爲申請之活動，如就業[14]。

陸、政府專案許可

　　有關政府基於特殊考量專案許可之法源，爲臺灣地區與大陸地區人民關係條例第17條第4項：「內政部得基於政治、經濟、社會、教育、科技或文化之考量，專案許可大陸地區人民在臺灣地區長期居留，申請居留之類別及數額，得予限制；其類別及數額，由內政部擬訂，報請行政院核定後公告之。」而依臺灣地區與大陸地區人民關係條例第17條第4項規定，有關居留、長期居留、或定居條件、程序、方式、限制、撤銷或廢止許可及其他應遵行事項之辦法，由內政部會同有關機關擬訂，報請行政院核定

---

[13] 專科學校法第32條亦有相同規定，該條規定大陸地區學生進入專科學校就讀，不受前條公開名額、方式規定之限制。大陸地區學生，不得進入經教育部商各有關機關認定公告涉及國家安全、機密之科修讀。

[14] 許義寶，大陸地區人民之居留原因與相關規範之研究，「人口移動與執法」學術研討會論文集，中央警察大學，2011年，頁21。

之。內政部依此授權訂定大陸地區人民在臺灣地區依親居留長期居留或定居許可辦法，且對前述政治、經濟、社會、教育、科技或文化特殊考量對象之大陸地區人民進一步規範說明[15]。內政部移民署[16]受理前項申請

---

[15] 依大陸地區人民在臺灣地區依親居留、長期居留或定居許可辦法第18條至第23條相關規定說明如下：（一）所謂「政治之考量」對象，依該辦法第18條第1項規定為：「一、對臺灣地區國防安全、國際形象或社會安定有特殊貢獻者。二、提供有價值資料，有利臺灣地區對大陸地區瞭解者。三、具有崇高傳統政教地位，對其社會有重大影響力者。四、對國家有特殊貢獻，經有關單位舉證屬實者。五、領導民主運動有傑出表現之具體事實及受迫害之立即危險者。」（二）所謂「經濟之考量」對象，依該辦法第19條規定為：「一、在產業技術上有傑出成就，且其研究開發之產業技術，能實際促進臺灣地區產業升級者。二、在金融專業技術或實務操作上有傑出成就，並能促進臺灣地區金融發展者。三、在新興工業、關鍵技術、關鍵零組件及產品有專業技能，且確為臺灣地區所亟需或短期內不易培育者。四、在數位內容、影像顯示、光電、半導體、電子、資訊、通訊、工業自動化、材料應用、高級感測、生物技術、奈米科技、製藥、醫療器材、特用化學品、健康食品、資源開發與利用、能源節約等著有成績，且確為臺灣地區所亟需或短期內不易培育者。」（三）所謂「教育之考量」對象，依該辦法第20條規定為：「一、曾獲諾貝爾獎者。二、曾獲國際學術獎，在學術專業領域具有崇高地位與傑出成就，並為臺灣地區迫切需要，受聘在臺灣地區大專校院或學術研究機構擔任教學研究者。三、曾參加國際藝術展演，在專業領域具有創新表現，其特殊才能為臺灣地區少有者。四、曾獲優秀專業獎，並對其專業領域具有研究創新，而為臺灣地區迫切需要，且受聘在臺灣地區大專校院或學術研究機構擔任教學研究者。五、曾獲得奧林匹克運動會前三名或亞洲運動會第一名成績，且來臺灣地區居留後有助於提升我國家運動代表隊實力者。六、曾擔任大陸代表隊教練，經其訓練之選手獲得奧林匹克運動會前五名或亞洲運動會前三名成績，並經中央目的事業主管機關核定受聘擔任我國家運動代表隊之培訓教練者。」（四）所謂「科技之考量」對象，依該辦法第21條規定為：「一、在基礎及應用科學專業領域有傑出成就，為臺灣地區迫切需要，並曾任著名大學或研究機構之教授、副教授（研究員、副研究員），最近五年內有著作發表者。二、在特殊領域之應用工程及技術上有傑出成就，並在著名大學得有博士學位後繼續執行專門職業四年以上著有成績者。三、具有臺灣地區所亟需之特殊科學技術，並有豐富之工作經驗者。」（五）所謂「文化之考量」對象，依該辦法第22條規定為：「一、在民族藝術或民俗技藝領域具有卓越才能，並獲許可延攬，在臺灣地區從事傳習期間，績效卓著者。二、對中華文化之維護及發揚有特殊貢獻，並有豐富工作經驗或重大具體成就者。三、曾獲頒重要文化勳（獎）章，並在文化、電影、廣播電視等專業領域具有研究創見或特殊造詣者。四、曾獲國際著名影展、國際廣播電視節目競賽主要個人獎或其他國際著名獎項，並在文化藝術傳承及創新工作有卓越貢獻者。」（六）所謂「社會之考量」對象，依該辦法第23條規定為：「一、申請人在臺灣地之配偶死亡後未再婚，其臺灣地區配偶之年逾六十五歲父母或未成年子女，無其他在臺直系血親卑親屬、配偶照顧，而有由申請人在臺照料之需要。二、大陸地區人民之親生子女，為現在婚姻關係存續中之臺灣地區人民收養，且年齡在十八歲以下者。三、中華民國三十八年政府遷臺後，至中華民國七十六年十一月一日間，在臺灣地區原有戶籍，其前往大陸地區繼續居住逾四年，且未在大陸地區設有戶籍或領用大陸地區護照。四、其屬經許可在臺灣地區長期居留或定居之臺灣地區人民配偶之親生子女，且依大陸地區人民進入臺灣地區許可辦法第三條第一項第六款規定申請探親時之年齡在十四歲以下，在臺停留連續滿四年，且每年在臺灣地區合法停留期間逾一百八十三日。五、其為臺灣地區人民之十八歲以下親生子女。」

[16] 內政部入出國及移民署於2015年改名為內政部移民署。

文件後，得送中央目的事業主管機關爲專業資格審查並附註同意與否意見
後，送請主管機關邀請相關機關共同審查之。另依臺灣地區與大陸地區人
民關係條例第17條第5項規定，經許可在臺灣地區專案許可長期居留者，
居留期間無限制；長期居留符合下列：「一、在臺灣地區合法居留連續二
年且每年居住逾一百八十三日。二、品行端正，無犯罪紀錄。三、提出喪
失原籍證明。四、符合國家利益。」之規定者，得申請在臺灣地區定居。
而依臺灣地區與大陸地區人民關係條例第17條之1規定，經許可在臺灣地
區專案許可長期居留者，居留期間得在臺灣地區工作。將上述彙整如下
表2-2，以利釐清瞭解：

表 2-2　大陸地區人民申請來臺目的法令適用一覽表

目的	法律	相關行政命令
一般性	臺灣地區與大陸地區人民關係條例第10條：大陸地區人民非經主管機關許可，不得進入臺灣地區。經許可進入臺灣地區之大陸地區人民，不得從事與許可目的不符之活動。前二項許可辦法，由有關主管機關擬訂，報請行政院核定之。	大陸地區人民進入臺灣地區許可辦法。
受僱工作	臺灣地區與大陸地區人民關係條例第11條第1項：僱用大陸地區人民在臺灣地區工作，應向主管機關申請許可。 臺灣地區與大陸地區人民關係條例第17條第2項第1款：申請在臺灣地區工作居留，居留期間最長爲3年，期滿得申請延期。	有關許可及其管理辦法，由行政院勞工委員會會同有關機關擬訂，報請行政院核定之（目前尚未開放）。
商務觀光	臺灣地區與大陸地區人民關係條例第16條第1項：大陸地區人民得申請來臺從事商務或觀光活動，其辦法，由主管機關定之。 臺灣地區與大陸地區人民關係條例第17條第2項第2款：申請在臺灣地區商務居留，居留期間最長爲3年，期滿得申請延期。	商務活動：大陸地區人民進入臺灣地區許可辦法。 觀光活動：大陸地區人民來臺從事觀光活動許可辦法。

表 2-2　大陸地區人民申請來臺目的法令適用一覽表（續）

目的	法律	相關行政命令
配偶團聚依親	臺灣地區與大陸地區人民關係條例第17條第1項：大陸地區人民為臺灣地區人民配偶，得依法令申請進入臺灣地區團聚，經許可入境後，得申請在臺灣地區依親居留。 臺灣地區與大陸地區人民關係條例第17條第3項：經依第1項規定許可在臺灣地區依親居留滿4年，且每年在臺灣地區合法居留期間逾183日者，得申請長期居留。	大陸地區人民進入臺灣地區許可辦法。 大陸地區人民在臺灣地區依親居留長期居留或定居許可辦法。 大陸地區人民申請進入臺灣地區面談管理辦法。 大陸地區人民按捺指紋及建檔管理辦法。
就學	臺灣地區與大陸地區人民關係條例第22條第3項：大陸地區人民經許可得來臺就學，其適用對象、申請程序、許可條件、停留期間及其他應遵行事項之辦法，由教育部擬訂，報請行政院核定之。 大學法第25條及專科學校法第32條：大陸地區學生，不得進入經教育部會商各有關機關認定公告涉及國家安全、機密之院、系、所及學位學程修讀。	大陸地區人民來臺就讀專科以上學校辦法。
專案許可	臺灣地區與大陸地區人民關係條例第17條第4項：內政部得基於政治、經濟、社會、教育、科技或文化之考量，專案許可大陸地區人民在臺灣地區長期居留，申請居留之類別及數額，得予限制；其類別及數額，由內政部擬訂，報請行政院核定後公告之。	大陸地區人民在臺灣地區依親居留長期居留或定居許可辦法。

資料來源：作者整理。

第四節　入境時證照查驗與安檢之相關法令規定

壹、證照查驗

臺灣地區與大陸地區人民關係條例第9條，僅規定臺灣地區人民進入大陸地區，應經一般出境查驗程序，並未涉及大陸地區人民。然查入出國及移民法第4條規定，入出國者，應經內政部移民署查驗；未經查驗者，

不得入出國。大陸地區人民進入臺灣，入境當時應經證照查驗。其相關規定，除有入出國及移民法第4條是項規定外，主要至少還有：

一、依據入出國及移民法第4條之規定，入出國者，應經內政部移民署查驗；未經查驗者，不得入出國。內政部移民署於查驗時，得以電腦或其他科技設備，蒐集及利用入出國者之入出國紀錄。前二項查驗時，受查驗者應備文件、查驗程序、資料蒐集與利用應遵行事項之辦法，由主管機關定之。另入出國及移民法第84條規定，違反第4條第1項規定，入出國未經查驗者，處新臺幣1萬元以上5萬元以下罰鍰。

二、依據入出國及移民法第91條第1項規定，「外國人、臺灣地區無戶籍國民、大陸地區人民、香港及澳門居民於入國（境）接受證照查驗或申請居留、永久居留時，入出國及移民署得運用生物特徵辨識科技，蒐集個人識別資料後錄存。」第2項規定：「未依第一項規定接受生物特徵辨識者，入出國及移民署得不予許可其入國（境）、居留或永久居留。」足見大陸人民入國（境）依入出國及移民法需接受證照查驗，並接受生物特徵辨識。

三、依入出國查驗及資料蒐集利用辦法第8條規定，大陸地區人民入國，應備相關有效證件，經移民署查驗相符，於其入出境許可證件內加蓋入國查驗章戳後入國[17]。

四、依大陸地區人民進入臺灣地區許可辦法第13條規定：「大陸地區人民經許可進入臺灣地區停留或活動者，入境時應備下列有效文件經查驗

---

[17] 入出國查驗及資料蒐集利用辦法第8條：「大陸地區人民入國，應備下列有效證件，經移民署查驗相符，於其入出境許可證件內加蓋入國查驗章戳後入國：一、有效之入出境許可證件。二、有效期間六個月以上之護照、大陸地區人民往來臺灣地區通行證、旅行證件或香港、澳門政府核發之非永久性居民旅行證件。但依大陸地區人民來臺從事觀光活動許可辦法第三條之一規定申請來臺個人旅遊者，應備有效期間六個月以上之大陸地區人民往來臺灣地區通行證。三、已訂妥回程或次一目的地機（船）票或證明。但經許可停留期間六個月以上者，免備之。四、由國外地區進入者，應檢附次一目的地國家或地區之有效居留證或簽證。五、填妥之入國登記表。但持有臺灣地區居留證、單次入出境許可證或其他經移民署認定公告者，免予填繳。六、相關身分證明文件（第1項）。前項人民經許可在臺灣地區居留或定居者，應備下列有效證件，經移民署查驗相符，於其證件內加蓋入國查驗章戳後入國：一、入出境許可證件及居留證或定居證副本。二、有效之護照、大陸地區人民往來臺灣地區通行證、旅行證件或香港、澳門政府核發之非永久性居民旅行證件（第2項）。」

後入境：一、臺灣地區入出境許可證。二、大陸地區核發尚餘效期六個月以上之護（證）照或香港、澳門政府核發之非永久性居民旅行證件。三、由國外地區進入者，應另檢附國外地區再入境簽證或居留證。四、回程或前往第三地之機（船）票。但經許可停留期間六個月以上者，免備之。」

貳、安全檢查

入出境時亦應接受安全檢查，其乃依國家安全法第4條規定之義務。違反之處置則依國家安全法第6條規定處罰。

依據國家安全法第4條之規定，警察或海岸巡防機關於必要時，對下列人員、物品及運輸工具，得依其職權實施檢查：一、入出境之旅客及其所攜帶之物件。二、入出境之船舶、航空器或其他運輸工具。三、航行境內之船筏、航空器及其客貨。四、前二款運輸工具之船員、機員、漁民或其他從業人員及其所攜帶之物件。對前項之檢查，執行機關於必要時，得報請行政院指定國防命令所屬單位協助執行之。並依國家安全法施行細則第19條之規定，對於旅客、機員應實施儀器檢查或搜索其身體；搜索婦女身體，應命婦女行之，但不能由婦女行之者，不在此限。旅客、機員手提行李，應由其自行開啓接受檢查。

大陸地區人民於入出境時違反安全檢查之規定者，依國家安全法第6條之規定處罰，該條項規定無正當理由拒絕或逃避依第4條規定所實施之檢查者，處6個月以下有期徒刑、拘役或科或並科新臺幣15,000元以下罰金。

第五節　入境後居停留定居管理相關法令規定

大陸人民來臺入境後之停留、居留或定居等，主要依臺灣地區與大陸地區人民關係條例相關規定。大陸人民來臺後在臺期間，依其居住長短需

求，有停留、居留、長期居留及定居等情形[18]。

壹、停留

一、配偶團聚停留

臺灣地區與大陸地區人民關係條例第17條第1項規定，大陸地區人民為臺灣地區人民配偶，得依法令申請進入臺灣地區「團聚」。

二、配偶團聚以外停留

另依臺灣地區與大陸地區人民關係條例第17條第2項前段規定，前項（即配偶團聚）以外之大陸地區人民，得依法令申請在臺灣地區「停留」。因此，大陸地區人民因配偶團聚停留[19]外，其他如探親、探病、奔喪、探視、專業活動、企業服務、商務或工作、觀光、就學[20]等得申請停留。

---

[18] 臺灣地區與大陸地區人民關係條例並未定義停留、居留、長期居留及定居，參酌入出國及移民法第3條定義，停留：指在臺灣地區居住期間未逾6個月；居留：指在臺灣地區居住期間超過6個月；永久居留：指外國人在臺灣地區無限期居住；定居：指在臺灣地區居住並設立戶籍。其中類似於外國人之永久居留為長期居留，依臺灣地區與大陸地區人民關係條例第17條第5項前段規定，在臺灣地區長期居留者，居留期間無限制。

[19] 大陸地區人民為臺灣地區人民配偶，申請進入臺灣地區「團聚」者是核發停留許可入境。參照大陸地區人民進入臺灣地區許可辦法第25條規定：「大陸地區人民為臺灣地區人民之配偶，申請進入臺灣地區團聚，主管機關審查後得核給一個月停留期間之許可；通過面談准予延期後，得再核給五個月停留期間之許可。前項通過面談之大陸地區人民申請再次入境，經主管機關認為無婚姻異常之虞，且無依法不予許可之情形者，得核給團聚許可，其期間不得逾六個月。」

[20] 就學之陸生雖然就學期間會超過6個月，但因一個學期結束後會放寒、暑假返回大陸。因此理論上在臺時間不會超過6個月，因此辦理停留。

貳、居留

一、配偶依親居留

依臺灣地區與大陸地區人民關係條例第17條第1項規定，大陸地區人民爲臺灣地區人民配偶，得依法令申請進入臺灣地區團聚，經許可入境後，得申請在臺灣地區「依親居留」。而依臺灣地區與大陸地區人民關係條例第17條之1規定，經許可在臺灣地區依親居留者，居留期間得在臺灣地區工作。

二、商務或工作居留

依臺灣地區與大陸地區人民關係條例第17條第2項規定，配偶團聚停留以外，得依法令申請在臺灣地區停留；有下列情形之一者，得申請在臺灣地區「商務或工作居留」，居留期間最長爲3年，期滿得申請延期：（一）符合第11條受僱在臺灣地區工作之大陸地區人民。（二）符合第10條或第16條第1項來臺從事商務相關活動之大陸地區人民。

參、長期居留

一、配偶長期居留

依臺灣地區與大陸地區人民關係條例第17條第3項規定，大陸地區人民爲臺灣地區人民配偶，在臺灣地區依親居留滿4年，且每年在臺灣地區合法居留期間逾183日者，得申請「長期居留」。而依臺灣地區與大陸地區人民關係條例第17條之1規定，經許可在臺灣地區長期居留者，居留期間得在臺灣地區工作。

二、專案許可長期居留

依臺灣地區與大陸地區人民關係條例第17條第4項規定，內政部得基

於政治、經濟、社會、教育、科技或文化之考量，專案許可大陸地區人民在臺灣地區「長期居留」。依臺灣地區與大陸地區人民關係條例第17條第5項前段規定，前二項許可在臺灣地區長期居留者，居留期間無限制。而依臺灣地區與大陸地區人民關係條例第17條之1規定，經許可在臺灣地區長期居留者，居留期間得在臺灣地區工作。

肆、定居

一、長期居留申請定居

依臺灣地區與大陸地區人民關係條例第17條第5項前段規定，長期居留[21]符合下列規定者，得申請在臺灣地區定居：（一）在臺灣地區合法居留連續2年且每年居住逾183日。（二）品行端正，無犯罪紀錄。（三）提出喪失原籍證明。（四）符合國家利益。

二、特殊情形申請定居

依臺灣地區與大陸地區人民關係條例第16條第2項規定，大陸地區人民有下列情形之一者，得申請在臺灣地區定居：（一）臺灣地區人民之直系血親及配偶，年齡在70歲以上、12歲以下者。（二）其臺灣地區之配偶死亡，須在臺灣地區照顧未成年之親生子女者。（三）民國34年後，因兵役關係滯留大陸地區之臺籍軍人及其配偶。（四）民國38年政府遷臺後，因作戰或執行特種任務被俘之前國軍官兵及其配偶。（五）民國38年政府遷臺前，以公費派赴大陸地區求學人員及其配偶。（六）民國76年11月1日前，因船舶故障、海難或其他不可抗力之事由滯留大陸地區，且在臺灣地區原有戶籍之漁民或船員。

---

[21] 長期居留即有前述之一、配偶長期居留；二、專案許可長期居留。

第六節　相關問題討論

壹、大陸地區人民進入臺灣地區要證照查驗

　　入出國及移民法第4條規定，「入出國者」應經內政部入出國及移民署查驗；未經查驗者，不得入出國。臺灣地區與大陸地區人民關係條例第9條規定，臺灣地區人民進入大陸地區，應經一般出境查驗程序，並未涉及大陸地區人民。亦即臺灣地區與大陸地區人民關係條例，並未有大陸地區人民入境臺灣應經查驗規定。

　　或許臺灣地區人民進入大陸地區及大陸地區人民進入臺灣地區之「入出境」均視為「入出國」，直接適用入出國及移民法第4條。但若此，那為何又要有臺灣地區與大陸地區人民關係條例第9條規定，臺灣地區人民進入大陸地區，應經一般出境查驗程序？若臺灣地區人民進入大陸地區及大陸地區人民進入臺灣地區之「入出境」不同於「入出國」，所以要有臺灣地區與大陸地區人民關係條例第9條之查驗程序規定。那為何臺灣地區與大陸地區人民關係條例第9條只規定臺灣地區人民進入大陸地區應經一般出境查驗程序。那大陸地區人民進入臺灣地區如何？為何沒規定？

　　大陸地區人民進入臺灣地區要證照查驗之相關規定，有入出國及移民法第91條第1項規定，大陸地區人民於入國（境）接受證照查驗或申請居留、永久居留時，內政部移民署得運用生物特徵辨識科技，蒐集個人識別資料後錄存。第2項並規定，未依第1項規定接受生物特徵辨識者，入出國及移民署得不予許可其入國（境）、居留或永久居留。另於入出國查驗及資料蒐集利用辦法及大陸地區人民進入臺灣地區許可辦法亦有大陸地區人民進入臺灣地區要證照查驗規定。或許，因此可認為大陸地區人民進入臺灣，依解釋亦須如依入出國及移民法第4條應經證照查驗，但於能法律明確規定或許是一個較佳選項。

貳、入出境未經查驗之處罰

　　「入出國應經查驗」於入出國及移民法第4條明文規定，該條規定：「入出國者，應經內政部入出國及移民署查驗；未經查驗者，不得入出國。」違反者依該法第84條處罰，該條規定：「違反第四條第一項規定，入出國未經查驗者，處新臺幣一萬元以上五萬元以下罰鍰。」然因大陸地區人民非經主管機關許可，不得進入臺灣地區。行政實務上認為未經查驗入境亦屬未經許可入境。然有學者從法律明確性原則，認為未經查驗入境屬未經許可入境有逾母法之疑慮，認為非屬未經許可入境之情事[22]。若將證照查驗視為是進入臺灣許可之一環，大陸地區人民未經證照查驗而進入臺灣地區者，恐有未經許可進入臺灣地區之嫌。而入出國及移民法第74條規定：「違反本法未經許可入國或受禁止出國處分而出國者，處三年以下有期徒刑、拘役或科或併科新臺幣九萬元以下罰金。違反臺灣地區與大陸地區人民關係條例第十條第一項或香港澳門關係條例第十一條第一項規定，未經許可進入臺灣地區者，亦同。」因此，大陸地區人民進入臺灣地區未經證照查驗者之處罰，恐有依入出國及移民法第84條及第74條適用問題[23]。

參、以偽變造旅行文件入出境之處理

　　以偽變造旅行文件入出境，其中旅行文件包括護照與非護照之旅行特許文件。此涉及有事實的認定、法律的適用競合及實務作法，因此分下列幾項問題依序說明後再結語：

---

[22] 李震山主持，針對大陸地區人民執行強制出境及收容相關法律問題之研究期中報告初稿，行政院大陸委員會委託研究，2005年，頁42。引自簡建章，臺灣地區與大陸地區人民關係條例第十八條收容及強制出境相關法律問題之研究，「我國入出國與移民法制之變革與挑戰」學術研討會論文集，中央警察大學，2005年5月，頁136。

[23] 未經證照查驗之處罰，請參閱王寬弘，移民與國境管理，收錄於「移民理論與移民行政」，五南圖書，2016年，頁172-173。

一、以僞變造護照入境屬未經許可入境

依臺灣地區與大陸地區人民關係條例施行細則第15條規定，該條例第18條第1項第1款所定未經許可入境者，包括持僞照、變照之護照入境者在內。因此，以僞變造護照入境屬未經許可入境，涉及入出國及移民法第74條未經許可入國罪。然而，對此細則第15條之規定，學術上有學者對此從法律明確性原則主張有逾母法之疑慮，認爲於母法第18條第1項予以納入規範，自較符合法律明確性原則，亦能免除逾越母法之指摘[24]。

二、所行使之僞變造護照是否為中華民國護照涉及法律不同

由於護照條例第29條所保護之護照，應只有我國中華民國之護照，不包括其他國家包括大陸地區所發行之旅行文件。至於刑法第212條之僞變造特許文件及第216條行使上述僞變造特許文件，不僅包括我國中華民國之護照，亦包括其他國家包括大陸地區所發行之旅行文件。因此，護照條例第29條爲刑法第212條之僞變造特許文件及第216條行使上述僞變造特許文件之特別法規定。是故，若以僞變造之中華民國護照入境，涉及護照條例第29條及刑法第212條、第216條罪，而以護照條例第29條論處。若以僞變造之非中華民國護照入境，涉及刑法第212條及第216條罪，而以刑法第212條論處[25]。

---

[24] 李震山主持，針對大陸地區人民執行強制出境及收容相關法律問題之研究期中報告初稿，行政院大陸委員會委託研究，2005年，頁42。引自簡建章，臺灣地區與大陸地區人民關係條例第十八條收容及強制出境相關法律問題之研究，「我國入出國與移民法制之變革與挑戰」學術研討會論文集，中央警察大學，2005年5月，頁136。

[25] 護照條例第29條：「有下列情形之一，足以生損害於公眾或他人者，處一年以上七年以下有期徒刑，得併科新臺幣七十萬元以下罰金：一、買賣護照。二、以護照抵充債務或債權。三、僞造或變造護照。四、行使前款僞造或變造護照。」刑法第212條：「僞造、變造護照、旅券、免許證、特許證及關於品行、能力服務或其他相類之證書、介紹書，足以生損害於公眾或他人者，處一年以下有期徒刑、拘役或三百元以下罰金。」刑法第216條：「行使第二百一十條至第二百一十五條之文書者，依僞造、變造文書或登載不實事項或使登載不實事項之規定處斷。」

三、以偽變造護照入境構成強制出境要件

依臺灣地區與大陸地區人民關係條例第18條規定，進入臺灣地區之大陸地區人民未經許可入境者，內政部移民署得逕行強制出境，或限令其於10日內出境，逾限令出境期限仍未出境，內政部移民署得強制出境。若有構成臺灣地區與大陸地區人民關係條例第18條之1規定情形時，進而得暫予收容。

四、以偽變造護照入出境之法律競合

由於刑法對單純持有偽變造護照並不處罰，是處罰偽變造或行使偽變造者。而行使偽變造之本意即是想以此非法手段入出境，而以此方式入境即又屬為未經許可入境，有目的手段之牽連關係。惟2005年刑法修正刪除牽連犯，對此本文認為似可適用想像競合，而從一重處斷。若所行使之偽變造護照為中華民國護照以護照條例第29條論處。若所行使之偽變造護照為非中華民國護照以入出國及移民法第74條未經許可入國罪論處[26]。

五、實務對以偽變造旅行文件入境與出境之處理不同

在處理上則依入境與出境查獲處理不同。入境時之處理，查獲未經許可入境者，若查無其他不法情事者，實務上處理為強制遣送出境，不許可入境，本文認為此不失為一項單純經濟處理模式。至於出境（或已入境）時之處理，則因涉及前述刑事問題：若所行使之偽變造護照為中華民國護照以護照條例第29條論處；若所行使之偽變造護照為非中華民國護照則以入出國及移民法第74條未經許可入國罪論處。

六、以偽變造旅行文件入出境之小結

此以大陸地區人民以偽變造之非中華民國護照的旅行文件入出境之處理：

---

[26] 護照條例第29條，最重為7年以下有期徒刑，得併科新臺幣70萬元以下罰金；刑法第212條最重為1年以下有期徒刑；入出國及移民法第74條最重為3年以下有期徒刑。

（一）入國：依臺灣地區與大陸地區人民關係條例施行細則第15條之規定，持用偽造證件視為未經許可入境[27]，故於入境前被查獲持用偽造證件，若查無其他不法情事，則逕行遣返。

（二）出國：若於出國被查獲持用偽造證件，認定當初其入境係屬未經許可，依入出國及移民法第75條處罰，處3年以下有期徒刑、拘役或科或並科新臺幣9萬元以下罰金。另依臺灣地區與大陸地區人民關係條例第18條規定得逕行強制出境，有臺灣地區與大陸地區人民關係條例第18條之1規定情形時，得暫予收容。

肆、出入境之安全檢查

首先，出入境是否一定要實施安全檢查？查國家安全法第4條之規定警察或海岸巡防機關於「必要時」，得依其職權實施檢查。既然安全檢查是在「必要時」實施，顯然「非一定」要安全檢查。次查，民用航空法第47條之3規定，航空器載運之乘客、行李、貨物及郵件，未經航空警察局安全檢查者，不得進入航空器[28]。因此，若是經由國際機場搭乘航空器出境者，則必須有經航空警察局之安全檢查程序，否則旅客無法進入航空器；至於入境，並沒有前述類似必須有經航空警察局之安全檢查程序規定，此時航空警察局得只有必要時始安全檢查。另查國安法第4條規定，人民只有接受檢查義務，並無主動要求檢查義務，所以，人民入境（包含大陸人民進入臺灣）不必然經安全檢查。

---

[27] 臺灣地區與大陸地區人民關係條例施行細則第15條規定：「本條例第十八條第一項第一款所定未經許可入境者，包括持偽造、變造之護照、旅行證或其他相類之證書、有事實足認係通謀虛偽結婚經撤銷或廢止其許可或以其他非法之方法入境者在內。」

[28] 民用航空法第47條之3規定，「航空器載運之乘客、行李、貨物及郵件，未經航空警察局安全檢查者，不得進入航空器。但有下列情形之一者，不在此限：一、依條約、協定及國際公約規定，不需安全檢查。二、由保安控管人依核定之航空保安計畫實施保安控管之貨物。三、其他經航空警察局依規定核准。前項安全檢查之方式，由航空警察局公告之。航空器所有人或使用人不得載運未依第一項規定接受安全檢查之乘客、行李、貨物及郵件。航空器上工作人員與其所攜帶及託運之行李、物品於進入航空器前，應接受航空警察局之安全檢查，拒絕接受檢查者，不得進入航空器。航空器所有人或使用人對航空器負有航空保安之責。前五項規定，於外籍航空器所有人或使用人，適用之。」

接著，人民不接受安全檢查的法律效果？大陸地區人民入境或出境而不接受安全檢查，則當事人無法入境或出境。若拒絕後而仍執意欲入境或出境則可能構成國家安全法第6條之犯罪構成要件。人民在安全檢查時，固然得以不入境或不出境而不接受安全檢查，但主管機關警察機關得依警察職權行使法行使查證身分及採取必要措施，只是行使應注意海關之職權，如會同海關檢查物品。

伍、入境後違反入出國法令之「強制出境」及「收容」

大陸地區人民進入臺灣地區之後，若有違反入出國法令者如何處置？主要有「強制出境」及「收容」等措施。

一、強制出境

依臺灣地區與大陸地區人民關係條例第18條規定，進入臺灣地區之大陸地區人民，有下列情形之一者，內政部移民署得逕行強制出境，或限令其於10日內出境，逾限令出境期限仍未出境，內政部移民署得強制出境：「一、未經許可入境。二、經許可入境，已逾停留、居留期限，或經撤銷、廢止停留、居留、定居許可。三、從事與許可目的不符之活動或工作。四、有事實足認為有犯罪行為。五、有事實足認為有危害國家安全或社會安定之虞。六、非經許可與臺灣地區之公務人員以任何形式進行涉及公權力或政治議題之協商。」

內政部移民署於知悉前項大陸地區人民涉有刑事案件已進入司法程序者，於強制出境10日前，應通知司法機關。該等大陸地區人民除經依法羈押、拘提、管收或限制出境者外，內政部移民署得強制出境或限令出境。

內政部移民署於強制大陸地區人民出境前，應給予陳述意見之機會；強制已取得居留或定居許可之大陸地區人民出境前，並應召開審查會。但當事人有下列情形之一者，得不經審查會審查，逕行強制出境：「一、以書面聲明放棄陳述意見或自願出境。二、依其他法律規定限令出境。三、

有危害國家利益、公共安全、公共秩序或從事恐怖活動之虞，且情況急迫應即時處分。」

前所定強制出境之處理方式、程序、管理及其他應遵行事項之辦法，由內政部定之。內政部訂定「大陸地區人民及香港澳門居民強制出境處理辦法」為處理依據。強制出境之審查會由內政部遴聘有關機關代表、社會公正人士及學者專家共同組成，其中單一性別不得少於三分之一，且社會公正人士及學者專家之人數不得少於二分之一。

二、收容

收容係屬強制出境前，為保全強制出境義務履行之暫時性的拘束人身自由之措施，且在體系定位上，係屬單純的行政措施，並非刑事程序上拘束人身自由之特別規定[29]。移民法之收容制度，性質上為行政措施而非刑事處罰，本質上為遣送出國前之保全措施[30]。因此，收容顯然是強制出境之保全措施，其目的是保全強制出境義務的履行[31]。有關收容之要件與處理，規定於臺灣地區與大陸地區人民關係條例第18條之1，內政部並訂定「大陸地區人民及香港澳門居民收容管理辦法」。相關規定簡要說明如下：

（一）暫予收容

依臺灣地區與大陸地區人民關係條例第18條之1規定，受強制出境處分者，有下列情形之一，且非予收容顯難強制出境，內政部移民署得暫予

---

[29] 簡建章，臺灣地區與大陸地區人民關係條例第十八條收容及強制出境相關法律問題之研究，「我國入出國與移民法制之變革與挑戰」學術研討會論文集，中央警察大學，2005年5月，頁134。

[30] 監察院，「外籍人士收容形同羈押」調查報告（0990800403號），2010年，頁2。

[31] 此所稱之「收容」，大法官釋字第708號解釋認為：「雖與刑事羈押或處罰之性質不同，但仍係於一定期間拘束受收容外國人於一定處所，使其與外界隔離（入出國及移民法第38條第2項及「外國人收容管理規則」參照），亦屬剝奪人身自由之一種態樣，係嚴重干預人民身體自由之強制處分（本院釋字第392號解釋參照），依憲法第八條第一項規定意旨，自須踐行必要之司法程序或其他正當法律程序。惟刑事被告與非刑事被告之人身自由限制，在目的、方式與程度上畢竟有其差異，是其踐行之司法程序或其他正當法律程序，自非均須同一不可（本院釋字第588號解釋參照）。」足資參考。

收容，期間自暫予收容時起最長不得逾15日，且應於暫予收容處分作成前，給予當事人陳述意見機會：「一、無相關旅行證件，或其旅行證件仍待查核，不能依規定執行。二、有事實足認有行方不明、逃逸或不願自行出境之虞。三、於境外遭通緝。」

（二）續予收容

暫予收容期間屆滿前，內政部移民署認有續予收容之必要者，應於期間屆滿5日前附具理由，向法院聲請裁定續予收容。續予收容之期間，自暫予收容期間屆滿時起，最長不得逾45日。

（三）延長收容

續予收容期間屆滿前，有第1項各款情形之一，內政部移民署認有延長收容之必要者，應於期間屆滿5日前附具理由，向法院聲請裁定延長收容。延長收容之期間，自續予收容期間屆滿時起，最長不得逾40日。前項收容期間屆滿前，有第1項各款情形之一，內政部移民署認有延長收容之必要者，應於期間屆滿5日前附具理由，再向法院聲請延長收容1次。延長收容之期間，自前次延長收容期間屆滿時起，最長不得逾50日。

（四）收容期間

同一事件之收容期間應合併計算，且最長不得逾150日。

第七節　結論

在全球化、自由化、科技化浪潮之下，國際間人員、金錢與物品之交流頻繁，臺灣地區外來人口、資金、貨物之進出亦更加多元、方便及快捷。伴隨著這種趨勢而來的治安問題，也正以多樣性的形態為臺灣社會帶來新的衝擊。兩岸由於地理位置相近、語言文化相通，一經開放，兩岸之互動交流如等比級數般成長。自1987年政府正式開放民眾赴大陸地區探親

以來,復因交通、資訊科技便捷,民間互動漸趨頻繁。尤其,在2001年底,兩岸同時加入世貿組織(WTO),並於2008年開放團體觀光,進一步於2011年6月開放大陸人民個人旅遊來臺觀光。雖然2016年兩岸交流降溫,但民間互動仍頻繁,入出境人數仍多,入出境國境管理工作仍備受壓力。兩岸因互動頻繁在國境入出境管理,未來仍將是嚴峻考驗工作。因此就國境管理執法而言,針對兩岸特殊關係,在相關法規及制度等面向應加以強化,例如於臺灣地區與大陸地區人民關係條例中明定入出境應經查驗程序等,有系統、體系及合乎人權之立法,以更有效達到入出境管理之目的。

參考文獻

王寬弘，移民與國境管理，收錄於「移民理論與移民行政」，五南圖書，2016年。

李震山主持，針對大陸地區人民執行強制出境及收容相關法律問題之研究期中報告初稿，行政院大陸委員會委託研究，2005年。引自簡建章，臺灣地區與大陸地區人民關係條例第十八條收容及強制出境相關法律問題之研究，「我國入出國與移民法制之變革與挑戰」學術研討會論文集，中央警察大學，2005年5月。

許義寶，大陸地區人民之居留原因與相關規範之研究，「人口移動與執法」學術研討會論文集，中央警察大學，2011年。

簡建章，臺灣地區與大陸地區人民關係條例第十八條收容及強制出境相關法律問題之研究，「我國入出國與移民法制之變革與挑戰」學術研討會論文集，中央警察大學，2005年5月。

第三章
外來人口人權保障法制之初探

柯雨瑞　吳冠杰　黃翠紋

第一節　前言

　　人權，依字面上解釋，就是身爲人之權利（Rights of the People），用白話講就是一個人所賦予及享有之權利，每一人均應該普遍享有之道德權利，如同每天呼吸空氣、喝水一般地自然，因爲人人均生而平等[1]。聯合國之相關法律文件，均一再地揭示保障基本人權（Fundamental Human Rights）之重要性及必要性[2]。根據1945年之聯合國憲章（The Charter of the United Nations），聯合國之宗旨之一，是增進對於全體人類之人權及尊重人民平等權利。又於1948年12月10日聯合國大會通過人類有史以來第一次關於人權之文件世界人權宣言[3]（Universal Declaration of Human Rights），其中第1條開宗明義規定：「人人皆生而自由；在尊嚴及權利均一律平等。」[4]。復次，世界人權宣言第2條亦規定：「人人皆得享受本宣言所載之一切權利與自由，不分種族、膚色、性別、語言、宗教、政見或他種主張、國籍或門第、財產、出生或他種身分。並且不得因一人所屬之國家或領土之政治的、行政的或者國際之地位之不同而有所區別，無論

---

[1]　Cranston, Maurice (1973). What Are Human Rights? London: Bodley Head, pp. 6-7.

[2]　許慶雄（2015），人權之基本原理，獨立作家出版社，頁1-18。

[3]　世界人權宣言中所列舉之人權，如生命權、刑事基本權、返鄉權、家庭權、良心自由、社會權等，爲我國憲法所未明示。李震山（2004），多元、寬容與人權保障—以憲法未列舉權之保障爲中心，元照，頁63-65。

[4]　Article 1: All human beings are born free and equal in dignity and rights.

該領土是獨立領土、託管領土、非自治領土或者處於其他任何主權受限制之情況之下。」依據上述世界人權宣言第2條之精神及規範5，此宣言第一次就人權奠定劃時代里程碑。

　　所謂「人權」之普世價值與教育，逐步深植於全世界人類之心中，廖福特（2013）教授認為，所謂「人權」，係不分種族、膚色、性別、語言、宗教、政治立場或其他主張、國籍或社會階層、財產、出生或其他身分等（such as race, colour, sex, language, religion, political or other opinion, national or social origin, property, birth or other status.），「人人皆生而自由平等」，亦因此12月10日被訂定為國際人權日6。

　　考量我國是一個以人權立國之國家，本文基此脈絡，探討在臺外來人口基本人權之保障機制，尤其集中於「法制面」，嘗試先探討國際法及各國憲法關於人權規範，如生命權、自由權、平等權、政治庇護權、選舉權、參政權等，所謂他山之石可以攻錯，參考各國應將其明文入憲，補足我國憲法條款在這方面之缺憾，整體憲政制度亦能因而更加周延，因為本文認為整部憲法最重要之功能落實民主法治之政府體制運作，並進一步保障每個人（不分本國人及外來人口）之人權以維持人性尊嚴。避免導致外國人之地位落於法律保障不足之灰色地帶，進而展現臺灣社會在種族、國籍與文化等等多元性方面，是一個能相容並蓄之民主進步且友善之邦。

　　首先本文使用「外來人口」說法，不得不先提出「國籍」概念，Starke教授認為，是指主權國家與其公民間，持續且不中斷存在之法律關係（legal relationship），故取得國籍即具有該國公民資格7。另「外國人」（alien）一詞，Salmon教授認為，其本身無法作為定義，但可以從反面解釋，即外國人（alien）不是某國「國民」或具有該國國籍之人

5　Article 2: Everyone is entitled to all the rights and freedoms set forth in this Declaration, without distinction of any kind, such as race, colour, sex, language, religion, political or other opinion, national or social origin, property, birth or other status. Furthermore, no distinction shall be made on the basis of the political, jurisdictional or international status of the country or territory to which a person belongs, whether it be independent, trust, non-self-governing or under any other limitation of sovereignty.

6　廖福特（2013），聯合國與人權保障：監督機制、條約內涵、臺灣實踐，新學林，頁3-5。

7　Starke, J. G. (1989). An Introduction to International Law, 10th ed., p. 340.

（who is not a national of the State），或說外國人（alien）不是該國僑民（ressortissants）。又按這種理解，外國人（alien）是屬於另一個國家（Nation或State）之人，即不具有所在地國國籍之人（any individual who is not a national of the State in which he or she is present）[8]。又非居住國國民個人人權宣言（Declaration on the Human Rights of Individuals Who are not Nationals of the Country in which They Live）[9]第1條稱，為本宣言之目的「外國人」（alien）一詞適用於「在適當顧及以下各條之限制條件之情況下，應指在一國境內但非該國國民之任何個人。」（For the purposes of this Declaration, the term "alien" shall apply, with due regard to qualifications made in subsequent articles, to any individual who is not a national of the State in which he or she is present.）[10]

復次，非居住國國民個人人權宣言之條文[11]，共計10條，較重要之條文，簡述如下：第1條（外國人之定義）；第2條（本宣言之解釋方

---

[8]　Salmon, Jean (2001). Dictionnaire de droit international public, Brussels: Burylant, pp. 468-469.

[9]　非居住國國民個人人權宣言（又稱為非居住國公民個人人權宣言）之意旨，乃為聯合國大會1985年12月13日第40/144號決議通過，其前言內容指出：「考慮到聯合國憲章激勵全世界對所有人之人權和基本自由之尊重，不分種族、性別、語言或宗教之區別，考慮到世界人權宣言人人生而自由，在尊嚴和權利上一律平等，人人有資格享受該宣言所載之所有權利和自由，不分種族、膚色、性別、語言、宗教、政治或其他見解、民族本源或社會出身、財產、血統或其他身分等任何區別，考慮到世界人權宣言人人有權在任何地方被承認在法律前之人格，法律面前人人平等並有權享受法律之平等保護而不受任何歧視，人人有權享受平等保護而不受違反該宣言之任何歧視行為和煽動這種歧視之任何行為之害，認識到關於人權之兩項國際公約之締約各國承擔保證這兩項公約所宣布權利之行使不得有種族、性別、語言、宗教、政治或其他見解、民族本源或社會出身、財產、血統或其他身分等任何區別，意識到隨著交通之改善以及各國之間和平和友好關係之發展，在本人非其公民之國家境內居住之個人越來越多，重申聯合國憲章之宗旨及原則，確認國際文書中規定之人權和基本自由之保護也應對非居住國公民之個人給予保證。」聯合國人權高級專員辦事處（2018），非居住國公民個人人權宣言，https://www.ohchr.org/CH/Issues/Documents/other_instruments/84.PDF。

[10]　"Declaration on the Human Rights of Individuals Who are not Nationals of the Country in which they live", 13 December 1985, article 1.

[11]　聯合國人權高級專員辦事處（2018），非居住國公民個人人權宣言，https://www.ohchr.org/CH/Issues/Documents/other_instruments/84.PDF。

法）[12]；第3條（應公布影響外國人之本國法律）[13]；第4條（外國人之義
務）[14]；第5條（外國人享有生命權、人身安全權、隱私、家庭、住宅或
通信權、法院、法庭和所有其他司法機關和當局前獲得平等待遇之權利、
家庭權、思想、意見、良心和宗教自由權、文化和傳統權、資產轉移國外
權、家庭團聚權）[15]；第6條（對外國人不得施加酷刑或殘忍、不人道或
有辱人格之待遇或處罰）[16]；第7條（對外國人將其驅逐出境之情形、限
制）[17]；第8條（外國人享有同值工作同等報酬權、加入他們選擇之工會

---

[12] 第2條（本宣言之解釋方法）：1.本宣言內任何規定不應解釋為使任何外國人非法入境並在
一國境內之事實合法化，也不應解釋為限制任何國家頒布有關外國人入境及其居留條件之法
律規章或對國民和外國人加以區別之權利。但此種法律規章不應違背該國所負包括在人權領
域之國際法律義務。2.本宣言不應損及享有國內法所賦予之權利和一國依照國際法所應賦予
外國人之權利，即使本宣言不承認這類權利或在較小範圍內承認這類權利。

[13] 第3條（應公布影響外國人之本國法律）：各國應公布影響外國人之本國法律或規律。

[14] 第4條（外國人之義務）：外國人應遵守居住或所在國之法律，並尊重該國人民之風俗和習
慣。

[15] 第5條（外國人享有生命權、人身安全權、隱私、家庭、住宅或通信權、法院、法庭和所有
其他司法機關和當局前獲得平等待遇之權利、家庭權、思想、意見、良心和宗教自由權、文
化和傳統權、資產轉移國外權、家庭團聚權）：1.外國人得依照國內法規定並在符合所在國
之有關國際義務之情況下，特別享有以下權利：(a)生命和人身安全之權利；外國人不應受
任意逮捕或拘留；除非根據法律所規定之理由和按照法律所規定之程序，外國人不應被剝奪
自由；(b)隱私、家庭、住宅或通信受到保護，不受任意或非法干涉之權利；(c)在法院、法
庭和所有其他司法機關和當局前獲得平等待遇之權利，並在刑事訴訟和依照法律之其他訴訟
過程中，必要時免費獲得傳譯協助之權利；(d)選擇配偶、締婚、建立家庭之權利；(e)享有
思想、意見、良心和宗教自由之權利；表示他們宗教或信仰之權利，只受法律所規定的並為
保護公共安全、秩序、衛生或道德或他人之基本權利和自由所必要之限制；(f)保持他們之語
言、文化和傳統之權利；(g)將收入、儲蓄或其他之私人金錢資產轉移國外之權利，但須遵
守國內之貨幣規章。2.在依照法律規定之限制以及民主社會為了保護國家安全、公共安全、
公共秩序、公共衛生或道德或他人之權利和自由所必需之限制並符合有關國際文書所承認的
以及本宣言所規定之其他權利之情況下，外國人應享有以下權利：(a)離開該國之權利；(b)
自由發表意見之權利；(c)和平集會之權利；(d)依照國內法之規定，單獨擁有及與他人共同
擁有財產之權利。3.在不違反第2款規定之情況下，合法在一國境內之外國人應享行動自由
和在國境內自由選擇居所之權利。4.在符合國內法之規定並獲正當許可之情況下，合法居住
一國境內之外國人，其配偶及未成年或受養子女應獲容許隨同外國人入境或與外國人團聚和
共同生活。

[16] 第6條（對外國人不得施加酷刑或殘忍、不人道或有辱人格之待遇或處罰）：對外國人不得
施加酷刑或殘忍、不人道或有辱人格之待遇或處罰，尤其是對任何外國人不得未經其自由同
意，以其做醫學或科學實驗。

[17] 第7條（對外國人將其驅逐出境之情形、限制）：對合法在一國境內之外國人，只能根據依
法作出之判決將其驅逐出境，並且除因國家安全之重大理由必須另行處理外，應准其提出不
應被驅逐之理由，並將其案件提交主管當局或經主管當局特別指定之人員複審，並准其委託

權利、享有健康保護、醫療、社會保障、社會服務、教育、休閒權）**18**；第9條（不得任意剝奪外國人資產）**19**；第10條（外國人享有與領事館或外交使團自由聯繫權利）**20**。

　　對於「外國人」（alien）之定義，可歸結爲在中華民國臺灣地區內，不具有中華民國之國民身分（亦即不具有中華民國之國籍）之任何個人，以及依照入出國及移民法第93條之規範，被視爲「準外國人」（quasi-alien）之人士**21**。

　　本文所指外來人口（包括：外國人、外配、陸配、港、澳人士、難民、無國籍人士、境外聘僱遠洋外籍漁工，但不包括具有中華民國國籍之國民），依內政部網站統計，106年外來人口在臺居留人數共計有78萬6,487人**22**，臺灣如欲擬成爲世界之強國與富國，則須以非常開放之態度，吸納外來高階白領人才與相關之技術專才來臺，同時，無法迴避的，亦須適度地接納各式之外來人口，諸如：難民等，以善盡國際社會之道義責

代表向上述當局或人員陳述理由。禁止基於種族、膚色、宗教、文化、出身或民族本源，個別或集體驅逐這類外國人。

18　第8條（外國人享有同值工作同等報酬權、加入他們選擇之工會權利、享有健康保護、醫療、社會保障、社會服務、教育、休閒權）：1.合法居住一國境內之外國人依照國內法規定，還應享有下列權利，但須受第4條所述外國人義務之限制：(a)有權享有安全和健康之工作條件、公平和工資和同值工作同等報酬而沒有任何差別，特別保障婦女有不低於男子所享有之工作條件且同工同酬；(b)有權加入他們選擇之工會和其他組織或協會並參加他們之活動。對這一權利之行使，不得加以除依照法律規定及在民主社會中爲了國家安全或公共秩序之利益或爲了保護他人之權利和自由所需要之限制以外之任何限制；(c)有權享有健康保護、醫療、社會保障、社會服務、教育、休閒，但須符合有關規章關於參與必要條件之規定，並且不對國家資源造成不適當之負擔。2.爲保護在所在國從事合法有酬工作之外國人之權利，有關國家政府可在多邊或雙邊公約內對這些權利加以明確規定。

19　第9條（不得任意剝奪外國人資產）：不得任意剝奪任何外國人合法取得之資產。

20　第10條（外國人享有與領事館或外交使團自由聯繫權利）：任何外國人應可在任何時候與他具有國民身分之國家之領事館或外交使團自由聯繫，如果沒有該國領事館或外交使團，則可與受託在他所居留國家內保護他具有國民身分之國家之利益之任何其他國家之領事館或外交使團自由聯繫。

21　柯雨瑞（2012），臺灣入出國及移民法有關驅逐出國機制之現況、問題與未來可行之發展方向，中央警察大學，頁54。

22　106年底外來人口在臺居留人數78萬6,487人，較105年74萬771人續增4萬5,716人（+6.17%），參見內政部網站（2018），統計月報／外來人口居留人數，https://www.moi.gov.tw，瀏覽日期：2018.8.15。

任，立法院於2009年3月31日三讀通過公民與政治權利國際公約、經濟社會文化權利國際公約[23]及公民與政治權利國際公約及經濟社會文化權利國際公約施行法，於同年4月22日公布施行法並於12月10日施行，正式向全世界宣示我國保障人權之決心與作為。尤其2018年5月18日，國家人權博物館正式揭牌，國家人權博物館成立之核心價值，係教育民眾各種人權議題，以學習人權並實踐人權，展現我國落實「人權」普世價值之決心，使臺灣成為真正人權國家[24]。

第二節　歐洲聯盟基本權利憲章與外來人口人權保障法制

　　全球之人權思想，歐洲之英法，是其重要之發源地及啓蒙地。就歐洲聯盟相關公約沿革之區塊而論，陳顯武君、連雋偉君（2008）認為，於1950年，歐洲理事會成員國簽署歐洲人權公約（European Convention on Human Rights, ECHR），並於1953年9月正式生效，同時設立歐洲人權法院，對歐盟之人權思想而論，此是一重大之里程碑[25]，尤其是臺灣近來引起廣泛討論廢死議題，對照於歐洲，根據王玉葉君（2014）之觀察，歐洲委員會之成員國因里斯本條約第6條第2項之規定，其受到歐洲人權公約第十三議定書（Protocol No. 13 to the Convention for the Protection of Human Rights and Fundamental Freedoms, concerning the abolition of the death

---

[23] 1966年公民與政治權利國際公約（International Covenant on Civil and Political Rights）及經濟社會文化權利國際公約（International Covenant on Economic, Social and Cultural Rights）與1948年聯合國之世界人權宣言（Universal Declaration of Human Rights）合稱「國際人權憲章」（International Bill of Human Rights），係國際人權保障體系中最重要之人權基準及規範。許慶雄（2015），人權之基本原理，獨立作家出版社，頁5-8。

[24] 參見國家人權博物館網站（2018），人權館簡介，https://www.nhrm.gov.tw，瀏覽日期：2018.8.10。

[25] 陳顯武、連雋偉（2008），從歐盟憲法至里斯本條約的歐盟人權保障初探—以歐盟基本權利憲章為重點，台灣國際研究季刊，4卷1期，頁25-45。

penalty in all circumstances）之拘束，因此歐盟會員國皆無實施死刑[26]。

　　再者，於2000年12月，歐盟會員國亦通過另一個非常重要之人權條約，名爲歐洲聯盟基本權利憲章（Charter of Fundamental Rights of the European Union）[27]。此一憲章是迄今國際上有關人權保障最完整之憲法之一，根據陳隆志教授、廖福特教授（2003）之觀察，歐盟成員國在保護歐盟公民基本權利方面達成了一個具有歷史性之共識，即歐盟公民在成員國之間享受同樣之人權和同等之保護[28]。

　　又於2004年6月，歐盟25個成員國，爲了加強歐盟運作及整合各條約，通過歐盟憲法條約（European Constitution），在組織結構、各機構運作及決策機制等方面制定規範[29]。再者，依據盧倩儀副教授（2010）之研究，於2007年歐盟會員國簽署里斯本條約（Treaty of Lisbon），又稱改革條約（Reform Treaty），里斯本條約用以取代歐盟憲法條約（European Constitution），建立一個在法律及制度面全新之歐洲聯盟，眞正奠定了歐

---

[26] 歐洲人權公約第2條第1項規定：「任何人之生存權應受到法律之保護。不得故意剝奪任何人之生命，但法院依法對他之罪行定罪後而執行判決時，不在此限。」表示國家可以執行死刑。根據王玉葉君（2014）之觀察，於2002年通過第十三議定書（Protocol No. 13 to the Convention for the Protection of Human Rights and Fundamental Freedoms, concerning the abolition of the death penalty in all circumstances），規定廢除一切狀況下之死刑，包括戰爭或面臨戰爭危機時期。後里斯本條約第6條第2項規定：「本聯盟參加歐洲人權公約。」（The Union shall accede to the European Convention for the Protection of Human Rights and Fundamental Freedoms.），因此全歐盟國家受到歐洲人權公約之拘束皆無實施死刑。王玉葉（2014），歐美死刑論述，元照，頁1-42。

[27] 依據卓恭本君之研究，於2000年12月，歐盟會員國於尼斯高峰會上以宣言之形式，通過歐盟基本權利憲章（Charter of Fundamental Rights of the European Union），歐盟基本權利憲章之射程，涵蓋歐洲人權公約之精神。復次，歐盟基本權利憲章之內容，亦收錄歐洲社會憲章、共同體勞工社會基本權憲章與基礎條約中之公民權。以上請參閱：卓恭本（2002），歐洲聯盟基本權利憲章之探討，淡江大學歐洲研究所碩士論文，頁1-179。

[28] 陳隆志、廖福特（2003），國際人權公約國內法化之方法與策略，行政院研究發展考核委員會，頁179-13。

[29] 歐盟憲法條約共分四部分，第一部分定義歐盟之核心、決策機制及組織結構；第二部分定義歐洲聯盟基本權利憲章（The Charter of Fundamental Rights of the Union），規範歐盟公民享有之基本權利；第三部分規定了歐盟內部及對外之政策及措施（The Policies and Functioning of the Union），如何實現歐洲內部市場、居住自由及貨幣政策；第四部分是「一般性及總結性之規定」（General and Final Provisions），如歐盟旗幟、標誌等。另定義了通過及修改歐盟憲法之程序。Eur-lex (2018), New look and feel for EUR-Lex, https://eur-lex.europa.eu/homepage.html, last accessed on 20.08.2018.

洲聯盟與其會員國之憲法與政治制度，成為一個具有法律人格之超國家組織[30]。

在涉及歐洲聯盟基本權利憲章（Charter of Fundamental Rights of the European Union）法律拘束力之區塊，事實上，歐洲聯盟基本權利憲章之內容，係被里斯本條約所含攝之，故里斯本條約（Treaty of Lisbon）於2007年經由所有歐盟成員國簽署之後，於2009年12月1日正式生效，基此，歐洲聯盟基本權利憲章亦同時生效，確認歐洲聯盟基本權利憲章對歐洲聯盟各成員國具有法律之約束力[31]。依據研究歐盟法律專家陳麗娟教授之觀點，里斯本條約確立歐洲聯盟之國際法律人格及強化人權保障，有效地提高歐盟之全球競爭力與影響力[32]。

歐洲聯盟基本權利憲章（Charter of Fundamental Rights of the European Union）之內容，計由前言及七個章，共計54個條文所組成之，包括第一章人性尊嚴（第1條至第5條）、第二章自由權（第6條至第19條）、第三章平等（第20條至第26條）、第四章團結權（第27條至第38條）、第五章公民權（第39條至第46條）、第六章司法權（第47條至第50條）及第七章通則（第51條至第54條）。

承上，歐洲聯盟基本權利憲章對於外來人口基本人權之保障，可謂相當地進步，值得加以介紹之。雖然，歐洲聯盟基本權利憲章之條文內容，未特別指明係對於外來人口之保障，不過，因條文內容之用語，係使用人人、任何人之文字，亦可得知歐洲聯盟基本權利憲章對於基本人權之保障，係及於外來人口。歐洲聯盟基本權利憲章對於外來人口基本人權之保障之重要條文，諸如：人性尊嚴不可侵犯（human dignity is inviolable）、

---

[30] 里斯本條約由歐洲聯盟條約（Treaty on European Union）及歐洲聯盟運作條約（Treaty on the Functioning of the European Union）兩個主約構成，盧倩儀（2010），整合理論與歐盟條約修改之研究—以歐盟憲法條約與里斯本條約為例，國立臺灣大學：政治科學論叢，46期，頁111-158。

[31] 第6條第1項規定：「歐盟肯認歐盟基本權利憲章之權利、自由及原則，並適用與歐盟有關條約同等之法律效力。」（The Union recognises the rights, freedoms and principles set out in the Charter of Fundamental Rights of the European Union of 7 December 2000, as adapted at Strasbourg, on 12 December 2007, which shall have the same legal value as the Treaties.）

[32] 陳麗娟（2018），里斯本條約後歐洲聯盟新面貌，五南圖書，頁1-125。

生命權、人身自主權、酷刑與不人道或羞辱之待遇或懲罰之禁止、奴隸與強制勞動之禁止、自由與安全之權利、個人與家庭生活權、個人資訊之保護權、結婚權與組織家庭權、庇護權、移居、驅逐與引渡事件之保護、法律上平等權等等，相當先進、文明與進步，對於外來人口基本人權之保障，具有重大指標性意義，非常值得臺灣加以參酌之，詳如表3-1所述。

表 3-1　2009年歐洲聯盟基本權利憲章（Charter of Fundamental Rights of the European Union）

第一章　尊嚴
第1條　人性尊嚴
人性尊嚴不可侵犯，其必須受尊重與保護。（Human dignity is inviolable. It must be respected and protected.）

第2條　生命權
1. 人人均享有生命權。（Everyone has the right to life.）
2. 不論任何人均不受死刑判決或受死刑執行。（No one shall be condemned to the death penalty, or executed.）

第3條　人身自主權
1. 人人均享有尊重其心理與生理自主之權利。
2. 於醫藥與生物領域，下列事項應特別受到遵守：
2.1. 依法律規定程序之相關人員之自由且經告知之同意；
2.2. 禁止基因改造醫療行為，特別是針對人種選擇而行之者；
2.3. 禁止為營利而為人體與器官複製；
2.4. 禁止複製人之行為。

第4條　酷刑與不人道或羞辱之待遇或懲罰之禁止
不論何人均不得被施以酷刑或不人道或羞辱之待遇或懲罰。（No one shall be subjected to torture or to inhuman or degrading treatment or punishment.）

第5條　奴隸與強制勞動之禁止
1. 不論何人均不得被處為奴隸或奴役。
2. 不論何人均不得被要求施以強制或非自願性勞動。
3. 禁止進行人口販賣。（Trafficking in human beings is prohibited.）

第二章　自由權
第6條　自由與安全之權利
人人均有權享有人身自由與安全。（Everyone has the right to liberty and security of person.）

表 3-1 2009年歐洲聯盟基本權利憲章（Charter of Fundamental Rights of the European Union）（續）

第7條　個人與家庭生活
人人均有權要求尊重其私人與家庭生活、住居及通信。（Everyone has the right to respect for his or her private and family life, home and communications.）

第8條　個人資訊之保護
1. 人人均有權享有個人資訊之保護。（Everyone has the right to the protection of personal data concerning him or her.）
2. 此等資訊應僅得於特定明確目的，且於資訊所有人同意或其他法律規定之正當依據下，公平地被處理。人人均有權瞭解其個人資訊，並有權要求銷毀其個人資訊。

第9條　結婚權與組織家庭權
結婚權與組織家庭權應依國內法律規定此等權利行使之範圍而保障之。（The right to marry and the right to found a family shall be guaranteed in accordance with the national laws governing the exercise of these rights.）

第10條　思想、良心與宗教自由
人人均有權享有思想、良心與宗教之自由。（Everyone has the right to freedom of thought, conscience and religion.）
此一權利包括改變宗教或信念之自由，及不論係獨自或於社群中，亦不論係公開或私下，於禮拜、教學、職業與儀式中，表達其宗教與信仰之自由。

第11條　表意與資訊自由
人人均有權享有表意自由。（Everyone has the right to freedom of expression.）
此一權利應包括保有意見之自由，與接收與傳遞資訊及意見，而不受公權力干預與地域之限制。

第12條　集會與結社自由
人人均有權享有和平集會之自由與於各階層結社之自由（Everyone has the right to freedom of peaceful assembly and to freedom of association at all levels），特別是有關政治、工會與私人事務之集會及結社，因其包含每個人為保護自我利益而組成或參加工會之權利。

第13條　藝術與科學自由
藝術與科學研究不應受限制。學術自由應被尊重。（Academic freedom shall be respected.）

第14條　受教權
1. 人人均享有受教育與接受職業及技職訓練之權利。（Everyone has the right to education and to have access to vocational and continuing training.）
2. 此一權利包括接受免費義務教育之機會。

第15條　職業自由與工作權
人人均享有工作與追求自由選擇或接受職業之權利。（Everyone has the right to engage in work and to pursue a freely chosen or accepted occupation.）

表 3-1 2009年歐洲聯盟基本權利憲章（Charter of Fundamental Rights of the European Union）（續）

第16條 營業自由
依歐洲共同體法律與國內法規定之營業自由應予確認。（The freedom to conduct a business in accordance with Community law and national laws and practices is recognised.）

第17條 財產權
1. 人人均享有擁有、使用、處分與遺贈其合法取得財產之權利。（Everyone has the right to own, use, dispose of and bequeath his or her lawfully acquired possessions.）除非基於公共利益，符合法律規定之要件及情況，並於合理期間內適當補償損失，不得剝奪個人財產。法律得於符合公共利益之情況管理個人財產之使用。
2. 智慧財產權應受到保護。（Intellectual property shall be protected.）

第18條 庇護權
庇護權應於符合1951年7月28日日內瓦公約與1967年1月31日關於難民地位議定書及歐洲共同體條約之相關規範下受到保障。（The right to asylum shall be guaranteed with due respect for the rules of the Geneva Convention of 28 July 1951 and the Protocol of 31 January 1967 relating to the status of refugees and in accordance with the Treaty establishing the European Community.）

第19條 移居、驅逐與引渡事件之保護
1. 集體驅逐應被禁止。（Collective expulsions are prohibited.）
2. 任何人均不得被移居、驅逐或引渡至一將使其遭受死刑、酷刑與其他非人道與羞辱待遇與懲罰之嚴重危險之國家。

第三章 平等
第20條 法律上平等
法律之前人人平等。（Everyone is equal before the law.）

第21條 不受歧視
1. 任何基於性別、種族、膚色、血源或社會背景、面容外貌、語言、宗教與信念、政治或任何其他意見、少數族裔成員、財產、出生、殘障、年齡或性傾向之歧視，均應被禁止。
2. 在適用歐洲共同體條約與歐盟條約之範圍內，任何基於國籍之歧視均應被禁止。（any discrimination on grounds of nationality shall be prohibited.）

第22條 文化、宗教與語言多元性
歐盟應尊重文化、宗教與語言之多樣性。（The Union shall respect cultural, religious and linguistic diversity.）

第23條 男女平等
1. 男女間於包括僱用、勞動與報酬等所有領域之平等，應受到保障。
2. 平等原則不應影響到為少數性別提供特定利益之措施之施行與採用。（The principle of equality shall not prevent the maintenance or adoption of measures providing for specific advantages in favour of the under-represented sex.）

表 3-1　2009年歐洲聯盟基本權利憲章（Charter of Fundamental Rights of the European Union）（續）

第24條　兒童權利
1. 兒童享有受必要保護與照顧之權利。（Children shall have the right to such protection and care as is necessary for their well-being.）兒童得自由地表達其觀點，此等觀點應於與兒童相關之事務上，依其年齡與成熟度而受到考量。
2. 所有與兒童相關之行為，不論是由公家機構或私人機構所進行，兒童之最適利益應為首要考量（the child's best interests must be a primary consideration）。
3. 每個兒童均享有於一固定期限內維持個人關係及與雙親直接接觸之權利，但其情形違反兒童之利益者不在此限。

第25條　老人權利
歐盟確認並尊重老人享有尊嚴與獨立之生活及參與社會及文化生活之權利。（The Union recognises and respects the rights of the elderly to lead a life of dignity and independence and to participate in social and cultural life.）

第26條　身心障礙者之公平待遇
歐盟確認並尊重殘障者享有為了確保其獨立、社會與就業公平待遇及參與社群生活之各項措施之權利。（The Union recognises and respects the right of persons with disabilities to benefit from measures designed to ensure their independence, social and occupational integration and participation in the life of the community.）

第四章　團結
第27條　勞工享有於工作中獲得資訊及諮商之權利
勞工或其代表就歐洲共同體法律、國內法律與措施所規定之條件與案件上，於適當層級上立即獲得資料與諮商之權利，必須受到保障。

第28條　集體談判權與行動之權利
勞工與僱主或其代表團體，依歐洲共同體法律、國內法律與措施，於適當層級上進行協商及簽訂團體協議之權利。若於利益衝突時，有採取包括罷工之集體行動，以保護其自我利益之權利。

第29條　獲得職業介紹之權利
人人均有獲得免費職業介紹之權利。

第30條　不公平解僱事件之保護
勞工有依歐洲共同體法律、國內法律與措施，不受不當解僱之權利。（Every worker has the right to protection against unjustified dismissal, in accordance with community law and national laws and practices.）

第31條　公平合理之勞動條件
1. 勞工享有尊重其健康、安全與尊嚴之勞動條件之權利。
2. 勞工享有最高工時限制、每日與每週休息時間與支薪年休期間之權利。

表 3-1　2009年歐洲聯盟基本權利憲章（Charter of Fundamental Rights of the European Union）（續）

第32條　禁止童工及在職青少年之保障
1. 禁止僱用兒童。最低僱用年齡不得低於基本教育年齡，但有利於青少年及特別例外情況不在此限。
2. 被許可就業之青少年須依適合其年齡之勞動條件，並受保護以免於受經濟剝削與從事其他可能傷害其安全、健康或生理、心理、道德或社會發展或妨礙其教育之工作。

第33條　家庭與職業生活
1. 家庭應享有法律上、經濟上與社會上之保護。（The family shall enjoy legal, economic and social protection.）
2. 為使其家庭與職業生活協調，人人均有受免於因與妊娠有關之理由而受解僱之權利，以及支薪產假與因子女出生或領養而休育嬰假之權利。

第34條　社會福利與社會救助
1. 歐盟依歐洲共同體法律、國內法律及措施之相關規定，確認並尊重於妊娠、疾病、工業意外、失依或年老及失業情況下提供保護之社會福利利益與社會服務之享有。
2. 任何人合法居住或遷移於歐盟境內，有權享有依歐洲共同體法律、國內法律及措施規定之社會安全福利與社會利益。

第35條　健康照護
人人均享有依國內法律及措施確立之條件下接受預防性健康照護與接受醫藥治療之權利。歐盟所有政策與行為之解釋與實踐，均應確保高水準之人體健康保護。

第36條　一般經濟利益服務之獲得
歐盟確認並尊重依符合歐洲共同體條約規定之國內法律與措施而獲得一般經濟利益服務之權利，以便能促進歐盟社會與領域之結合。

第37條　環境保護
高標準之環境保護及環境品質改善，必須納入歐盟之政策並符合永續發展原則。

第38條　消費者保護
歐盟之政策必須保障高標準之消費者保護。

第五章　公民權
第39條　歐洲議會議員選舉與被選舉權
1. 歐盟之每個公民，均享有於與其居住地之會員國國民相同條件下，於該國參與歐洲議會議員之選舉及被選舉權。
2. 歐洲議會議員應經由普遍、直接、無記名之自由選舉方式產生。

第40條　地區選舉之選舉與被選舉權
歐盟之每個公民，均享有於與其居住地之會員國國民相同條件下，於該國參與地區選舉及被選舉權。

第41條　享受良好行政之權利
人人均享有其事務受到歐盟機構及部門之公正、公平與適時處理之權利。

表 3-1　2009年歐洲聯盟基本權利憲章（Charter of Fundamental Rights of the European Union）**（續）**

第42條　取得檔之自由
歐盟公民與於一會員國中居住之自然人或登記營業所之法人，均有取得歐洲議會、部長理事會及執委會文件之權利。

第43條　監察使（Ombudsman）
歐盟公民與於一會員國中居住之自然人或登記營業所之法人，均享有就歐洲共同體機構及部門之違法不當行政作為，向歐盟監察使提出申訴之權利，但歐洲法院與初審法院之司法行為不在此限。

第44條　請願權
歐盟公民與於一會員國中居住之自然人或登記營業所之法人，均有向歐洲議會請願之權利。（Any citizen of the Union and any natural or legal person residing or having its registered office in a Member State has the right to petition the European Parliament.）

第45條　遷徙與居住自由
1. 歐盟公民均享有於會員國領域內自由遷徙與居住之權利。
2. 合法居住於一會員國領域內之非會員國國民，亦得符合歐洲共同體條約之情況下享有遷徙與居住之自由。（Freedom of movement and residence may be granted, in accordance with the Treaty establishing the European Community, to nationals of third countries legally resident in the territory of a Member State.）

第46條　外交領事保護
於其母國無外交人員派駐之第三國境內，歐盟公民均享有於該地派駐有外交或領事機構之會員國國民相同之待遇，而受到該會員國外交領事機構保護之權利。

第六章　司法
第47條　有效救濟與公平審判之權利
1. 於歐盟法律所保障之權利與自由受到侵害時，人人均享有符合本條規定之法庭前獲得有效救濟之權利。
2. 人人均享有於適當合理時間在獨立且公正之已依法設立之法庭中獲得公平且公開之審理之權利。人人均應有機會獲得律師建議、辯護與代理之機會。
3. 就欠缺充分適足資源者，應於確保司法程序有效進行之必要範圍內，給予司法協助。

第48條　無罪推定與辯護權
1. 被告於依法被證明有罪之前，應被推定為無罪。（Everyone who has been charged shall be presumed innocent until proved guilty according to law.）
2. 就被告辯護之權利之尊重，應受到保障。（Respect for the rights of the defence of anyone who has been charged shall be guaranteed.）

第49條　刑事犯罪與刑罰之罪刑法定與比例原則
1. 任何人就行為時之國內法律或國際法並不構成犯罪之作為或不作為，不得被科以刑罰。不應處以比行為時更重之刑罰，行為後刑罰減輕時應適用之。

表 3-1 2009年歐洲聯盟基本權利憲章（Charter of Fundamental Rights of the European Union）（續）

2.本條規定不影響依行為時國際社會普遍承認之一般法則而構成犯罪之作為或不作為之審判與處罰。 3.刑事刑罰應符合比例原則。（The severity of penalties must not be disproportionate to the criminal offence.）
第50條 一罪不二罰 就歐盟境內已依法完成追訴或處罰之犯罪，不得重複受刑事審判或刑罰。（No one shall be liable to be tried or punished again in criminal proceedings for an offence for which he or she has already been finally acquitted or convicted within the Union in accordance with the law.）
第七章 通則 第52條 受保障權利之範圍 1.對本憲章所承認之權利與自由之行使之限制，應以法律定之，並應尊重此等權利與自由之本質。依據比例原則，此等限制唯有於具備必要性，並確實符合歐盟承認之一般權利之目的或保護他人自由權利之必要者，始得為之。 2.基於歐洲共同體條約或歐盟條約而為本憲章確認之權利，應依歐洲共同體條約及歐盟條約規定之條件與範圍行使之。 3.就本憲章所保障而亦對應受到「歐洲保護人權與基本權公約」保障之權利，其權利之意義與範圍應與該公約規定者相同。本條規定不禁止歐盟法律制定更廣泛之保護。
第53條 保護之層次 本憲章不得被解釋為在適用範圍上有限制或不當影響由歐盟法律、國際法及包括「歐洲保護人權與基本自由公約」等歐盟、歐洲共同體或所有會員國參與之國際協定及會員國憲法所承認之人權及基本自由。

資料來源：永久和平夥伴協會網站（2018），世界憲法大全，https://www.lawlove.org/tw，並經由作者自行整理。

第三節 國際法及各國憲法與外來人口不遭受違法驅逐出國之權利

壹、國際法有關遷徙自由

有關於國際法及各國憲法與外來人口不遭受違法驅逐出國之權利之區塊，世界人權宣言第13條規定：「人人在一國境內有自由遷徙及擇居

之權。（Everyone has the right to freedom of movement and residence within the borders of each state.）人人有權離開任何國家，包括其本國在內，並有權返回其國家。（Everyone has the right to leave any country, including his own, and to return to his country.）」；再者，公民與政治國際公約第12條第2款規定：「人人有自由離開任何國家，包括其本國在內。」（Everyone shall be free to leave any country, including his own.）同條第4款：「任何人進入其本國之權利，不得任意剝奪。」（No one shall be arbitrarily deprived of the right to enter his own country.）上述公約所述之「人人」，依一般學者見解，應限縮為具有該國國籍之人民，方有「返國權」（right to return to one's country）。李震山大法官認為（2003），在一般國際實踐上，即便是有永久居留權之外國人，都不必然享有入境權[33]。我國憲法第10條規定人民有居住及遷徙之自由，旨在保障人民有自由設定住居所、遷徙、旅行，包括出境或入境之權利[34]。劉鐵錚大法官於釋字第588號解釋文指出，尤其在現今地球村交通發達及全球貿易化時代，遷徙自由之外延亦兼及保障人性尊嚴、一般人格發展自由、言論講學自由、婚姻家庭團聚權以及其他諸如工作權等基本權。因此，遷徙自由對人權保障之實踐實具有重要意義[35]。

李震山大法官並認為（2003），對人民上述自由或權利加以限制，必須符合憲法第23條所定必要之程度，並以法律定之。人民國際遷徙自由即包括「移出」和「移入」，移出國境之權利稱為離境權，移入國境之權利為入境權、居留權[36]。另因應全球化遷徙，依據陳明傳教授（2016）之觀察，驅逐出國議題係有關經濟全球化（technical and economic globalization）與國家主權（State sovereignty）兩者之協調，國家之移民政策及國境管理有權利依該國法律及最佳利益考量，選擇哪些人在該國入

---

[33] 李震山（2003），論移民制度與外國人基本權利，台灣本土法學雜誌，48期，頁51-65。

[34] 釋字第454號解釋。

[35] 釋字第588號解釋大法官劉鐵錚不同意見書，頁1。

[36] 李震山（2003），論移民制度與外國人基本權利，台灣本土法學雜誌，48期，頁60-61。

境並在定居[37]。另公民與政治權利國際公約第12條和第13條，保障個人遷徙自由，包括在一國內自由遷徙和選擇住所之權利、跨越國境以進入和離開國家之權利，以及禁止對外國人之任意驅逐。值得注意的是，公民與政治權利國際公約既未明確禁止驅逐本國國民，亦未絕對禁止對外國人之集體驅逐。同時並未採納世界人權宣言第14條所規定之請求政治庇護權[38]。

貳、驅逐出國與強制出境

本文所指「驅逐出國」（expulsion），係指國家有權驅逐違反該國法律之外國人離境。在1986年，國際法協會通過關於大規模驅逐之國際法原則宣言（Declaration of Principles of International Law on Mass Expulsion），宣言中所載「驅逐出國」一詞之定義，指一國以作為或不作為方式：基於種族、國籍、參加某一特定社會組織或政治原因，強迫人民非自願性地離開其國家[39]。另國際移民組織（International Organization for Migration（2004）出版之《移民詞彙》（*Glossary on Migration*）一書，則將「驅逐出國」一詞定義為：「國家基於主權強制採取行動，驅逐一人或多人（含外國人或無國籍人）在其非自願情況下離境」[40]，公民與政治權利國際公約第13條[41]則使用「expulsion」用詞。另有關「強制

---

[37] 陳明傳（2016），國土安全與移民政策：人權與安全的多元議題探析，五南圖書，頁2-5。

[38] 法務部（2010），兩公約法務部講習會各論講義，法務部，頁53-55。

[39] "expulsion" in the context of the present Declaration may be defined as an act, or failure to act, by a State with the intended effect of forcing the departure of persons against their will from its territory for reason of race, nationality, membership of a particular social group or political opinion.

[40] See "The act by an authority of the State with the intention and with the effect of securing the removal of a person or persons (aliens or stateless persons) against their will from the territory of that State." International Organization for Migration (2004), Glossary on Migration. Geneva: International Organization for Migration, p. 22.

[41] Article 13: An alien lawfully in the territory of a State Party to the present Covenant may be expelled therefrom only in pursuance of a decision reached in accordance with law and shall, except where compelling reasons of national security otherwise require, be allowed to submit the reasons against his expulsion and to have his case reviewed by, and be represented for the purpose before, the competent authority or a person or persons especially designated by the competent authority.

出境」（deportation）一詞，同樣在移民詞彙書中提及，係指國家基於主權，強制一外國人離境之行為，不管是否有強制出境令作為依據[42]。另我國英譯入出國及移民法（Immigration Act）及臺灣地區與大陸地區人民關係條例（Act Governing Relations between the People of the Taiwan Area and the Mainland Area）則是使用「deportation」詞彙。

　　Doehring教授（1992）認為，根據有些國家之國內法，驅逐國民是屬於違法之行為（the expulsion of nationals is unlawful），因為在本國生存之權利（the right to live in one's own State）被認為是國家與其國民間關係之一項重要根本要素（an essential element）[43]。至於驅逐外國人，英國學者詹寧教授（Robert Jennings）與瓦特教授（Arthur Watts）在《奧本海國際法》（*Oppenheim's International Law: Peace*）一書之中指出：「從另一層面思考，雖然國家在行使驅逐外國人出境之權利有相當空間之裁量權，但是裁量權亦不是絕對的。因此，依照國際法習慣，國家在執行驅逐出國之程序必須依法行政[44]。」如表3-2中克羅埃西亞共和國憲法第33條則規定：「在克羅埃西亞共和國領土上守法之外國人不得被驅逐或引渡到其他國家，但在必須履行依據條約和法律做出之決定時除外[45]。」

---

[42] See "The act of a State in the exercise of its sovereignty in removing an alien from its territory to a certain place after refusal of admission or termination of permission to remain." International Organization for Migration (2004), Glossary on Migration. Geneva: International Organization for Migration, p. 18.

[43] Doehring, Karl (1992). Aliens, Expulsion and Deportation, in Rudolf Bernhardt (dir.), Encyclopedia of Public International Law, Amsterdam, Elsevier Science Publishers, Vol. 1, p. 110.

[44] "On the other hand, while a state has a broad discretion in exercising its right to expel aliens, its discretion is not absolute. Thus, by customary international law...... it must act reasonably in the manner in which it effects an expulsion." Jennings, Robert & Watts, Arthur (1996). Oppenheim's International Law, 9th ed., Vol. I-Peace (Parts 2 to 4), p. 940.

[45] 永久和平夥伴協會網站（2018），世界憲法大全，https://www.lawlove.org/tw。

表 3-2　各國憲法對於國民及外來人口不遭受違法驅逐出國權利之保障法制一覽表

1919年 芬蘭共和國憲法 （The constitution of Republic of Finland）	第9條 3. 不得阻止芬蘭公民入境或（shall not be prevented from entering Finland）將其驅逐出境（deported）。未經本人同意亦不得實施引渡或遣送他國（extradited or transferred from Finland to another country against their will）。但法律可規定，在保證芬蘭公民人權和法律保護之前提下（his or her human rights and legal protection），因犯罪、訴訟或爲執行有關兒童監護或照顧之判決，可以實施引渡或遣送。 5. 外國人如可能面臨死刑、酷刑或其他侵犯其人格尊嚴之處置，不得將其驅逐出境、引渡或遣送回國。（A foreigner shall not be deported, extradited or returned to another country.）
1944年 冰島憲法 （Constitution of the Republic of Iceland）	第66條 2. 冰島公民不能被禁止進入冰島亦不能被驅逐出境。外國人進入和居住在冰島之權利以及其可能被驅逐出境之理由，應由法律予以規定。（An Icelandic citizen cannot be barred from entering Iceland nor expelled there from. The rights of aliens to enter and reside in Iceland, and the reasons for which they may be expelled, shall be laid down by law.）
1990年 克羅埃西亞共和國憲法 （The Constitution of the Republic of Croatia）	第33條 2. 在克羅埃西亞共和國領土上守法之外國人不得被驅逐或引渡到其他國家，但在必須履行依據條約和法律做出之決定時除外。（No alien legally in the territory of the Republic of Croatia shall be banished or extradited to another state, except in cases of enforcement of decisions made in compliance with an international treaty or law.）
1999年 瑞士聯邦憲法 （Federal Constitution of the Swiss Confederation）	第25條 1. 瑞士公民不得被驅逐出境，非經其同意不得被引渡給國外當局。（Swiss citizens may not be expelled from Switzerland and may only be extradited to a foreign authority with their consent.） 2. 難民不得被強制驅逐或移交到其被迫害之國家。（Refugees may not be deported or extradited to a state in which they will be perse-cuted.） 3. 任何人不得被強制移交給某一國家從而使其受到刑訊或其他殘忍和非人道待遇或懲處之威脅。（No one may be deported to a state in which they face the threat of torture or any other form of cruel or inhumane treatment or punishment.）

資料來源：永久和平夥伴協會網站（2018），世界憲法大全，https://www.lawlove.org/tw，並經由作者自行整理。

表 3-3　國際法對於驅逐出國法規範之相關文件一覽表

1892年	國際法協會通過一項國際法文件，其中文名稱爲1892年外國人入國暨驅逐出國國際準則（規則），英文名稱則爲「1892 International Regulations on the Admission and Expulsion of Aliens」[46]。
1928年	通過外國人地位宣言，對於將外國人驅逐出國（境）之要件，做出明確規範[47]。
1950年	歐洲理事會通過歐洲人權公約，本公約有多號之議定書，截至2010年爲止，已有十四號議定書。其中第四號議定書，關於無國籍人地位之公約（Convention relating to the Status of Stateless Persons），於第31條規範驅逐出境[48]。另第七號議定書第1條，對於歐洲理事會之會員國，在針對外國人課予驅逐出國（境）處分時，所應注意之事項，作出詳細規定[49]。
1954年	1954年關於無國籍人地位之公約（Convention relating to the Status of Stateless Persons）第31條規定：「締約國不得將合法在其領土內之無國籍人驅逐出境。」[50]

---

[46] 其前言表示對於外國人之入境許可、入境條件及驅逐出境，雖是各國主權決定事項，但基於人道與正義，各國應在不危害本國安全之範圍內，尊重請求入國或已入國居留之外國人之權利。雖確認了外國人沒有入境自由，然而該規則第3條除要求入境及驅逐出境事項宜由法律規定外，第6條、第8條及第12條更進一步規定國家所得拒絕入境之實體事由，顯然有意限制國家主權運作。轉引自許義寶（2006），外國人入出國與居留之研究—以我國法制爲探討中心，國立中正大學法律研究所博士論文，頁41-42。

[47] 陳隆志、黃昭元、李明峻、廖福特（2006），國際人權法文獻選集與解說，前衛出版社，頁224-226。

[48] 第31條（驅逐出境）：1.締約各國除因國家安全或公共秩序理由外，不得將合法在其領土內之無國籍人驅逐出境。2.驅逐無國籍人出境只能以按照合法程序作出之判決爲根據。除因國家安全之重大理由要求另作考慮外，應准許無國籍人提出可以爲自己辯白之證據，向主管當局或向主管當局特別指定之人員申訴或者爲此目之委託代表向上述當局或人員申訴。3.締約各國應給予上述無國籍人一個合理之期間，以便取得合法進入另一國家之許可。締約各國保留在這期間內適用他們所認爲必要之內部措施之權利。

[49] 第1條：1.合法居住在一國領土內之外國人不得被驅逐，除非是依據法律作出之決定並允許：1.1提出不應驅逐之理由；1.2對其案件進行複審；並1.3爲了上述目的而向主管機關或該機關指定之人提出申訴。2.外國人在行使其依照本條第1款1.1、1.2、1.3項所規定之權利之前有可能被驅逐，如果該驅逐符合公共秩序之利益或是出於國家安全之原因。

[50] Article 31: Stateless persons not to be expelled except on grounds of national security or public order.

表 3-3　國際法對於驅逐出國法規範之相關文件一覽表（續）

1955年	歐洲理事會通過歐洲居留公約英文名稱爲「European Establishment Convention」，其中第3條第2款規定：「除因國家安全絕對必要另有要求外，任何締約國國民在任何其他締約國領土內合法居住2年以上，不應予以驅逐，除非先准其提出反對驅逐之理由……。」[51]
1966年	聯合國通過重要之國際人法公約，中文名稱爲公民與政治權利國際公約，英文名稱則爲「International Covenant on Civil and Political Rights」，簡稱爲CCPR。其中第13條規定：「本公約締約國境內合法居留之外國人，非經依法判定，不得驅逐出境，且除事關國家安全必須急速處分者外，應准其提出不服驅逐出境之理由，及聲請主管當局或主管當局特別指定之人員予以覆判，並爲此目的委託代理人到場申訴。」
1969年	「美洲國家組織」通過美洲人權公約（American Convention on Human Rights），其中第22條對於遷移和居住之權利及外國人驅逐出國共計有9項規定[52]。
1981年	「非洲團結組織」通過一項人權憲章，中文名稱爲非洲人權憲章（African Charter on Human and Peoples' Rights）[53]。

---

[51] Article 3(2): Except where imperative considerations of national security otherwise require, a national of any Contracting Party who has been so lawfully residing for more than two years in the territory of any other Party shall not be expelled without first being allowed to submit reasons against his expulsion and to appeal to.......

[52] 第22條（遷移和居住之權利）：1.合法地處在一締約國領土內之每一個人，有權按照法律之規定在該國領土內遷移和居住。2.人人均有權自由地離開任何國家，包括他自己之國家在內。3.上述權利之行使，只能受到一個民主之社會依照法律規定的爲了防止犯罪或保護國家安全、公共安全、公共秩序、公共道德、公共衛生或他人之權利和自由所必需之範圍內之限制。4.第1款承認之權利之行使，亦可以因公共利益之理由，在指定之地區內由法律加以限制。5.任何人均不得從他國籍所屬之國家之領土內被驅逐出去，或者剝奪他的進入該國之權利。6.合法地處在本公約之一個締約國領土內之外國人，只有在執行按照法律達成之決議時，始能被驅逐出境。（An alien lawfully in the territory of a State Party to this Convention may be expelled from it only pursuant to a decision reached in accordance with law.）7.每一個人當能因犯有政治罪或有關之刑事罪而正在被追捕時，有權按照國家法規和國際公約，在外國之領土上尋求庇護或受到庇護。8.如果一個外國人之生命權利或人身自由，在一個國家由於他之種族、國籍、宗教、社會地位或政治見解等原因而正遭到被侵犯之危險時，該外國人在任何情況下均不得被驅逐到或被送回到該國，不論該國是否是他之原居住國家。（In no case may an alien be deported or returned to a country.）9.禁止集體驅逐外僑。（The collective expulsion of aliens is prohibited.）

[53] 第12條：1.在一國範圍內，只要遵守法律，人人有權自由遷徙和居留。2.人人有權離開包括其本國在內之任何一個國度，亦有權返回其本國。此項權利只受爲保護國家安全、法律及秩序、公共衛生或道德而制定之法律條文之限制。3.每一個人在遭到迫害時均有權依其他國家之法律和國際公約在其他國家尋求和獲得庇護。4.合法地處於本憲章各締約國之內之非本國國民，惟按照依法作出之決定方可被驅逐出境。（A non-national legally admitted in a territory of a State Party to the present Charter, may only be expelled from it by virtue of a decision taken in accordance with the law.）5.大規模地驅逐非本國國民應予以禁止，大規模之驅逐是指對民族、種族、人種或宗教團體之驅逐。

表 3-3 國際法對於驅逐出國法規範之相關文件一覽表（續）

1984年	歐洲委員會1984年通過並於1988年11月1日生效之保障人權與基本自由公約（Convention for the Protection of Human Rights and Fundamental Freedoms）第七議定書第1條第1款規定：「合法居住在一國領土內之外國人，只有按照依法作出之決定始可以被驅逐。」（An alien lawfully resident in the territory of a State shall not be expelled therefrom except in pursuance of a decision reached in accordance with law.）
1985年	聯合國通過一項涉及外國人之人權宣言，中文名稱爲非居住國公民個人人權宣言（Declaration on the Human Rights of Individuals Who are not Nationals of the Country in which They Live）[54]。
2004年	聯合國所屬之「消除種族歧視委員會」通過一項建議案，此項建議係爲「第三十號一般性建議案」，旨在消除對於非國民之歧視待遇。
2005年	日內瓦之國際法委員會，開始編纂涉及如何規範將外國人驅逐出國之國際法草案，並委由莫里斯‧卡姆托（Maurice Kamto）之特別報告員先提出其針對上開議題之初步報告，莫里斯‧卡姆托接受上開草擬將外國人驅逐出國之國際法草案之任務後，從2005年開始編纂草案。
2006年	CCPR之人權委員會（Human Rights Committee）於第88次大會中，向人權委員會所提交之第6次定期性報告，並作成終局性意見，共包括20點之建言。
2008年	歐盟爲了回應歐洲法律尊重基本人權之要求，通過一項指令，中文名稱爲「歐盟會員國遣返逾期停留之非歐盟第三國國民共通化標準暨程序指令」[55]。
2009年歐洲聯盟基本權利憲章	第19條　移居、驅逐與引渡事件之保護 1. 集體驅逐應被禁止。（Collective expulsions are prohibited.） 2. 任何人均不得被移居、驅逐或引渡至一將使其遭受死刑、酷刑與其他非人道與羞辱待遇與懲罰之嚴重危險之國家。（No one may be removed, expelled or extradited to a State where there is a serious risk that he or she would be subjected to the death penalty, torture or other inhuman or degrading treatment or punishment.）
2012年	國際法委員會第64屆會議通過驅逐出國外國人人權公約草案內容（共計32條）。

資料來源：作者自製。

---

[54] 第7條：對合法在一國境內之外僑，只能根據依法作出之判決將其驅逐出境，並且除因國家安全之重大理由必須另行處理外，應准其提出不應被驅逐之理由，並將其案件提交主管當局或經主管當局特別指定之人員覆審，並准其委託代表向上述當局或人員陳述理由。禁止基於種族、膚色、宗教、文化、出身或民族本源，個別或集體驅逐這類外僑。

[55] 2008/115/EC of the European Parliament and of the Council (16 Dec. 2008)規範歐盟會員國遣返非法停留之第三國國民之標準與程序。European Parliament and of the Council (2018), 2008/115/EC of the European Parliament and of the Council (16 Dec. 2008). http://www.asylumlawdatabase.eu/en/, last accessed on 10.08.2018.

第四節　國際法及各國憲法與外來人口政治庇護權

壹、政治庇護與引渡

所謂「政治庇護權」（right of asylum），根據Boed（1994）之見解，是基於國家主權，由該國政府經考量人道、有無違反國際法上要求、個案政治原因狀況及國際現實，准許請求庇護之外國人入境或居留，並拒絕將其引渡給其他國家[56]。除了政治犯外，國家通常亦會給予「不遣返原則」（the principle of non-refoulement）所保護之對象庇護，例如難民、或遭受母國酷刑之國民。

另所謂「引渡」（extradition），根據丘宏達教授（2012）之見解，是基於國家法律、條約平等、互惠原則，一國應另一國之正式司法途徑或外交請求，將在國內受到該請求國因案追緝、通緝或判刑之人，移交給該他國審判之程序[57]。另我國引渡法第1條規定：「引渡依條約，無條約或條約無規定者，依本法之規定。」但許多條約及國際公約均規定政治犯不引渡原則[58]、本國國民不引渡原則[59]、雙重犯罪原則[60]。Atle教授（1972）認為，基於「引渡」與「庇護」，於國際法上乃兩種不同性質及目的之制度，該國可基於犯罪個案之實際情形及需要而援用之[61]。1967年12月14日

---

[56] 政治庇護權（right of asylum），可參考1948年世界人權宣言、1951年難民地位公約、1967年難民地位議定書及1967年領域庇護宣言等規定，其中領域庇護宣言第1條規定，庇護是基於國家主權（Asylum granted by a State, in the exercise of its sovereignty），凡有重大理由可認為犯有國際文書設有專條加以規定之破壞和平罪（committed a crime against peace）、戰爭罪（a war crime）或危害人類罪之人（a crime against humanity），不得援用請求及享受庇護之權利。Boed, Roman (1994). The State of the Right of Asylum in International Law, Duke Journal of Comparative & International Law, 5, pp. 1-34.

[57] 丘宏達（2012），現代國際法，三民書局，頁450-465。

[58] 我國引渡法第3條規定：「犯罪行為具有軍事、政治、宗教性時，得拒絕引渡。」

[59] 我國引渡法第4條規定：「請求引渡之人犯，為中華民國國民時，應拒絕引渡。」

[60] 我國引渡法第2條規定：「凡於請求國及中華民國領域外犯罪，依兩國法律規定均應處罰者，得准許引渡。」

[61] Atle, Grahl-Madsen (1972). The Status of Refugees in International Law, Vol. 2, Leiden: A.W. Sijthoff, p. 3. 周洪鈞主編（1992），國際法論，同濟大學出版社，頁185。

通過領域庇護宣言（Declaration on Territorial Asylum）之序文其中一段規定：「確認一國對有權援用世界人權宣言第14條之人給予庇護（asylum by a State to persons），為和平之人道行為（is a peaceful and humanitarian act），任何其他國家因而不得視之為不友好之行為。」復次，依據趙明義教授之見解，給予有權援用世界人權宣言第14條之人庇護，此是國家之權利，而非國家之義務[62]。又，根據Atle教授（1980）之看法，因美洲國家之歷史及政治演變之故，形成外國使館給予駐在國國民政治庇護，亦即，明確承認外交庇護[63]。

　　目前國際上針對庇護之國際性公約，計有：1928年美洲國家之間訂立了哈瓦那庇護公約，1933年通過美洲國家間關於政治庇護權公約，1954年通過外交庇護公約，陳治世教授（1995）認為，依照公約之規定，尋求庇護之個人可以停留於外交使館館舍，直到接受國保證為其提供離開接受國領土之安全保證[64]。

　　我國之引渡法，係於民國43年4月17日經由總統公布，當時之引渡法，全文共計有26條，並於民國69年7月4日修正公布[65]。引渡（extradition）之定義，它涉及正式之官方運作機制（the official process），乃指某一個國家或政府（one nation or state，即所謂之被請求國），針對於涉及刑案之嫌疑犯（a suspected），或者，已遭定罪之被告

---

[62] 依據趙明義教授之主張，事實上，庇護（asylum）可分為二種：1.領土內之庇護（territorial asylum）：係指國家基於主權（in the exercise of its sovereignty），在其領土範圍內提供庇護，除非有受限於國際協定之特別限制。2.領土外之庇護（extra-territorial asylum）：係指由駐外使、領館、國際組織辦事處、軍機、政府船舶及政府航空器等國家治外法權範圍提供庇護。趙明義（2001），當代國際法導論，五南圖書，頁297-304。

[63] 外交庇護並非國際公認之使領館應該享有之特權，外交庇護亦不是國際法之一項原則。關於使領館之權利，公認之處理國際關係之準則之一維也納外交關係公約，第22條第1款明確規定「使館館舍不得侵犯」，即各國派駐另一國之使館館舍具有豁免權和不可侵犯性，未經許可不得進入。Atle, Grahl-Madsen (1980), Territorial Asylum, Stockholm: Almqvist & Wiksell International.

[64] 陳治世（1995），國際法，臺灣商務出版社，頁364-380。

[65] 我國引渡法於69年曾做文字修正外，已近64年未修正致無法有效引渡逃犯，參考各國以簽署引渡條約執行引渡程序，或基於互惠原則進行個案引渡合作，法務部業已完成引渡法修正草案以符合司法互助及順利執行引渡。法務部綜合規劃司（2012），法務行政一年100年度，法務部，頁129-130。

（convicted criminal），將其送交（或提交）（surrenders）至一個國家或政府（to another nation or state，即所謂之請求國），俾利他國進行刑事訴追。依照我國之引渡法第1條，如我國與他國有引渡條約時，先適用條約，如未有簽訂條約，則始適用引渡法之規定[66]。

假若有多個國家對一個罪犯請求引渡時，此時，則適用引渡法第6條（多數引渡請求之順序）之規範，第6條之規定如下：數國對同一人犯請求引渡，而依條約或本法應為允許時，依左列順序定其解交之國：

1. 依條約提出請求引渡之國。
2. 數請求國均為締約國或均非締約國時，解交於犯罪行為地國。
3. 數請求國均為締約國或均非締約國，而無一國為犯罪行為地國時，解交於犯人所屬國。
4. 數締約國或數非締約國請求引渡，而指控之罪名不同者，解交於最重犯罪行為地國；其法定刑度輕重相同者，解交於首先正式請求引渡之國。

根據上述引渡法第6條之條文，「多數引渡請求之順序」之決定先後順序如下：1.條約最優先原則；2.犯罪行為地原則，或稱為領域管轄原則（Territorial Jurisdiction），或稱為屬地主義原則；3.國籍管轄原則；4.最重犯罪行為地國原則；5.首先（第一順位）請求國原則。[67]雖然，在大多數國際法之引渡條約之中，均有明定政治罪行例外（政治犯不引渡）之條款，不過，晚近以來，此種之情形，有改變之趨勢。在1997年制止恐怖主義爆炸（事件）之國際公約（Convention for the Suppression of Terrorist Bombings）之中，對於政治罪行例外條款（政治犯不引渡）之規定，全面性之取消政治罪行例外條款之規範。亦即，在制止恐怖主義爆炸（事

[66] 林毅（2011），我國刑事司法互助之現狀與發展—以菲律賓臺嫌遣送案為例（下），http://www.taiwanlaw.com.tw/newsDetail.aspx?id=90，瀏覽日期：2012.1.21。丘宏達（2002），現代國際法，三民書局，頁425-434。Wikipedia (2012), Extradition, Retrieved March 20, 2012, from http://en.wikipedia.org/wiki/Extradition.黎家維、呂啓元、何展旭、黃錦堂（2011），臺菲遣返罪犯爭議法理之分析，國家政策研究基金會，http://www.npf.org.tw/post/3/9006，瀏覽日期：2012.2.2。

[67] 洪期榮（2013），引渡法之理論與實務—從國際引渡法論臺灣制度，臺灣海洋大學海洋法律研究所博士論文。

件）之國際公約之中，政治犯仍可以引渡之。依據制止恐怖主義爆炸（事件）之國際公約第5條之規定：「每一締約國應酌情採取必要措施，包括酌情制定國內立法，以確保本公約範圍內之犯罪行為，特別是當這些罪行是企圖或蓄意在一般公眾、某一群人或特定個人中引起恐怖狀態時，在任何情況下都不可引用政治、思想、意識形態、種族、人種、宗教或其他類似性質之考慮為之辯護，並受到與其嚴重性質相符之刑事處罰。」同法第11條規定：「為了引渡或相互法律協助之目的，第二條所列之任何罪行不得視為政治罪行、同政治罪行有關之罪行或由政治動機引起之罪行。因此，就此種罪行提出之引渡或相互法律協助之請求，不可只以其涉及政治罪行、同政治罪行有關之罪行或由政治動機引起之罪行為由而加以拒絕。」據上所述，於上述之制止恐怖主義爆炸（事件）之國際公約之中，全面性之取消政治犯不引渡原則之規範。

另在2005年制止核恐怖主義行為國際公約（International Convention for the Suppression of Acts of Nuclear Terrorism）部分，亦發生相同之情形，亦即，制止核恐怖主義行為國際公約對於政治罪行例外條款（政治犯不引渡）之規定，全面性之取消政治罪行例外條款之規範。換言之，在制止核恐怖主義行為國際公約之中，政治犯仍可以引渡之。依據制止核恐怖主義行為國際公約第6條之規定：「每一締約國應酌情採取必要措施，包括在適當時制定國內立法，以確保本公約範圍內之犯罪行為，特別是故意或有意使公眾、某一群體或特定個人產生恐怖感之犯罪行為，在任何情況下都不得以政治、思想、意識形態、種族、族裔、宗教或其他類似性質之考慮因素為之辯解，並受到與其嚴重性質相符之刑罰。」第15條規定：「為了引渡或相互司法協助之目的，第二條所述之任何犯罪不得視為政治罪、同政治罪有關之犯罪或由政治動機引起之犯罪。因此，就此種犯罪提出之引渡或相互司法協助之請求，不可只以其涉及政治罪、同政治罪有關之犯罪或由政治動機引起之犯罪為由而加以拒絕。」第16條規定：「如果被請求之締約國有實質理由認為，請求為第二條所述犯罪進行引渡或請求就此種犯罪提供相互司法協助之目的，是為了基於某人之種族、宗教、國籍、族裔或政治觀點而對該人進行起訴或懲罰，或認為接受這一請求將使

該人之情況因任何上述理由受到損害，則本公約之任何條款均不應被解釋為規定該國有引渡或提供相互司法協助之義務。」據上所述，於上述之制止核恐怖主義行為國際公約之中，亦是全面性之取消政治犯不引渡原則之規範。

世界人權宣言第14條第1項規定：「人人有權在其他國家尋求及享受庇護以避免迫害。」（Everyone has the right to seek and to enjoy in other countries asylum from persecution.）另國際法亦特別規定不能針對有違反國際法之人士給予庇護。世界人權宣言第14條第2項規定：「控訴之確源於非政治性之犯罪或源於違反聯合國宗旨與原則之行為者，不得享受此種權利。」（This right may not be invoked in the case of prosecutions genuinely arising from non-political crimes or from acts contrary to the purposes and principles of the United Nations.）這主要是防免恐怖分子到其他國家主張政治庇護。簡言之，恐怖犯罪分子不能主張政治庇護權（asylum）。

李震山大法官於釋字第708號部分協同部分不同意見書中曾指出，相關之政治庇護、難民收容與保護等法制皆應整體通盤研擬制定，藉以使我國之外國人人權保障法制與實務，能在國際社會上獲得較優之評價[68]。尤其2015年起，歐盟面臨了空前移民危機：難民潮，基此脈絡，本文建議我國立法院似宜盡速通過難民法草案及兩岸人民關係條例修正案，以落實尋求庇護者之「不遣返原則」[69]。就目前之實況而論，我國憲法尚未明文地賦予外來人口享有政治上之庇護權（right of asylum），本文認為，此種之立憲例，非常不進步，因無法保障政治庇護者及現實之難民，甚難與國際人權接軌。

貳、國際法及各國憲法對於政治庇護權之保障法制

有關於國際法及各國憲法對於政治庇護權之保障法制之區塊，詳如下

---

[68] 李震山大法官，釋字第708號部分協同、部分不同意見書，頁11。

[69] 李浩銘（2017），我國政治難民庇護政策之研究，臺灣大學國家發展研究所碩士論文。

表3-4所述。

表 3-4　國際法及各國憲法對於政治庇護權之保障法制及例外情事一覽表

1928年	1928年哈瓦那庇護公約（Convention on Asylum (Havana, 1928)），第1條規定，各國不能給予「被控或被判犯有普通罪行之人」庇護權；使領館僅能在情況緊急和在該犯尋求庇護以便用任何其他辦法保障其安全所絕對必須之期限內始能給予庇護。
1946年	法國憲法序言第4點：在共和國領土範圍內，所有因其有利於自由之行動而遭受迫害之人均有受庇護權。
1948年	世界人權宣言首次以國際性之文件肯定庇護權，其中第14條規定：「1.人人有權在其他國家尋求及享受庇護以避免迫害。2.在眞正由於非政治性之罪行或違背聯合國之宗旨和原則之行爲而被起訴之情況下，不得援用此種權利[70]。」
1948年義大利共和國憲法（The Constitution of the Republic of Italy）	第10條 1. 義大利之法律體系符合被普遍認可之國際法原則。 2. 外國人之法律地位由法律進行調整，且應符合國際法規和條約。 3. 外國人若在其本國被事實上剝奪義大利憲法所保障之民主自由，則有權根據法律規定之條件在共和國領土內獲得庇護。（A foreigner who, in his home country, is denied the actual exercise of the democratic freedoms guaranteed by the Italian constitution shall be entitled to the right of asylum under the conditions established by law.） 4. 外國政治犯不可被引渡。（A foreigner may not be extradited for a political offence.）
1951年	難民地位公約（Convention Relating to the Status of Refugees）又名日內瓦公約，首要原則之一，就是禁止遣返或不推回原則（non refoulement），難民有權利不被遣送回可能使其遭受迫害之國家[71]。其中第33條「禁止驅逐出境或遣返」是公約最重要之精神，規定：「任何締約國不得以任何方式將難民驅逐或送回（『推回』）至其生命或自由因爲他之種族、宗教、國籍、參加某一社會團體或具有某種政治見解而受恐嚇之領土邊界。但如有正當理由認爲難民足以危害所在國之安全，或者難

---

[70] Article 14: 1.Everyone has the right to seek and to enjoy in other countries asylum from persecution. 2.This right may not be invoked in the case of prosecutions genuinely arising from non-political crimes or from acts contrary to the purposes and principles of the United Nations.

[71] Goodwin-Gil, l Guy S. (2008). Convention relating to the Status of Refugees, Protocol relating to the Status of Refugees, United Nations Audiovisual Library of International Law, pp. 1-9.

表 3-4　國際法及各國憲法對於政治庇護權之保障法制及例外情事一覽表（續）

	民已被確定判決認爲犯過特別嚴重罪行從而構成對該國社會之危險，則該難民不得要求本條規定之利益[72]。」
1967年	難民議定書（Protocol Relating to the Status of Refugees），爲因應難民地位公約第1條對難民之定義爲：強調遷徙之事由是因爲1951年1月1日以前產生之難民，僅是處理第二次世界大戰後歐洲地區之難民潮所制定之條約，故亦不適用歐洲以外難民。在前言放寬了此項限制[73]。因此這二項公約，是當代國際難民保護之適用重要核心參考規範[74]。
1978年 西班牙憲法（The Constitution of the Kingdom of Spain）	第13條 1. 外國人在條約與法律所定之條件下，享有本篇所保證之一般自由。 2. 除法律或條約依互惠原則對地方選舉之參政權另有規定外，僅西班牙人享有第23條所規定之權利。 3. 引渡應基於互惠原則依條約或法律之規定爲之。（Extradition shall be granted only in compliance with a treaty or with the law, on reciprocal basis.）政治犯不引渡，但恐怖主義之行爲不在此限。（No extradition can be granted for political crimes; but acts of terrorism shall not be regarded as such.） 4. 法律應規定其他國家人民與無國籍人可享有在西班牙庇護權之要件。（The law shall lay down the terms under which citizens from other countries and stateless persons may enjoy the right to asylum in Spain.）
1982年 中華人民共和國憲法	第32條 中華人民共和國保護在中國境內之外國人之合法權利和利益，在中國境內之外國人必須遵守中華人民共和國之法律。中華人民共和國對於因爲政治原因要求避難之外國人，可以給予受庇護之權利。

[72] Article 33: 1.No Contracting State shall expel or return ('refouler') a refugee in any manner whatsoever to the frontiers of territories where his life or freedom would be threatened on account of his race, religion, nationality, membership of a particular social group or political opinion. 2.The benefit of the present provision may not, however, be claimed by a refugee whom there are reasonable grounds for regarding as a danger to the security of the country in which he is, or who, having been convicted by a final judgement of a particularly serious crime, constitutes a danger to the community of that country.

[73] Where the 1951 United Nations Convention Relating to the Status of Refugees had restricted refugee status to those whose circumstances had come about "as a result of events occurring before 1 January 1951", as well as giving states party to the Convention the option of interpreting this as "events occurring in Europe" or "events occurring in Europe or elsewhere", the 1967 Protocol removed both the temporal and geographic restrictions. This was needed in the historical context of refugee flows resulting from decolonisation. However, the Protocol gave those states which had previously ratified the 1951 Convention and chosen to use the geographically restricted definition the option to retain that restriction.

[74] Goodwin-Gill, Guy S. (2008). Convention relating to the Status of Refugees, Protocol relating to the Status of Refugees, United Nations Audiovisual Library of International Law, pp. 1-9.

表 3-4　國際法及各國憲法對於政治庇護權之保障法制及例外情事一覽表（續）

1990年 都柏林條約 （The Dublin Convention）	都柏林條約是指難民在日內瓦公約下尋求政治庇護之申請流程，是歐盟「共同歐洲庇護體系」（CEAS）之起點，於2003年被歐盟高峰會頒布之都柏林第二條約（Dublin II Regulation）[75]所取代。依據Battjes教授（2002）之觀察，享有庇護之難民，不能返回原籍國或不安全之第三國（不驅回，non-refoulement），並規定尋求政治庇護難民第一次抵達之歐洲國家有義務處理相關申請[76]。
1990年 克羅埃西亞共和國憲法 （The Constitution of the Republic of Croatia）	第33條 1. 外國公民和無國籍人可以在克羅埃西亞共和國獲得庇護，除非他們是因非政治性之罪行和活動違反國際法之基本原則而被起訴。（Foreign citizens and stateless persons may be granted asylum in Croatia, unless they are being prosecuted for non-political crimes and activities contrary to the fundamental principles of international law.）
1997年12月15日制止恐怖主義爆炸（事件）之國際公約	第5條 每一締約國應酌情採取必要措施，包括酌情制定國內立法，以確保本公約範圍內之犯罪行為，特別是當這些罪行是企圖或蓄意在一般公眾、某一群人或特定個人中引起恐怖狀態時，在任何情況下都不可引用政治、思想、意識形態、種族、人種、宗教或其他類似性質之考慮為之辯護，並受到與其嚴重性質相符之刑事處罰。 第11條 為了引渡或相互法律協助之目的，第2條所列之任何罪行不得視為政治罪行、同政治罪行有關之罪行或由政治動機引起之罪行。因此，就此種罪行提出之引渡或相互法律協助之請求，不可只以其涉及政治罪行、同政治罪行有關之罪行或由政治動機引起之罪行為由而加以拒絕。
1999年12月9日制止向恐怖主義提供資助的國際公約	第2條 1. 本公約所稱之犯罪，是指任何人以任何手段，直接或間接地非法和故意地提供或募集資金，其意圖是將全部或部分資金用於，或者明知全部或部分資金將用於實施： (a)屬附件所列條約之一之範圍並經其定義為犯罪之一項行為；或 (b)意圖致使平民或在武裝衝突情勢中未積極參與敵對行動之任何其他人死亡或重傷之任何其他行為，如這些行為因其性質或相關情況旨在恐嚇人口，或迫使一國政府或一個國際組織採取或不採取任何行動。

[75] Council of the European Union (2003), Council Regulation (EC) No. 343/2003 of 18 February 2003 (Dublin II Regulation).

[76] Battjes, Hemme (2002). A Balance between Fairness and Efficiency? The Directive on International Protection and the Dublin Regulation, European Journal of Migration and Law, Vol. 4, Issue 2, pp. 159-192.

表 3-4 國際法及各國憲法對於政治庇護權之保障法制及例外情事一覽表（續）

	2.(a)非附件所列條約締約國之國家在交存其批准書、接受書或加入書時得聲明，對該締約國適用本公約時，應視該條約為不屬第1款(a)項所述附件所開列之條約之一。一旦該條約對該締約國生效，此一聲明即告無效，而該締約國應就此通知保存人； (b)如一國不再是附件所列某一條約之締約國，得按本條之規定，就該條約發表一項聲明。 3. 就一項行為構成第1款所述罪行而言，有關資金不需實際用於實施第1款(a)或(b)項所述之罪行。 4. 任何人如試圖實施本條第1款所述罪行，也構成犯罪。 5. 任何人如有以下行為，也構成犯罪： (a)以共犯身分參加本條第1或第4款所述罪行； (b)組織或指使他人實施本條第1或第4款所述罪行； (c)協助以共同目的行事之一夥人實施本條第1款或第4款所列之一種或多種罪行；這種協助應當是故意的，或是： I.為了促進該團夥犯罪活動或犯罪目的，而此種活動或目的涉及實施本條第1款所述之罪行；或 II.明知該團夥意圖實施本條第1款所述之一項罪行。 第14條 為引渡或司法互助之目的，不得視第2條所述任何罪行為政治犯罪、同政治犯罪有關之罪行或出於政治動機之犯罪。因此，對於就此種罪行提出之引渡或司法互助請求，不得只以其涉及政治犯罪、同政治犯罪有關之罪行或出於政治動機之罪行為理由而加以拒絕。
2005年4月13日制止核恐怖主義行為國際公約	第6條 每一締約國應酌情採取必要措施，包括在適當時制定國內立法，以確保本公約範圍內之犯罪行為，特別是故意或有意使公眾、某一群體或特定個人產生恐怖感之犯罪行為，在任何情況下都不得以政治、思想、意識形態、種族、族裔、宗教或其他類似性質之考慮因素為之辯解，並受到與其嚴重性質相符之刑罰。 第15條 為了引渡或相互司法協助之目的，第2條所述之任何犯罪不得視為政治罪、同政治罪有關之犯罪或由政治動機引起之犯罪。因此，就此種犯罪提出之引渡或相互司法協助之請求，不可只以其涉及政治罪、同政治罪有關之犯罪或由政治動機引起之犯罪為由而加以拒絕。 第16條 如果被請求之締約國有實質理由認為，請求為第2條所述犯罪進行引渡或請求就此種犯罪提供相互司法協助之目的，是為了基於某人之種族、宗教、國籍、族裔或政治觀點而對該人進行起訴或懲罰，或認為接受這一請求將使該人之情況因任何上述理由受到損害，則本公約之任何條款均不應被解釋為規定該國有引渡或提供相互司法協助之義務。

表 3-4　國際法及各國憲法對於政治庇護權之保障法制及例外情事一覽表（續）

2006年 塞爾維亞共 和國憲法 （The Constit ution of the Republic of Serbia）	第57條　獲得庇護之權利 1. 任何外國國民有合理之理由懼怕基於種族、性別、宗教、民族來源或與其他群體之聯繫、政治見解而遭受迫害的，應有權在塞爾維亞共和國獲得庇護。（Any foreign national with reasonable fear of prosecution based on his race, gender, language, religion, national origin or association with some other group, political opinions, shall have the right to asylum in the Republic of Serbia.） 2. 給予庇護之程序應由法律規定。（The procedure for granting asylum shall be regulated by the law.）
2007年 里斯本條約 （Lisbon Treaty）	里斯本條約，是歐盟用以取代歐盟憲法條約之條約。里斯本條約之內容，包括「三個」具有法律約束力之部分（2009年12月1日起）：歐洲聯盟運作條約（Treaty on the Functioning of the European Union）、歐洲聯盟條約、歐洲聯盟基本權利憲章。里斯本條約由四大部分組成之，第一部分：合計7個條款，條款1：共61條，修改歐盟條約；條款2：共295條，修改歐洲共同體條約。條款2又分為A項、B項。其中，A項：共9條，把歐洲共同體條約更名；B項：共286條，逐一修改歐盟運作條約之內容；條款3～7：最後條款，規定效期與生效日期。第二部分：13個議定書，又分為A項、B項。A項：11個附屬於歐盟條約和歐盟運作條約之議定書；B項：2個附屬於里斯本條約之議定書。第三部分：分3類，合計65項聲明。第一類：針對條約本文之43項共同聲明；第二類：針對議定書之7項共同聲明；第三類：15項個別國家聲明。第四部分：3個附件，第一號附件：關於歐洲中央銀行組織章程等之新舊序號；第二號附件：關於歐盟條約和歐盟運作條約之新舊序號；第三號附件：針對歐洲原子能共同體條約之修改[77]。根據林伊凡君（2014）之觀察，歐盟里斯本條約中第77條至第80條，規定有關歐洲「共同歐洲庇護體系」範圍，對第三國籍者尋求政治庇護在庇護階段、庇護申請程序及共同分擔移民政策及財政計畫。另歐洲人權法院和歐盟法院為第三國籍者基本人權提供司法保障[78]。
2010年 北京公約	第13條 禁止以政治犯罪為理由，而拒絕請求國之引渡請求。

---

[77] 維基百科（2018），里斯本條約，https://zh.wikipedia.org/zh-tw/%E9%87%8C%E6%96%AF%E6%9C%AC%E6%9D%A1%E7%BA%A6。

[78] 林伊凡（2014），後里斯本條約時代之歐盟移民與庇護政策的變革與實施，南華大學社會科學院歐洲研究所碩士論文。

表 3-4　國際法及各國憲法對於政治庇護權之保障法制及例外情事一覽表（續）

2011年 摩洛哥王國 憲法（The Constitution of the Kingdom of Morocco）	第30條 5. 引渡以及給予庇護權之條件由法律確定。（The conditions of extradition and of granting of the right of asylum are defined by the law.）
2011年 芬蘭共和國 憲法（The Constitution of the Republic of Finland）	第53-1條 1. 共和國得與歐洲國家就其共同義務，在庇護及人權和基本自由保護方面簽署條約，以確定各自對庇護申請之審查權限。（The Republic may enter into agreements with European States which are bound by undertakings identical with its own in matters of asylum and the protection of human rights and fundamental freedoms, for the purpose of determining their respective jurisdiction as regards requests for asylum submitted to them.） 2. 但是，即便庇護之申請不屬於條約規定之範圍，共和國政府仍有權為因追求自由之行為遭受迫害或基於其他理由而申請法國保護之外國人提供庇護。（the authorities of the Republic shall remain empowered to grant asylum.）
2013年 都柏林第三 條約（Dublin III Regulation）	歐洲議會和歐洲聯盟理事會於2013年6月26日通過第604/2013號規則都柏林第三條約[79]。Muraszkiewicz（2017）指出，2016年5月歐盟委員會提出持續且公平之歐盟共同庇護體系之議案（Towards a sustainable and fair Common European Asylum System）。該提案以改革都柏林協定為核心，建立一個改革之歐盟共同庇護體系（Reforming Common European Asylum System, CEAS）[80]。廢除原先難民在赴歐「首先抵達國」原則（"first country of entry" principle）申請庇護之規定，改由歐盟統籌協調，依難民按比例公平分配到歐盟成員國，以免造成邊境國家等國負擔[81]。

資料來源：永久和平野伴協會網站（2018），世界憲法大全，https://www.lawlove.org/tw，並經由作者自行整理。

[79] European Parliament & Council of the European Union (2013), Regulation (EU) No. 604/2013 of 26 June 2013 (Dublin III Regulation). https://eur-lex.europa.eu/LexUriServ/LexUriServ.do?uri=OJ:L:2013:180:0031:0059:EN:PDF.

[80] Muraszkiewicz, Julia (2017), Reforming the Common European Asylum System: The New European Refugee Law, International Journal of Refugee Law, Vol. 29, Issue 2, pp. 382-385.

[81] 依據歐盟統計局（Eurostat）之數據，於2017年，計538,000庇護申請者獲歐盟居留資格（比2016年減少25%）。Eurostat (2017), Asylum decisions in the EU28-EU Member States granted protection to 538,000 asylum seekers in 2017. https://ec.europa.eu/eurostat/documents/2995521/8817675/3-19042018-AP-EN.pdf/748e8fae-2cfb-4e75-a388-f06f6ce8ff58.

第五節　各國憲法及外來人口政治上之選舉權與任公職權利

　　在進入本節議題前，作者聯想到臺灣將在2018年11月24日進行九合一之地方公職人員選舉，世界人權宣言第21條[82]及公民與政治權利國際公約第25條[83]均提及所謂之參政權之保障。再者，我國憲法第3條亦規定：「具有中華民國國籍者為中華民國國民。」另憲法第17條亦規定：「人民有選舉、罷免、創制及複決之權。」依據主權在民原則，亦即國民具備公民資格，除了上述權利及公民投票權，同時擁有應考試服公職權。即所謂之「公民權」明確限定其主體是「人民」。憲法第136條復規定：「創制、複決兩權之行使，以法律定之。」陳義彥、盛杏湲教授（2014）認為，我國憲法亦是明定人民得經由創制、複決權之行使，參與國家意志之形成[84]。

　　依內政部統計處107年2月17日發布之內政統計通報，106年底外來人口在臺居留人數共計78萬6,487人，惟依現行國籍法第10條第1項、公務人員任用法第28條第1項第1款及公職人員選舉罷免法第14條等規定，仍然限制不具我國國籍之外國移民不得行使選舉罷免或應考試服公職。依據何曜琛教授、洪德欽教授、陳淳文教授（2011）之見解，基於「互惠原則」（principal of reciprocity）之觀點，有些國家憲法明文規定外國人

---

[82]　第21條：1.人人有權直接或以自由選舉之代表參加其本國政府。（Everyone has the right to take part in the government of his country, directly or through freely chosen representatives.）2.人人有以平等機會參加其本國公務之權。（Everyone has the right to equal access to public service in his country.）3.人民意志應為政府權力之基礎；人民意志應以定期且真實之選舉表現之，其選舉權必須普及而平等，並當以不記名投票或相等之自由投票程序為之。

[83]　第25條：1.凡屬公民（every citizen），無分第2條所列之任何區別，不受無理限制，均應有權利及機會：(1)直接或經由自由選舉之代表參與政事；（To take part in the conduct of public affairs, directly or through freely chosenrepresentatives;）(2)在真正、定期之選舉中投票及被選。選舉權必須普及而平等，選舉應以不記名投票法行之，以保證選民意志之自由表現；(3)以一般平等之條件，服本國公職。（To have access, on general terms of equality, to public service in his country.）

[84]　陳義彥、盛杏湲（2014）主編，政治學，五南圖書，頁129-138。

參政權，屬於層級較低之地方選舉，漸爲歐美國家所接受[85]，尤其歐盟28個會員國依其條約規定，必須給其他會員國之人民有參與其地方選舉之權利[86]。再者，根據陳鴻瑜教授、譚道經教授（2014）之研究，在亞洲，南韓是唯一賦予外國人地方選舉投票權之國家，依據南韓公職選舉法（Public Official Election Act）第15條，獲得永久居住權滿3年外國人可擁有地方自治團體選舉投票權[87]。本文非常贊同國立政治大學法律學系廖元豪副教授所提出憲法應保障外國人之「公民權」之先進、文明、進步之觀點，亦就是「政治參與」之權利，包括政治表現與集會結社自由、政治性較低之服公職權、地方層級之選舉權與被選舉權[88]。廖元豪教授上述之論點，本文完全贊同之。

　　爲有效提升臺灣實質上之國際競爭力、創造力與生產力，及營造實質公平環境，平等對待外來人口，對於在臺灣境內已取得永久居留資格之外國人，在憲法法理部分，可將其認定爲準本國人，目前國籍法第10條對外國人或無國籍人歸化者設有戶籍滿10年限制及臺灣地區與大陸地區人民關係條例第21條對大陸地區人民在臺灣地區設有戶籍者，規定滿10年及甚至20年以限制其參政權及擔任公職，可見臺灣離保障外來人口之「公民權」之最後一哩路，還甚遙遠，「可能」尚在數千、數萬哩路以外，造成有歧視外來人口爲「二等國民」、甚至「三等國民」之嫌[89]。

[85] 何曜琛、洪德欽、陳淳文（2011），各國移民參政權之比較研究，行政院研究發展委員會，頁1-133。

[86] European Commission (2010). Dismantling the obstacles to EU citizen' rights, EU Citizenship Report 2010, COM (2010) 603 final, Brussels, 27 October 2010.

[87] 南韓公職選舉法（Public Official Election Act）第15條：根據出入境管理法（Immigration Control Act）第34條，獲得永久居住權滿3年（whom three years have passed after the acquisition date of qualification for permanent residence）19歲以上外國人，擁有限於地方自治團體地方選舉投票權；亦即總統及國會議員層級選舉無投票權。陳鴻瑜、譚道經主編（2014），海外華人之公民地位與人權，獨立作家出版社，頁89-92。

[88] 廖元豪（2010），外人做頭家？—論外國人的公民權，政大法學評論，113期，頁245-304。

[89] 大法官釋字第618號關於臺灣地區與大陸地區人民關係條例第21條第1項前段之限制，對大陸地區人民在參政權及擔任公職權利，一致認爲原設籍大陸地區人民於擔任公務人員獲得人民對其所行使公權力之信賴，需長時間之培養系爭規定以10年爲期，認爲不違反憲法第7條平等權及符合憲法第23條比例原則，大法官們一致肯認合憲（無任何不同意見書）。學者認爲是一種「原始國籍之歧視」，從國際法、憲法學理觀之，對於因歸化而取得國籍之本國民予以差別

基此，我國憲法似亦宜比照芬蘭憲法第14條、烏拉圭共和國憲法第78
條、葡萄牙共和國憲法第15條、法國憲法第88-3條、智利共和國憲法第14條
之立憲模式，明文賦予及規範保障外國人政治上之選舉權與任公職權利。
有關各國憲法對於外來人口政治上之選舉權與任公職權利之法規範，詳如
表3-5所述。

表 3-5　各國憲法關於外來人口政治上之選舉權與任公職權利一覽表

2004年 烏拉圭共和 國憲法（The Constitution of the Eastern Republic of Uruguay）	第78條 1.凡品行端正，在共和國境內設立家庭及在共和國境內具有一定之資金或財產，或從事專門職業、技藝或工業及連續居住共和國境內至少15年之外國男女，雖未取得法律上之公民資格，亦得享有選舉權。（Foreign men and women of good conduct, having a family in the Republic, who possess some capital or property within the country or are engaged in some profession, craft, or industry and have habitually resided at least fifteen years in the Republic have the right to vote without the necessity of previously obtaining legal citizenship.） 2.居住之證明，須爲載有日期之公私文書，於呈送主管官署審查認可後，該外國人即自登記於民政登記局之日起，享有選舉權。
2005年 葡萄牙共和 國憲法（The Constitution of the Portuguese Republic）	第15條　外國人、無國籍人、歐洲公民（Foreigners, stateless persons, European citizens） 1.身在葡萄牙或在葡萄牙居住之外國人與無國籍人，與葡萄牙公民享有同等之權利，並須履行同等之義務。（shall enjoy the same rights and be subject to the same duties as Portuguese citizens） 2.第1.規定不包括政治權利、擔任無明顯專業性要求之公職，以及憲法與法律規定專屬於葡萄牙公民之權利。 3.依據法律規定和互惠原則，不得授予外國人之權利可以授予永久在葡萄牙居住之葡萄牙語國家之公民，但不包括擔任共和國總統、共和國議會主席、總理、任一最高法院之院長之權利，亦不包括在武裝力量服役和在外交部門工作之權利。 4.基於互惠原則，法律可以授予在葡萄牙居住之外國人在地方議員選舉中之選舉權和被選舉權。（Subject to reciprocity, the law may grant foreigners who reside in Portugal the right to vote for and stand for election as local councillors.） 5.基於互惠原則，法律可以授予在葡萄牙居住之歐洲聯盟會員國公民在歐洲議會議員選舉中之選舉權和被選舉權。

待遇，等同於次等公民之歧視，應該接受嚴格之審查。廖元豪（2008），移民—基本人權的化
外之民：檢視批判「移民無人權」的憲法論述與實務，月旦法學雜誌，161期，頁83-104。

表 3-5　各國憲法關於外來人口政治上之選舉權與任公職權利一覽表（續）

2008年 法國憲法 （The Constitution of the French Republic）	第88-3條 1. 基於互惠（subject to reciprocity），及1992年2月7日歐洲聯盟條約規定之方式，在法國居住之歐洲公民得被賦予參加市鎮選舉之選舉權和被選舉權。（the right to vote and stand as a candidate in municipal elections shall be granted only to citizens of the Union residing in France.）這些公民不得擔任市長和副市長，亦不得參加參議員選舉人之選派和參議員之選舉。本條之實施細則由議會兩院以一致文本通過之組織法予以規定。
2011年 芬蘭共和國憲法（The Constitution of the Republic of Finland）	第14條　選舉權和參與權 2. 凡年滿18歲之芬蘭公民和居住在芬蘭之其他歐盟成員國公民依法享有參加歐洲議會選舉之權利。（Every Finnish citizen and every other citizen of the European Union resident in Finland, having attained eighteen years of age, has the right to vote in the European Parliamentary elections, as provided by an Act.） 3. 凡年滿18歲之芬蘭公民和常住芬蘭之外國人依法享有參加地方選舉和地方公決之權利。參與地方行政管理之其他權利，由法律另行規定。（Every Finnish citizen and every foreigner permanently resident in Finland, having attained eighteen years of age, has the right to vote in municipal elections and municipal referendums, as provided by an Act. Provisions on the right to otherwise participate in municipal government are laid down by an Act.）
2012年 智利共和國憲法（The Constitution of the Republic of Chile）	第14條 1. 在智利居住滿5年，並符合第13條第1.規定之外國人，可依法律規定之情形和方式行使選舉權。（Foreigners residing in Chile for more than five years and who comply with the requirements prescribed in the first paragraph of Article 13, may exercise the right to vote in the cases and in the manner determined by law.） 2. 根據第10條第1.、3.取得國籍者，取得國籍滿5年方有資格透過公民選舉擔任公職。

資料來源：永久和平野伴協會網站（2018），世界憲法大全，https://www.lawlove.org/tw，並經由作者自行整理。

第六節　各國憲法及我國憲法與外來人口人身自由權

　　就人身自由權及外來人口收容而言，對於人身自由之充分保障，乃人民行使憲法上其他基本權利之前提。基於人身自由之「憲法保障」意

義，我國憲法第8條對人身自由保障，有詳細之規定，另聯合國公民政治權利國際公約第9條亦規定，「人人有權享有身體自由及人身安全。任何人不得無理予以逮捕或拘禁。非依法定理由及程序，不得剝奪任何人之自由。」（Everyone has the right to liberty and security of person. No one shall be subjected toarbitrary arrest or detention. No one shall be deprived of his liberty except on such groundsand in accordance with such procedure as are established by law.）

對於外來人口之收容管理是否會侵犯人權？理論上，收容已嚴重地侵犯人身自由，應會侵犯人權。但假若符合憲法第8條與第23條之要求，應不致於侵犯人權。臺灣於民國104年2月4日修正之入出國及移民法，其中之第38條第1項之規定，給予移民官對於外國人擁有「15日」之暫予收容之權力，完全與我國憲法第8條背道而馳，業已「非常嚴重地」侵犯外國人之人性尊嚴與人身自由權，宜盡速修法，改由法官裁決對於外國人是否須進行「暫予收容」。假若，由移民官決定對於外國人是否加以暫予收容，本文認為，此種暫予收容管理機制與法制，相當嚴重地侵犯外國人人權，這是一個非常不文明、嚴重地侵犯外國人之人性尊嚴與不先進之立法例，此種之立法例，視外國人之人性尊嚴與人身自由為無物，嚴重地踐踏我國憲法第8條之立憲原意，本文表示反對，與非常遺憾之意。

本文認為主要之問題點，在於侵犯外來人口人身自由之決定，移民官應無權作此決定，主要之法理：移民官係移民行政官，而非「法官」（judge），立場不公正，易出於行政上作業之方便，容易讓外界聯想有球員兼裁判官之嫌，濫行暫予收容外國人。入出國及移民法第38條第1項之立法，賦予「移民官」等同於「法官」之權限，恐違反憲法第8條之規定。另外，值得加以特別關注之議題，係對於外來人口所進行之收容處分，近年來，國際社會逐漸流行若干代替收容之措施，諸如：對於外來人口進行社區評估與安置模式等等，儘量避免對於外來人口進行移民收容，以社區評估與安置模式取代移民收容。根據「國際收容聯盟」（International Detention Coalition, IDC）之實證調查之結果，移民收容之手段，逐漸已成為其他可替代收容措施均不可行之時，始運用之最後手

段，亦即，對於外來人口進行移民收容，係一種最後手段性及例外性[90]。

有關替代收容之政策，在臺灣之移民法律規範體系之中，係規範於入出國及移民法第38條第2項。根據「台灣人權促進會」於2011年所出版之乙書替代收容—避免非必要之移工移民收容：各國經驗中之第20頁所介紹之替代收容機制，包括[91]：（一）將外國人安置於私人安排之住所；（二）與家人、朋友或親戚共同居住；（三）與社區居民共住；（四）將外國人安置於政府資助之住所；（五）慈善團體資助之私人住所；（六）尋求庇護者之開放接待所；（七）將外國人安置於難民與尋求庇護者之開放中心；（八）難民營與人道救援之庇護處所；（九）無家人陪伴，或單獨旅行之未成年庇護所；（十）寄養家庭或育幼院；（十一）針對於貧窮之非正規移民所設置之庇護所；（十二）遊民庇護所或中途之家；（十三）準備離開該國之移民中心。

再者，我國執法機關與人員在回應非法移民問題時，常常易侵犯非法移民者之人權；是以，民間團體可以充任外國人人權之守護門神，強力地監督移民署之違法或不合理之作為。以此角度而言，民間團體在移民人權之領域上，具有極高度之重要性。

---

[90] 台灣人權促進會翻譯（2013），替代收容—避免非必要的移工移民收容：各國經驗，台灣人權促進會，頁1-63。邱伊翎（2013），難民、尋求庇護者與外國人收容，台灣人權促進會，季刊春季版，頁16-18。在此一文章之中，邱伊翎氏並主張，目前我國對於外國人之暫予收容，無須經由法官之審理，恐不符合國際人權法之規定，筆者亦十分贊同邱伊翎君之上述見解。

[91] 台灣人權促進會（2013），替代收容—避免非必要的移工移民收容：各國經驗，台灣人權促進會，頁20。

表 3-6　各國憲法對於人身自由之相關規範一覽表

1919年 芬蘭共和國憲法 （The Constitution of Republic of Finland）	第7條 1. 人人享有生命權、人身自由權、身體不受侵犯和安全之權利。 2. 任何人不得被處死刑、施以酷刑或被以侵害其人格尊嚴之方式對待。 3. 個人身體不受侵犯。無法定依據不得任意剝奪公民自由。未經法庭審判不得判處剝奪公民自由。其他喪失自由之處罰是否合法，可以提交法庭重審。喪失自由者之權利受法律保障[92]。
1947年 日本憲法（The Constitution of Japan）	第31條 1. 非依法定程序，不得剝奪任何人之生命或自由，或科其他之刑罰。（No person shall be deprived of life or liberty, nor shall any other criminal penalty be imposed, except according to procedure established by law.） 第33條 1. 任何人除為現行犯而受逮捕外，非經有權限之司法機關所簽發並明白記載犯罪理由之拘票，不得逮捕之。（No person shall be apprehended except upon warrant issued by a competent judicial officer which specifies the offense with which the person is charged, unless he is apprehended, the offense being committed.） 第34條 1. 任何人非經立即告以理由，且立即給予委託辯護人之權利，不得拘禁或羈押。又對任何人，非有正當理由不得羈押之。如經要求，必須立即在本人及辯護人出席之公開法庭上說明其理由。
1982年 加拿大憲法 （Canadian Charter of Rights and Freedoms）	第7條　生命、自由和人身安全 人人有生命、自由和人身安全之權利，除非根據基本正義原則該權利不被剝奪[93]。（Everyone has the right to life, liberty and security of the person and the right not to be deprived thereof except in accordance with the principles of fundamental justice.） 第8條 人人有不受不合理之搜查或者扣押之權利[94]。

---

[92] Section 7 [The right to life, personal liberty and integrity]: (1)Everyone has the right to life, personal liberty, integrity and security. (2)No one shall be sentenced to death, tortured or otherwise treated in a manner violating human dignity. (3)The personal integrity of the individual shall not be violated, nor shall anyone be deprived of liberty arbitrarily or without a reason prescribed by an Act. A penalty involving deprivation of liberty may be imposed only by a court of law. The lawfulness of other cases of deprivation of liberty may be submitted for review by a court of law. The rights of individuals deprived of their liberty shall be guaranteed by an Act.

[93] Article 7: Everyone has the right to life, liberty and security of the person and the right not to be deprived thereof except in accordance with the principles of fundamental justice.

[94] Article 8: Everyone has the right to be secure against unreasonable search or seizure.

表 3-6　各國憲法對於人身自由之相關規範一覽表（續）

	第9條　拘留或者監禁 人人有不受任意拘留或者監禁之權利[95]。 第10條　逮捕或者拘留 1.每個人在被逮捕或拘留時有權： 1.1迅速獲知被逮捕或拘留之理由； 1.2毫不延誤地會見律師並獲得法律幫助，且被告知享有該權利； 1.3根據人身保護令之決定獲得拘留之有效性，且如果拘留非法應立即被釋放[96]。
2009年 南非共和國憲法 （The Constitution of the Republic of South Africa）	第12條　自由與個人安全 1.人人均有自由與個人安全之權利（Everyone has the right to freedom and security of the person），包括： 1.1不被任意或沒有正當理由剝奪自由之權利； 1.2未經審判不被拘禁之權利； 1.3免於來自公私方面任何形式之暴力之權利； 1.4不被以任何形式虐待之權利；以及 1.5不被以殘酷、不人道或有辱人格之方式對待或處罰之權利。 2.每一個人均享有身心完整之權利，包括： 2.1繁衍後代之決定權利； 2.2身體安全及自控之權利； 2.3在未獲得其同意前，不受醫學或科學實驗之權利。

資料來源：永久和平夥伴協會網站（2018），世界憲法大全，https://www.lawlove.org/tw，並經由作者自行整理。

第七節　外來人口生命權（含人身自由權）之保障─以廢止死刑、無期徒刑爲核心

　　本節擬透由相關分析及多元迴歸分析，利用我國境內之相關數據進行分析。發現死刑（含無期徒刑）執行人數（自變項），對於相關（重大）犯罪，並無抑制之影響力，未具有一般威嚇成效。故本文建議，宜在憲法本文之中，明文規範廢止死刑（含無期徒刑），而廢止死刑（含無期徒

---

[95]　Article 9: Everyone has the right not to be arbitrarily detained or imprisoned.

[96]　Article 10: (a)Everyone has the right on arrest or detention; (b)To be informed promptly of the reasons therefor; (c)To retain and instruct counsel without delay and to be informed of that right.

刑）適用之對象，包括本國人與外來人口（內含外國人），亦即，完全地廢止死刑（含無期徒刑）。站在憲法之高度，透由廢止死刑（含無期徒刑）之途徑，充分保障外來人口及本國人民之生命權（含人身自由權）。

在進行相關分析及多元迴歸分析之前，本文擬介紹相關分析及多元迴歸分析所需之統計假設之概念。根據謝廣全教授之看法，通常，對立假設（alternative hypothesis）是研究者真正要支持或證實之假設[97]。亦即，對立假設是研究想要支持或想要證實之假設。

所謂之虛無假設（null hypothesis），是研究者先設定一種與自己真正要支持或證實之假設完全相反之假設，名為虛無假設[98]。在統計決策之過程中，一般而論，原則上，虛無假設係為研究者所欲推翻、拒絕之統計假設；亦即，研究者大都是期待能推翻、拒絕虛無假設，進而接受對立假設。本質上，研究者心中之最愛、最想要之統計上之結果，是對立假設。此時，透過推翻、拒絕虛無假設，進一步而接受對立假設之研究手法，研究者便可得到其期待中之結果。

本文於進行SPSS分析之過程之中，並不使用第二類型錯誤β。在統計檢定中，因考量犯第一類型錯誤（α），當虛無假設H0是真的（true）時候，研究者拒絕（reject）真的虛無假設H0，而接受（accept）假的（錯誤的）（false）對立假設，是比較嚴重之錯誤，應該儘量避免[99]。亦即，「接受假的（錯誤的）對立假設（α）與「接受假之（錯誤的）虛無假設」（β）之嚴重性，何者較為嚴重？理論上，應該是「接受假之（錯誤的）對立假設」（α）是比較嚴重之錯誤[100]，主因在於所謂之「對立假設」，是研究者心中想要之結果，乃為對立假設，當統計決策為「接受假之（錯誤的）對立假設」（α），則情況相當嚴重。故本文所使用之統計上顯著水準，係為第一類型錯誤α，定為0.05。

---

[97] 謝廣全（2002），最新實用心理與教育統計學，復文圖書出版社。

[98] 謝廣全（2002），最新實用心理與教育統計學，復文圖書出版社。

[99] 王保進（2000），教育大辭書—第二類型錯誤（Type II Error），http://terms.naer.edu.tw/detail/1310655/。

[100] 王保進（2000），教育大辭書—第二類型錯誤（Type II Error），http://terms.naer.edu.tw/detail/1310655/。

在相關分析之中，SPSS社會科學統計分析軟體，其歸納多數之研究者之報告調查結果，絕大部分之研究者，總是期望其分析之結果，自變項與依變項有統計上之相關性，故SPSS社會科學統計分析軟體之內定之對立假設，是自變項與依變項有統計上之相關性。SPSS社會科學統計分析軟體之內定之虛無假設（是研究者先設定一種與自己真正要支持或證實之假設完全相反之假設），是自變項與依變項沒有統計上之相關性[101]。亦即，在相關分析之中，虛無假設係為兩個變項之間，無關聯性。本文於進行SPSS相關分析之過程之中，第一類型錯誤α定為0.05。

在多元迴歸分析之中，SPSS社會科學統計分析軟體，其歸納多數之研究者之報告調查結果，絕大部分之研究者，總是期望其分析之結果，自變項對依變項有統計上之預測力，故SPSS社會科學統計分析軟體之內定之對立假設，是自變項對依變項有統計上之預測力[102]。SPSS社會科學統計分析軟體之內定之虛無假設（是研究者先設定一種與自己真正要支持或證實之假設完全相反之假設），是自變項對依變項沒有統計上之預測力、作用力或影響力[103]。本文於進行SPSS多元迴歸分析之過程之中，第一類型錯誤α定為0.05。

---

[101] 王文科（2005），教育研究法，增訂八版，五南圖書。吳明隆、塗金堂著（2005），徐慧如編輯，SPSS與統計應用分析，五南圖書。林清山（1992），心理與教育統計學，東華書局。張紹勳、林秀娟（1993），SPSS For Windows統計分析—初等統計與高等統計，松崗電腦公司，頁9-11。張雲景、賴礽仰翻譯（2003），SPSS統計軟體的應用11.0版，華騰文化股份有限公司。陳徹（2003），SPSS統計分析，碁峰資訊公司。謝廣全（2002），最新實用心理與教育統計學，復文圖書出版社。

[102] 另外，在對數迴歸分析之中，SPSS社會科學統計分析軟體，其歸納多數之研究者之報告調查結果，絕大部分之研究者，總是期望其分析之結果，自變項對依變項有統計上之作用力，故SPSS社會科學統計分析軟體之內定之對立假設，是自變項對依變項有統計上之作用力。SPSS社會科學統計分析軟體之內定之虛無假設，是自變項對依變項沒有統計上之作用力。在存活分析之中，SPSS社會科學統計分析軟體，其歸納多數之研究者之報告調查結果，絕大部分之研究者，總是期望其分析之結果，自變項對依變項有統計上之作用力，故SPSS社會科學統計分析軟體之內定之對立假設，是自變項對依變項有統計上之作用力。SPSS社會科學統計分析軟體之內定之虛無假設，是自變項對依變項沒有統計上之作用力。

[103] 王文科（2005），同前註。吳明隆、塗金堂著（2005），同前註。林清山（1992），同前註。馬傳鎮（1997），同前註。張紹勳、林秀娟（1993），同前註。張雲景、賴礽仰翻譯（2003），同前註。陳玉書（2001），同前註。陳徹（2003），同前註。蔡中志（1992），同前註。謝廣全（2002），同前註。

　　表3-7所示，1992年至2016年間之死刑執行人數與當年度之刑案發生率（件／10萬）、下年度之刑案發生率（件／10萬人）Pearson相關表可得知，死刑執行人數與當年度之刑案發生率（件／10萬）、下年度之刑案發生率，均未達到統計上之相關性。死刑執行人數與當年度之刑案發生率（件／10萬）、下年度之刑案發生率之相關性，均不高。尤其是死刑執行人數與當年度之刑案發生率（件／10萬）之相關性，非常的微弱，Pearson相關性僅是-.004，未達到統計上之Pearson相關性。

表 3-7　1992年至2016年間之死刑執行人數與當年度之刑案發生率（件／10萬）、下年度之刑案發生率（件／10萬人）Pearson相關表

		死刑執行人數	當年度之刑案發生率(件／10萬)	下年度之刑案發生率（件／10萬人）
死刑執行人數	Pearson相關	1	-.004	.088
	顯著性（單尾）		.492	.341
	個數	25	25	24
當年度之刑案發生率（件／10萬）	Pearson相關	-.004	1	.894**
	顯著性（單尾）	.492		.000
	個數	25	25	24
下年度之刑案發生率（件／10萬人）	Pearson相關	.088	.894**	1
	顯著性（單尾）	.341	.000	
	個數	24	24	24
**在顯著水準爲0.01時（單尾），相關顯著。				

資料來源：作者自製。

　　表3-8所示，1992年至2016年間之死刑執行人數與當年度之刑案發生件數、下年度之刑案發生件數Pearson相關表可得知，死刑執行人數與當年度之刑案發生件數、下年度之刑案發生件數，均未達到統計上之Pearson相關性。亦即，死刑執行人數與當年度之刑案發生件數之間，未具有統計上之Pearson相關性。死刑執行人數與當年度之刑案發生件數之

間，兩個變項是相互獨立之變項，死刑執行人數之變項，其並不會與當年度之刑案發生件數之變項，產生相關性，兩者是相互不相關之變項。

　　再者，死刑執行人數與下年度之刑案發生件數之間，亦未具有統計上之Pearson相關性。死刑執行人數與下年度之刑案發生件數之間之Pearson相關性，僅是-.035，可謂微不足道。死刑執行人數與下年度之刑案發生件數之間，兩個變項是相互獨立之變項，死刑執行人數之變項，其並不會與下年度之刑案發生件數之變項，產生相關性，兩者是相互不相關之變項。

表 3-8　1992年至2016年間之死刑執行人數與當年度之刑案發生件數、下年度之刑案發生件數Pearson相關表

		當年度之刑案發生件數	下年度之刑案發生件數
死刑執行人數	Pearson相關	-.139	-.035
	顯著性（單尾）	.254	.436
	個數	25	24
當年度之刑案發生件數	Pearson相關	1	.893**
	顯著性（單尾）		.000
	個數	25	24
下年度之刑案發生件數	Pearson相關	.893**	1
	顯著性（單尾）	.000	
	個數	24	24
**在顯著水準為0.01時（單尾），相關顯著。			

資料來源：作者自製。

　　表3-9所示，1992年至2016年間之死刑執行人數與當年度竊盜發生件數、下年度竊盜發生件數Pearson相關表可得知，死刑執行人數與當年度竊盜發生件數、下年度竊盜發生件數，均已達到統計上之相關性，且是正相關，正相關很高。亦即，死刑執行人數越多，當年度竊盜發生件數、下年度竊盜發生件數即越多。非常重要之點，乃為均已達到統計上之相關

性。

表 3-9　1992年至2016年間之死刑執行人數與當年度竊盜發生件數、下年度竊盜發生件數Pearson相關表

		當年度竊盜發生件數（theft）	下年度竊盜發生件數（theft next）
死刑執行人數	Pearson相關	.388*	.457*
	顯著性（單尾）	.028	.012
	個數	25	24
當年度竊盜發生件數（theft）	Pearson相關	1	.946**
	顯著性（單尾）		.000
	個數	25	24
下年度竊盜發生件數（theft next）	Pearson相關	.946**	1
	顯著性（單尾）	.000	
	個數	24	24

*在顯著水準為0.05時（單尾），相關顯著。
**在顯著水準為0.01時（單尾），相關顯著。

資料來源：作者自製。

　　表3-10所示，1992年至2016年間之死刑執行人數與當年度暴力犯罪發生件數、下年度暴力犯罪發生件數Pearson相關表可得知，死刑執行人數與當年度暴力犯罪發生件數，兩者之相關性，未達統計上之顯著水準。死刑執行人數與下年度暴力犯罪發生件數，兩者之相關性，則是達統計上之顯著水準，且是正相關（Pearson相關 = 0.376*）。亦即，死刑執行人數越多，下年度暴力犯罪發生件數即越多。非常重要之點，乃為已達到統計上之相關性（p = .035 < 0.05）。

表 3-10　1992年至2016年間之死刑執行人數與當年度暴力犯罪發生件數、下年度暴力犯罪發生件數Pearson相關表

		死刑執行人數	當年度暴力犯罪發生件數（violence）	下年度暴力犯罪發生件數（violence next）
死刑執行人數	Pearson相關	1	.329	.376
	顯著性（單尾）		.054	.035*
	個數	25	25	24
當年度暴力犯罪發生件數（violence）	Pearson相關	.329	1	.875**
	顯著性（單尾）	.054		.000
	個數	25	25	24
下年度暴力犯罪發生件數（violence next）	Pearson相關	.376*	.875**	1
	顯著性（單尾）	.035	.000	
	個數	24	24	24

*在顯著水準為0.05時（單尾），相關顯著。
**在顯著水準為0.01時（單尾），相關顯著。

資料來源：作者自製。

　　由表3-11影響當年度刑案發生率（1992年至2016年）相關因數（原因變項）之多元迴歸分析統計數據結果一覽表（本表係使用逐步迴歸分析法之迴歸分析方式）之統計資料可得知，依變項為當年度刑案發生率，每提升35歲以上人口之中，男性未婚之比例1個單位之標準差（1個標準單位），則可減少（低）0.812個單位之標準差（標準化迴歸係數值，beta = -0.812）之當年度刑案發生率。或許，有可能之機率，係為35歲以上人口之中，未婚男性之身心狀態，有可能會比較穩定。因其為單身，故有可能較無家庭之經濟上重大負擔，無須教養小孩；35歲以上之單身男性，其工作之所得，可全部歸為自己所有，可購買不動產、動產，或進行其他投資，由於經濟上有所依靠，再加上心智有可能更加成熟、穩定，有可能具有較強之自控能力，做一名守法之民眾，而未從事重大犯罪（故意殺人犯罪＋重傷犯罪＋重大恐嚇取財犯罪＋擄人勒贖犯罪＋強盜搶奪犯罪＋強

制性交犯罪）。亦即，其從事重大指標犯罪（重大暴力犯罪）（故意殺人犯罪＋重傷犯罪＋重大恐嚇取財犯罪＋擄人勒贖犯罪＋強盜搶奪犯罪＋強制性交犯罪）之機率，相對而論，或許有可能相對較低一些。

　　另外，就本文特別加以關注之死刑是否能有效地嚇阻（減少）犯罪之發生而論，根據表3-11之資料可得知，執行死刑無法有效地嚇阻（減少）當年度刑案發生率之發生。復次，無期徒刑亦無法有效地嚇阻（減少）當年度刑案發生率之發生。

表 3-11　影響當年度刑案發生率（1992年至2016年）相關因數（原因變項）之多元迴歸分析統計數據結果一覽表（本表係使用逐步迴歸分析法之迴歸分析方式）[104]

自變項（解釋因數，independent variable）之名稱＼多元迴歸分析統計數據	標準化迴歸係數值（beta）	標準化迴歸係數值（beta）之顯著度（水準）	條件指標（CI）（檢視自變項是否有嚴重之共線問題）
X1：失業率（1992-2016年）			
X2：結婚對數（1998-2013年）			
X3：35歲以上人口之中，男性未婚之比例（1998-2013年）	-0.812	0.000	16.325
X4：離婚率（1998-2013年）			
X5：GNI（平均每人國民所得毛額，以美元為單位）（1992-2016年）			

---

[104]SPSS軟體之多元迴歸分析之程式語法如下：
REGRESSION
 /DESCRIPTIVES MEAN STDDEV CORR SIG N
 /MISSING PAIRWISE
 /STATISTICS COEFF OUTS BCOV R ANOVA COLLIN TOL CHANGE ZPP
 /CRITERIA=PIN(.05) POUT(.10)
 /NOORIGIN
 /DEPENDENT 當年度之刑案發生率
 /METHOD=STEPWISE over35manunmarryrate
 /CASEWISE PLOT(ZRESID) ALL.

表 3-11 影響當年度刑案發生率（1992年至2016年）相關因數（原因變項）之多元迴歸分析統計數據結果一覽表（本表係使用逐步迴歸分析法之迴歸分析方式）（續）

自變項（解釋因數，independent variable）之名稱 多元迴歸分析統計數據	標準化迴歸係數值（beta）	標準化迴歸係數值（beta）之顯著度（水準）	條件指標（CI）（檢視自變項是否有嚴重之共線問題）
X6：低收入戶之家庭及就學生活補助金額（1998-2013年）[105]			
X7：緩刑比率（1998-2013年）			
X8：無期徒刑之人數（1998-2013年）			
X9：被執行死刑之人數（1992-2016年）			
X10：當年度之全般刑案破獲率（1992-2016年）			
多元迴歸分析模型整體之R平方解釋量：0.635			

資料來源：自變項、依變項之最原始數據引自中華民國統計資訊網（2018）、法務部統計處（2018）、行政院主計總處（2018）、內政部統計處（2018）、內政部警政署（2018）、內政部警政署刑事警察局（2018）、台灣人權促進會（2018），本表由作者自製。

由表3-12影響下年度刑案發生率（1993年至2015年）相關因數（原因變項）之多元迴歸分析統計數據結果一覽表（本表係使用強迫進入法之迴歸分析方式）之統計資料可得知，依變項為下年度刑案發生率，每提升離婚率1個單位之標準差（1個標準單位），則可增加0.533個單位之標準差（標準化迴歸係數值，beta = 0.533）之下年度刑案發生率。每提升GNI（平均每人國民所得毛額，以美元為單位）1個單位之標準差（1個標準單位），則可減少0.588個單位之標準差（標準化迴歸係數值，beta = -0.588）之下年度刑案發生率。

---

[105] 低收入戶之家庭及就學生活補助金額（1992-2016年）方面，以2013年為例，政府補助低收入戶之家庭及就學生活補助金額為新臺幣105.87億元。

　　另外，就本文特別加以關注之死刑是否能有效地嚇阻（減少）犯罪之發生而論，根據本表之資料可得知，執行死刑無法有效地嚇阻（減少）下年度刑案發生率。復次，無期徒刑亦無法有效地嚇阻（減少）下年度刑案發生率之發生。

表 3-12　影響下年度刑案發生率（1993年至2015年）相關因數（原因變項）之多元迴歸分析統計數據結果一覽表（本表係使用強迫進入法之迴歸分析方式）[106]

自變項（解釋因數，independent variable）之名稱 ＼ 多元迴歸分析統計數據	標準化迴歸係數值（beta）	標準化迴歸係數值（beta）之顯著度（水準）	條件指標（CI）（檢視自變項是否有嚴重之共線問題）
X1：失業率（1992-2016年）			
X2：結婚對數（1998-2013年）			
X3：35歲以上人口之中，男性未婚之比例（1998-2013年）			
X4：離婚率（1998-2013年）	0.533	0.006	9.098
X5：GNI（平均每人國民所得毛額，以美元為單位）（1992-2016年）	-0.588	0.003	27.056
X6：低收入戶之家庭及就學生活補助金額（1998-2013年）			
X7：緩刑比率（1998-2013年）			

表 3-12 影響下年度刑案發生率（1993年至2015年）相關因數（原因變項）之多元迴歸分析統計數據結果一覽表（本表係使用強迫進入法之迴歸分析方式）（續）

自變項（解釋因數，independent variable）之名稱　　多元迴歸分析統計數據	標準化迴歸係數值（beta）	標準化迴歸係數值（beta）之顯著度（水準）	條件指標（CI）（檢視自變項是否有嚴重之共線問題）
X8：無期徒刑之人數（1998-2013年）			
X9：被執行死刑之人數（1992-2016年）			
X10：當年度之全般刑案破獲率（1992-2016年）			
多元迴歸分析模型整體之R平方解釋量：0.602			

資料來源：自變項、依變項之最原始數據引自中華民國統計資訊網（2018）、法務部統計處（2018）、行政院主計總處（2018）、內政部統計處（2018）、內政部警政署（2018）、內政部警政署刑事警察局（2018）、台灣人權促進會（2018），本表由作者自製。

　　由表3-13影響當年度重傷害及故意殺人犯罪（1992年至2016年）相關因數（原因變項）之多元迴歸分析統計數據結果一覽表（本表係使用強迫進入法之迴歸分析方式）之統計資料可得知，依變項為當年度重傷害及故意殺人犯罪，每提升GNI（平均每人國民所得毛額，以美元為單位）1個單位之標準差（1個標準單位），則可減少0.753個單位之標準差（標準化迴歸係數值，beta = -0.753）之當年度重傷害及故意殺人犯罪。另外，就本文特別加以關注之死刑是否能有效地嚇阻（減少）犯罪之發生而論，根據本表之資料可得知，執行死刑無法有效地嚇阻（減少）當年度重傷害及故意殺人犯罪。復次，無期徒刑亦無法有效地嚇阻（減少）當年度重傷害及故意殺人犯罪。

表 3-13　影響當年度重傷害及故意殺人犯罪（1992年至2016年）相關因
　　　　 數（原因變項）之多元迴歸分析統計數據結果一覽表（本表係
　　　　 使用強迫進入法之迴歸分析方式）[107]

自變項（解釋因數，independent variable）之名稱　　多元迴歸分析統計數據	標準化迴歸係數值（beta）	標準化迴歸係數值（beta）之顯著度（水準）	條件指標（CI）（檢視自變項是否有嚴重之共線問題）
X1：失業率（1992-2016年）	-0.223	0.069	6.956
X2：結婚對數（1998-2013年）	0.120	0.254	11.558
X3：35歲以上人口之中，男性未婚之比例（1998-2013年）			
X4：離婚率（1998-2013年）			
X5：GNI（平均每人國民所得毛額，以美元為單位）（1992-2016年）	-0.753	0.000	28.124
X6：低收入戶之家庭及就學生活補助金額（1998-2013年）			
X7：緩刑比率（1998-2013年）			
X8：無期徒刑之人數（1998-2013年）			
X9：被執行死刑之人數（1992-2016年）			
X10：當年度之全般刑案破獲率（1992-2016年）			
多元迴歸分析模型整體之R平方解釋量：0.871			

資料來源：自變項、依變項之最原始數據引自中華民國統計資訊網（2018）、法務部統計處
　　　　　（2018）、行政院主計總處（2018）、內政部統計處（2018）、內政部警政署（2018）、
　　　　　內政部警政署刑事警察局（2018）、台灣人權促進會（2018），本表由作者自製。

---

[107]SPSS軟體之多元迴歸分析之程式語法如下：
　REGRESSION
　　/DESCRIPTIVES MEAN STDDEV CORR SIG N
　　/MISSING PAIRWISE
　　/STATISTICS COEFF OUTS CI(95) BCOV R ANOVA COLLIN TOL CHANGE ZPP
　　/CRITERIA=PIN(.05) POUT(.10)
　　/NOORIGIN
　　/DEPENDENT 重傷害故意殺人
　　/METHOD=ENTER unemploymentrate marrypair GNI
　　/CASEWISE PLOT(ZRESID) ALL.

　　由表3-14影響下年度重傷害及故意殺人犯罪（1993年至2015年）相關因數（原因變項）之多元迴歸分析統計數據結果一覽表（本表係使用強迫進入法之迴歸分析方式）之統計資料可得知，依變項為下年度重傷害及故意殺人犯罪，每提升失業率1個單位之標準差（1個標準單位），則可減少0.330個單位之標準差（標準化迴歸係數值，beta = -0.330）之下年度重傷害及故意殺人犯罪。有可能之成因，係失業者可請領失業補助金，「暫時地」解決其經濟困境，促使失業者未從事犯罪。

　　每提升GNI（平均每人國民所得毛額，以美元為單位）1個單位之標準差（1個標準單位），則可減少0.737個單位之標準差（標準化迴歸係數值，beta = -0.737）之下年度重傷害及故意殺人犯罪。另外，就本文特別加以關注之死刑是否能有效地嚇阻（減少）犯罪之發生而論，根據本表之資料可得知，執行死刑無法有效地嚇阻（減少）下年度重傷害及故意殺人犯罪。復次，無期徒刑亦無法有效地嚇阻（減少）下年度重傷害及故意殺人犯罪。

表 3-14　影響下年度重傷害及故意殺人犯罪（1993年至2015年）相關因數（原因變項）之多元迴歸分析統計數據結果一覽表（本表係使用強迫進入法之迴歸分析方式）[108]

自變項（解釋因數，independent variable）之名稱 / 多元迴歸分析統計數據	標準化迴歸係數值（beta）	標準化迴歸係數值（beta）之顯著度（水準）	條件指標（CI）（檢視自變項是否有嚴重之共線問題）
X1：失業率（1992-2016年）	-0.330	0.000	7.543

---

[108]SPSS軟體之多元迴歸分析之程式語法如下：
　REGRESSION
　/DESCRIPTIVES MEAN STDDEV CORR SIG N
　/MISSING PAIRWISE
　/STATISTICS COEFF OUTS BCOV R ANOVA COLLIN TOL CHANGE ZPP
　/CRITERIA=PIN(.05) POUT(.10)
　/NOORIGIN
　/DEPENDENT killingnext
　/METHOD=ENTER unemploymentrate GNI
　/CASEWISE PLOT(ZRESID) ALL.

表 3-14　影響下年度重傷害及故意殺人犯罪（1993年至2015年）相關因數（原因變項）之多元迴歸分析統計數據結果一覽表（本表係使用強迫進入法之迴歸分析方式）（續）

自變項（解釋因數，independent variable）之名稱　　多元迴歸分析統計數據	標準化迴歸係數值（beta）	標準化迴歸係數值（beta）之顯著度（水準）	條件指標（CI）（檢視自變項是否有嚴重之共線問題）
X2：結婚對數（1998-2013年）			
X3：35歲以上人口之中，男性未婚之比例（1998-2013年）			
X4：離婚率（1998-2013年）			
X5：GNI（平均每人國民所得毛額，以美元為單位）（1992-2016年）	-0.737	0.000	11.224
X6：低收入戶之家庭及就學生活補助金額（1998-2013年）			
X7：緩刑比率（1998-2013年）			
X8：無期徒刑之人數（1998-2013年）			
X9：被執行死刑之人數（1992-2016年）			
X10：當年度之全般刑案破獲率（1992-2016年）			
多元迴歸分析模型整體之R平方解釋量：0.909			

資料來源：自變項、依變項之最原始數據引自中華民國統計資訊網（2018）、法務部統計處（2018）、行政院主計總處（2018）、內政部統計處（2018）、內政部警政署（2018）、內政部警政署刑事警察局（2018）、台灣人權促進會（2018），本表由作者自製。

　　由表3-15影響下下年度重傷害及故意殺人犯罪（1994年至2014年）相關因數（原因變項）之多元迴歸分析統計數據結果一覽表（本表係使用逐步迴歸分析法之迴歸分析方式）之統計資料可得知，依變項為下下年度重傷害及故意殺人犯罪，每提升X3：35歲以上人口之中，男性未婚之比例（1998-2013年）1個單位之標準差（1個標準單位），則可減少0.948個單位之標準差（標準化迴歸係數值，beta = -0.948）之下下年度重傷害及故

意殺人犯罪。

　　犯罪學之學者，Sampson & Laub認為行為人對婚姻之強力附著，可降低犯罪，不過，在臺灣，實際之情形是35歲以上人口之中之男性，如對婚姻未進行強力附著（未婚），反而可大大地降低（reduce）下下年度重傷害及故意殺人犯罪。針對臺灣地區，一個超低薪之社會，行為人對婚姻之強力附著，會造成生活經濟壓力之增加，在此情形之下，Sampson & Laub之理論─「行為人對婚姻之強力附著，可降低犯罪」之主張，未必是正確的，有可能是錯的，可能會誤導臺灣之人口政策。

　　另外，就本文特別加以關注之死刑是否能有效地嚇阻（減少）下下年度重傷害及故意殺人犯罪之發生而論，本文嘗試用強制方式，將死刑投入多元迴歸分析之中，效果不佳，反而無法得出適切之多元迴歸分析模型，如未將死刑投入多元迴歸分析之中，反而能得出適切之多元迴歸分析。根據本表之資料可得知，執行死刑無法有效地嚇阻（減少）下下年度重傷害及故意殺人犯罪。復次，無期徒刑亦無法有效地嚇阻（減少）下下年度重傷害及故意殺人犯罪。

表 3-15　影響下下年度重傷害及故意殺人犯罪（1994年至2014年）相關因數（原因變項）之多元迴歸分析統計數據結果一覽表（本表係使用逐步迴歸分析法之迴歸分析方式）

自變項（解釋因數，independent variable）之名稱 ＼ 多元迴歸分析統計數據	標準化迴歸係數值（beta）	標準化迴歸係數值（beta）之顯著度（水準）	條件指標（CI）（檢視自變項是否有嚴重之共線問題）
X1：失業率（1992-2016年）			
X2：結婚對數（1998-2013年）			
X3：35歲以上人口之中，男性未婚之比例（1998-2013年）	-0.948	0.000	16.325
X4：離婚率（1998-2013年）			

表 3-15 影響下下年度重傷害及故意殺人犯罪（1994年至2014年）相關
因數（原因變項）之多元迴歸分析統計數據結果一覽表（本表
係使用逐步迴歸分析法之迴歸分析方式）（續）

自變項 （解釋因數， independent variable） 之名稱　　多元迴歸分析 　　統計數據	標準化迴 歸係數值 （beta）	標準化迴歸係數 值（beta）之顯 著度（水準）	條件指標（CI） （檢視自變項是 否有嚴重之共線 問題）
X5：GNI（平均每人國民所得毛額， 　　以美元為單位）（1992-2016年）			
X6：低收入戶之家庭及就學生活補助 　　金額（1998-2013年）			
X7：緩刑比率（1998-2013年）			
X8：無期徒刑之人數（1998-2013年）			
X9：被執行死刑之人數（1992-2016 　　年）			
X10：當年度之全般刑案破獲率 　　（1992-2016年）			
多元迴歸分析模型整體之R平方解釋量：0.892			

資料來源：自變項、依變項之最原始數據引自中華民國統計資訊網（2018）、法務部統計處
（2018）、行政院主計總處（2018）、內政部統計處（2018）、內政部警政署（2018）、
內政部警政署刑事警察局（2018）、台灣人權促進會（2018），本表由作者自製。

在表3-16中，表格所使用之迴歸係數（B係數），係為未被加以標準
化之迴歸係數，其意義為每單位X值（自變數、自變項、解釋變項、因變
項、控制變數）之變動時，Y值（依變項、結果變項、應變項、目的變
項）隨著變動之原始量。B係數之性質，正負向則代表X（自變數、自變
項、解釋變項、因變項、控制變數）與Y變項（依變項、結果變項、應變
項、目的變項）之關係方向。通常，未標準化之迴歸係數之正負方向，
會與t值之正負方向，兩者呈現一致化之情形。未標準化之迴歸係數為正
方向時，t值亦為正方向。未標準化之迴歸係數為負方向時，t值亦為負方
向。

　　根據表3-16「各種重要犯罪嚇阻指標及社會指標與犯罪率之同時效應複迴歸分析表（絕對數模式[109]）」之數據，就執行死刑之同一年度內之同時效應而論，死刑對於同一年度內之總犯罪率，並沒有壓制效果，死刑無法抑制總體犯罪率。死刑對於同一年度內之「強姦犯罪率」、「暴力性財產犯罪率」與「擄人勒贖犯罪率」而言，均是沒有統計上之抑制與壓制力道。換言之，國家執行死刑，並不會「抑制」或「降低」同一年度內之「總體犯罪率」、「強姦犯罪率」、「暴力性財產犯罪率」與「擄人勒贖犯罪率」。在殺人犯罪率方面，死刑對於同一年度內之殺人犯罪率，不僅沒有壓制效果，更甚者，會助長殺人案件之發生，且達統計上之顯著水準（迴歸係數為0.18，t值為2.417）。換言之，死刑會促發殺人案件之發生，死刑無法嚇阻或壓制殺人案件之發生。此種之結論，與本文之研究所得，完全一致。吾人不僅要反思，既然死刑會促進殺人犯罪率之發生，死刑即無存在之必要性。因為，法務部一執行死刑，同一年度內之殺人犯罪率，即會上升。筆者擬要提問以下之問題：難道有必要須執行死刑，使殺人案件不斷上揚？死刑是一個好之刑事司法制裁之措施？國家存在之目的，係要促進殺人犯罪率？或者，降低殺人犯罪率？答案應為：沒有必要執行死刑，死刑不是一個好的刑事司法制裁之措施，國家存在之目的，係要降低殺人犯罪率。基此，宜廢止死刑。

---

[109] 所謂「絕對數模式」，乃指影響犯罪率之各個自變項之「絕對數值」，對犯罪率「絕對數值」之影響與效果；而所謂之「相對數模式」，乃指影響犯罪率之各個自變項之「相對數值」（自變數之變化），對犯罪率「相對數值」之影響與效果。相對數模式之定義，乃指前一年自變數之「變化」，是否亦會牽動與影響後一年犯罪率之變化。茲舉一例說明自變數之「相對數值」，以失業率為例，如前一年之失業率，係4%，而今年之失業率係5%，「相對數值」為5－4＝1：亦即，失業率之變化（相對數值），係為+1。請參閱：許春金、吳景芳、李湧清、曾正一、許金標、蔡田木（1994），死刑存廢之探討，行政院研究發展考核委員會。

表 3-16　各種犯罪嚇阻重要指標及社會指標對於犯罪率之同時效應複迴歸分析（絕對數模式）（1961～1990）（每一個細格內中第一個數值為未標準化迴歸係數，而括號內數值則為 t 值）

依變項（結果變項）／自變項（原因變項）	總犯罪率（依變項，應變數）	殺人犯罪率（依變項，應變數）	強姦犯罪率（依變項，應變數）	暴力性財產犯罪率（依變項，應變數）	擄人勒贖犯罪率（依變項，應變數）
被執行死刑之人數（自變項）	.080 (1.089)	.0180 (2.417)*	-.025 (-.868)	-.008 (-1.801)	-1.668(E-04)[110] (-.055)
刑案破獲率（自變項）	.073 (.324)	-.008 (-.49)	-0.21 (-.931)	-.003 (-.520)	4.889(E-04)[111] (.568)
失業率（自變項）	3.848 (3.077)*	.033 (.697)	-.027 (-.376)	.005 (.117)	.009 (1.019)
離婚率（自變項）	59.425 (2.776)*	2.219 (2.985)*	-.127 (-.129)	-.374 (-.494)	-.103 (-1.201)
15～29歲人口比例（自變項）	-2.190 (-4.893)*	-.027 (-1.867)	-.761 (-1.042)	-.029 (-1.901)	.004 (.991)
國民平均所得（自變項）	3.80(E-04)[112] (4.120)*	9.743(E-07)[113] (.247)	-9.009(E-06) (-.668)	5.774(E-07) (.145)	1.083(E-07) (.192)
司法經費（自變項）	-.049 (-4.197)*	-.001 (-2.947)*	-.004(E-04) (-1.266)	6.395(E-04) (1.626)	7.523(E-05) (1.765)
警民比例（自變項）	.635 (.836)	-.007 (-.225)	-.034 (-1.338)	.089 (2.884)*	.001 (.438)
常數	21.568 (.818)	1.292 (.562)	28.897 (1.129)	-.659 (-.500)	-.183 (-1.191)

資料來源：許春金、吳景芳、李湧清、曾正一、許金標、蔡田木（1994），死刑存廢之探討，行政院研究發展考核委員會編印，頁119，並經由作者重新改寫與闡釋其統計實證數據之意義。

備註：*表示P（0.05）已達統計上顯著水準。

---

[110]-1.668(E-04)=-0.0001668

[111]4.889(E-04)=0.0004889

[112]3.80(E-04)=0.000380

[113]9.743(E-07)=0.0000009743

　　再者，筆者將下列重大之犯罪—故意殺人犯罪＋重傷犯罪＋重大恐嚇取財犯罪＋擄人勒贖犯罪＋強盜搶奪犯罪＋強制性交犯罪，進行加總，變成一個新變項，命名爲重大指標犯罪（重大暴力犯罪）。換言之，利用SPSS軟體之加總指令（compute），生成新之變項。其作法爲將故意殺人犯罪、重傷犯罪、重大恐嚇取財犯罪、擄人勒贖犯罪、強盜搶奪犯罪、強制性交犯罪等依變項，進行重新之合併，生成一個新之依變項—重大指標犯罪（重大暴力犯罪）。亦即，重大指標犯罪（重大暴力犯罪）變項＝故意殺人犯罪變項＋重傷犯罪變項＋重大恐嚇取財犯罪變項＋擄人勒贖犯罪變項＋強盜搶奪犯罪變項＋強制性交犯罪變項。之後，檢視何種之自變項，對上開依變項—重大指標犯罪（重大暴力犯罪）變項有影響力。

　　由表3-17影響當年度重大指標犯罪（重大暴力犯罪）（1992年至2016年）相關因數（原因變項）之多元迴歸分析統計數據結果一覽表（本表係使用強迫進入法之迴歸分析方式）之統計資料可得知，依變項爲當年度重大指標犯罪（重大暴力犯罪），每提升35歲以上人口之中，男性未婚之比例1個單位之標準差（1個標準單位），則可降低（reduce）0.934個單位之標準差（標準化迴歸係數值，beta = -0.934）之當年度重大指標犯罪（重大暴力犯罪）。

　　有可能之機率，係爲35歲以上人口之中，男性未婚之身心狀態，有可能會比較穩定。因其爲單身，故有可能較無家庭之經濟上重大負擔，無須教養小孩；35歲以上之單身男性，有較高之經濟所得，此由男性未婚之比例（1998-2013年）與X5：GNI（平均每人國民所得毛額，以美元爲單位）（1992-2016年）等2個自變項相互之間，存有高度共線（高度相關）問題，可以得知。

　　另外，就本書特別加以關注之死刑是否能有效地嚇阻（減少）犯罪之發生而論，根據本表之資料可得知，執行死刑無法有效地嚇阻（減少）當年度重大指標犯罪（重大暴力犯罪）。復次，無期徒刑亦無法有效地嚇阻（減少）當年度重大指標犯罪（重大暴力犯罪）。

表 3-17　影響當年度重大指標犯罪（重大暴力犯罪）（1992年至2016年）相關因數（原因變項）之多元迴歸分析統計數據結果一覽表（本表係使用強迫進入法之迴歸分析方式）[114]

自變項（解釋因數，independent variable）之名稱 ＼ 多元迴歸分析統計數據	標準化迴歸係數值（beta）	標準化迴歸係數值（beta）之顯著度（水準）	條件指標（CI）（檢視自變項是否有嚴重之共線問題）
X1：失業率（1992-2016年）			
X2：結婚對數（1998-2013年）			
X3：35歲以上人口之中，男性未婚之比例（1998-2013年）	-0.934	0.000	16.325
X4：離婚率（1998-2013年）			
X5：GNI（平均每人國民所得毛額，以美元為單位）（1992-2016年）			
X6：低收入戶之家庭及就學生活補助金額（1998-2013年）			
X7：緩刑比率（1998-2013年）			
X8：無期徒刑之人數（1998-2013年）			
X9：被執行死刑之人數（1992-2016年）			
X10：當年度之全般刑案破獲率（1992-2016年）			
多元迴歸分析模型整體之R平方解釋量：0.862			

資料來源：自變項、依變項之最原始數據引自中華民國統計資訊網（2018）、法務部統計處（2018）、行政院主計總處（2018）、內政部統計處（2018）、內政部警政署（2018）、內政部警政署刑事警察局（2018）、台灣人權促進會（2018），本表由作者自製。

---

[114]SPSS軟體之多元迴歸分析之程式語法如下：
REGRESSION
　/DESCRIPTIVES MEAN STDDEV CORR SIG N
　/MISSING PAIRWISE
　/STATISTICS COEFF OUTS R ANOVA COLLIN TOL CHANGE ZPP
　/CRITERIA=PIN(.05) POUT(.10)
　/NOORIGIN
　/DEPENDENT Bigcrime
　/METHOD=ENTER over35manunmarryrate
　/CASEWISE PLOT(ZRESID) ALL.

　　由表3-18影響下年度重大指標犯罪（重大暴力犯罪）[115]（1993年至2015年）相關因子（原因變項）之多元迴歸分析統計數據結果一覽表（本表係使用強迫進入法之迴歸分析方式）之統計資料可得知，依變項為下年度重大指標犯罪（重大暴力犯罪），每提升35歲以上人口之中，男性未婚之比例（1998-2013年）1個單位之標準差（1個標準單位），則可減少0.942個單位之標準差（標準化迴歸係數值，beta = -0.942）之下年度重大指標犯罪（重大暴力犯罪）。另外，就本書特別加以關注之死刑是否能有效地嚇阻（減少）犯罪之發生而論，根據本表之資料可得知，執行死刑無法有效地嚇阻（減少）下年度重大指標犯罪（重大暴力犯罪）。復次，無期徒刑亦無法有效地嚇阻（減少）下年度重大指標犯罪（重大暴力犯罪）。

表 3-18　影響下年度重大指標犯罪（重大暴力犯罪）（1993年至2015年）相關因子（原因變項）之多元迴歸分析統計數據結果一覽表（本表係使用強迫進入法之迴歸分析方式）[116]

自變項（解釋因數，independent variable）之名稱　多元迴歸分析統計數據	標準化迴歸係數值（beta）	標準化迴歸係數值（beta）之顯著度（水準）	條件指標（CI）（檢視自變項是否有嚴重之共線問題）
X1：失業率（1992-2016年）			
X2：結婚對數（1998-2013年）			

[115] 重大指標犯罪（重大暴力犯罪）＝故意殺人犯罪＋重傷犯罪＋重大恐嚇取財犯罪＋擄人勒贖犯罪＋強盜搶奪犯罪＋強制性交犯罪。

[116] SPSS軟體之多元迴歸分析之程式語法如下：

```
REGRESSION
 /DESCRIPTIVES MEAN STDDEV CORR SIG N
 /MISSING LISTWISE
 /STATISTICS COEFF OUTS R ANOVA COLLIN TOL CHANGE ZPP
 /CRITERIA=PIN(.05) POUT(.10)
 /NOORIGIN
 /DEPENDENT Bigcrimenext
 /METHOD=ENTER over35manunmarryrate
 /CASEWISE PLOT(ZRESID) ALL.
```

表 3-18　影響下年度重大指標犯罪（重大暴力犯罪）（1993年至2015年）相關因子（原因變項）之多元迴歸分析統計數據結果一覽表（本表係使用強迫進入法之迴歸分析方式）（續）

自變項（解釋因數，independent variable）之名稱	多元迴歸分析統計數據	標準化迴歸係數值（beta）	標準化迴歸係數值（beta）之顯著度（水準）	條件指標（CI）（檢視自變項是否有嚴重之共線問題）
X3：35歲以上人口之中，男性未婚之比例（1998-2013年）		-0.942	0.000	16.325
X4：離婚率（1998-2013年）				
X5：GNI（平均每人國民所得毛額，以美元為單位）（1992-2016年）				
X6：低收入戶之家庭及就學生活補助金額（1998-2013年）				
X7：緩刑比率（1998-2013年）				
X8：無期徒刑之人數（1998-2013年）				
X9：被執行死刑之人數（1992-2016年）				
X10：當年度之全般刑案破獲率（1992-2016年）				
多元迴歸分析模型整體之R平方解釋量：0.880				

資料來源：自變項、依變項之最原始數據引自中華民國統計資訊網（2018）、法務部統計處（2018）、行政院主計總處（2018）、內政部統計處（2018）、內政部警政署（2018）、內政部警政署刑事警察局（2018）、台灣人權促進會（2018），本表由作者自製。

　　由表3-19無期徒刑與當年度重大指標犯罪（重大暴力犯罪）、下年度重大指標犯罪（重大暴力犯罪）、下下年度重大指標犯罪（重大暴力犯罪）Pearson相關分析之統計數據結果一覽表之統計資料可得知，無期徒刑與當年度重大指標犯罪（重大暴力犯罪）之Pearson相關係數，乃為0.749，且已達顯著性（p = 0.001），顯示無期徒刑與當年度重大指標犯罪（重大暴力犯罪）兩者之間，存有高度之正相關。無期徒刑與下年度重大指標犯罪（重大暴力犯罪）之Pearson相關係數，乃為0.721，且已達

顯著性（p = 0.002），顯示無期徒刑與下年度重大指標犯罪（重大暴力犯罪）兩者之間，存有高度之正相關。

　　無期徒刑與下下年度重大指標犯罪（重大暴力犯罪）之Pearson相關係數，乃為0.776，且已達極顯著性（p = 0.000），顯示無期徒刑與下下年度重大指標犯罪（重大暴力犯罪）兩者之間，存有高度之正相關。

表 3-19　無期徒刑與當年度重大指標犯罪（重大暴力犯罪）、下年度重大指標犯罪（重大暴力犯罪）、下下年度重大指標犯罪（重大暴力犯罪）Pearson相關分析之統計數據結果一覽表[117]

		無期徒刑	當年度重大指標犯罪（重大暴力犯罪）	下年度重大指標犯罪（重大暴力犯罪）	下下年度重大指標犯罪（重大暴力犯罪）
無期徒刑	Pearson相關	1	.749**	.721**	.776**
	顯著性（雙尾）		.001	.002	.000
	個數	16	16	16	16
當年度重大指標犯罪（重大暴力犯罪）	Pearson相關	.749**	1	.875**	.692**
	顯著性（雙尾）	.001		.000	.000
	個數	16	25	24	23
下年度重大指標犯罪（重大暴力犯罪）	Pearson相關	.721**	.875**	1	.874**
	顯著性（雙尾）	.002	.000		.000
	個數	16	24	24	23
下下年度重大指標犯罪（重大暴力犯罪）	Pearson相關	.776**	.692**	.874**	1
	顯著性（雙尾）	.000	.000	.000	
	個數	16	23	23	23
**在顯著水準為0.01時（雙尾），相關顯著。					

資料來源：作者自製。

---

[117]SPSS軟體之相關分析之程式語法如下：
CORRELATIONS
　/VARIABLES=nonderterminsentence Bigcrime Bigcrimenext Bigcrime2next
　/PRINT=TWOTAIL NOSIG
　/MISSING=PAIRWISE.

　　由表3-20執行死刑與當年度重大指標犯罪（重大暴力犯罪）、下年度重大指標犯罪（重大暴力犯罪）、下下年度重大指標犯罪（重大暴力犯罪）Pearson相關分析之統計數據結果一覽表之統計資料可得知，執行死刑與當年度重大指標犯罪（重大暴力犯罪）之Pearson相關係數，乃為0.329，未達顯著性（p = 0.109 > 0.05），顯示執行死刑與當年度重大指標犯罪（重大暴力犯罪）兩者之間，未存有相關。執行死刑與下年度重大指標犯罪（重大暴力犯罪）之Pearson相關係數，乃為0.376，未達顯著性（p = 0.070 > 0.05），顯示執行死刑與下年度重大指標犯罪（重大暴力犯罪）兩者之間，亦未存有相關。

　　執行死刑與下下年度重大指標犯罪（重大暴力犯罪）之Pearson相關係數，乃為0.470，且已達顯著性（p = 0.024 < 0.05），顯示執行死刑與下下年度重大指標犯罪（重大暴力犯罪）兩者之間，存有高度之正相關。執行死刑次數越多，下下年度重大指標犯罪（重大暴力犯罪）之數量亦會越多，兩者呈現正向之互動性。

　　一般社會大眾咸認為，執行死刑與下下年度重大指標犯罪（重大暴力犯罪）兩者之間，存有高度之負相關。執行死刑次數越多，下下年度重大指標犯罪（重大暴力犯罪）之數量就會越少，兩者呈現負向之互動性，這僅是一種心理上之主觀預期效應，未經科學實證檢驗。本文運用統計分析之技術，經科學實證檢驗，得到之結論，乃為執行死刑與下下年度重大指標犯罪（重大暴力犯罪）兩者之間，存有高度之正相關，而非存有高度之負相關。容本文再強調一次，所謂有高度之正相關，指執行死刑次數越多，下下年度重大指標犯罪（重大暴力犯罪）之數量亦會越多，下下年度重大指標犯罪（重大暴力犯罪）會越來越嚴重，社會治安會越來越差。

表 3-20　執行死刑與當年度重大指標犯罪（重大暴力犯罪）、下年度重大指標犯罪（重大暴力犯罪）、下下年度重大指標犯罪（重大暴力犯罪）Pearson相關分析之統計數據結果一覽表[118]

		死刑執行人數	當年度重大指標犯罪（重大暴力犯罪）	下年度重大指標犯罪（重大暴力犯罪）	下下年度重大指標犯罪（重大暴力犯罪）
死刑執行人數	Pearson相關	1	.329	.376	.470*
	顯著性（雙尾）		.109	.070	.024
	個數	25	25	24	23
當年度重大指標犯罪（重大暴力犯罪）	Pearson相關	.329	1	.875**	.692**
	顯著性（雙尾）	.109		.000	.000
	個數	25	25	24	23
下年度重大指標犯罪（重大暴力犯罪）	Pearson相關	.376	.875**	1	.874**
	顯著性（雙尾）	.070	.000		.000
	個數	24	24	24	23
下下年度重大指標犯罪（重大暴力犯罪）	Pearson相關	.470*	.692**	.874**	1
	顯著性（雙尾）	.024	.000	.000	
	個數	23	23	23	23

*在顯著水準為0.05時（雙尾），相關顯著。
**在顯著水準為0.01時（雙尾），相關顯著。

資料來源：作者自製。

　　綜上之統計分析，執行死刑、無期徒刑均無法有效地嚇阻（減少）下列各式之犯罪：

　　（一）執行死刑、無期徒刑無法有效地嚇阻（減少）當年度刑案發生

---

[118]SPSS軟體之相關分析之程式語法如下：
　CORRELATIONS
　/VARIABLES=死刑執行人數 Bigcrime Bigcrimenext Bigcrime2next
　/PRINT=TWOTAIL NOSIG
　/MISSING=PAIRWISE.

率之發生。

　　（二）執行死刑、無期徒刑無法有效地嚇阻（減少）下年度刑案發生率之發生。

　　（三）執行死刑、無期徒刑無法有效地嚇阻（減少）當年度重傷害及故意殺人犯罪之發生。

　　（四）執行死刑、無期徒刑無法有效地嚇阻（減少）下年度重傷害及故意殺人犯罪之發生。

　　（五）執行死刑、無期徒刑無法有效地嚇阻（減少）下下年度重傷害及故意殺人犯罪之發生。

　　（六）執行死刑、無期徒刑無法有效地嚇阻（減少）當年度重大指標犯罪之發生。

　　（七）執行死刑、無期徒刑無法有效地嚇阻（減少）下年度重大指標犯罪之發生。

　　綜上，死刑、無期徒刑在抗制重大指標犯罪方面，尤其是死刑，可謂是一種極其失敗的、極其無效的、聊備一格的、極其落後的、非常不文明的、極其浪費有限司法資源的、浪費受刑人青春歲月之仇恨型、浪費型、報復型、以牙還牙型、以暴制暴型之刑事政策。死刑、無期徒刑之功能，僅剩下報復、以牙還牙之仇恨型效益，實不足取。簡言之，本文贊成廢掉死刑，以保障本國公民及外來人口之生命權及人身自由權。

第八節　結論

壹、國際法及各國憲法脈絡下之人權保障

　　筆者再次重申人權（含外來人口）既然是「身為一個人（含外來人口）應擁有之權利」，對於號稱以人權立國之臺灣，似宜認真地思考：應對外國人之人權保障，加以明文入憲為佳。再者，廖福特教授（2011）主

張，我國宜設置國家人權委員會[119]，如此，人權（含外來人口）始能眞正大步走。截至2018年下半年爲止，我國政府現有三大人權保障組織機制，包括：一、總統府人權諮詢委員會[120]；二、行政院人權保障推動小組[121]；三、監察院人權保障委員會[122]，但尙未設置國家人權委員會。

　　憲法作爲人民（含外來人口）權利之保障書，依據汪子錫教授（2012）之見解，研究憲法首先就是要講人權，故人權之實現一定靠憲法條文保障[123]，我國在憲法本文第二章明定人民之權利義務，第十二章明定選舉、罷免、創制、複決，第十三章及憲法增修條文第10條則分別明定基本國策，尤其歷經七次修憲，其中憲法第二章人民之權利義務內容，竟未有任何更動，另在歷年來司法院大法官會議解釋努力之下，多次引用兩公約[124]，肯認並充實各項基本人權，尤其在司法院大法官會議釋字第708號、第710號[125]，係大法官第一次審視我國對於外來人口有關收容干涉人民身體自由是否合憲？開啓本國人與外國人及大陸地區人民之維護人身自由之提審法大門，確實保障各類型受逮捕拘禁者，不僅是被刑事羈押之人，亦包括大陸地區人民及外國人，直指憲法第8條關於人身自由之保障應及於外來人口，使其與本國人同受保障，是以被逮捕、拘禁之「人

---

[119] 舉亞洲國家，如南韓、泰國、馬來西亞及菲律賓等國均設置國家人權委員會，依據聯合國巴黎原則（Paris Principles），建立一個獨立行使職權，有效發揮保障人權之超然機關。廖福特（2011），國家人權委員會，五南圖書，頁1-13。

[120] 汪子錫（2012），憲政體制與人權保障，秀威資訊出版社，頁255。

[121] 李酉潭（2011），自由人權與民主和平：臺灣民主化的核心價值，五南圖書，頁65-66。

[122] 行政院研究發展考核委員會（2005），憲政體制與人權保障，行政院研究發展考核委員會，頁11-13。

[123] 汪子錫（2012），憲政體制與人權保障，秀威資訊出版社，頁213-234。

[124] 釋字第392號、第582號、第636號、第665號、第670號、第682號、第684號、第689號、第690號、第694號、第696號、第697號、第699號、第701號、第708號、第709號、第710號、第711號、第712號、第715號、第718號、第724號，可見早從84年釋字第392號起，大法官直到98年10月16日釋字第665號始頻繁引用兩公約，以落實兩公約保障人權之精神並與國際人權接軌。司法院網站（2018），釋字第710號解釋理由書，https://www.judicial.gov.tw/，瀏覽日期：2018.8.15。

[125] 2013年7月5日釋字第710號關於大陸地區人民之強制出境暨收容案理由書，提及強制經許可合法入境之大陸地區人民出境，應踐行相應之正當程序，引用公民與政治權利國際公約第13條、歐洲人權公約第七號議定書第1條。司法院網站（2018），人權專區，https://www.judicial.gov.tw/rights/，瀏覽日期：2018.8.15。

民」，應及於非本國人，本文作者並再次強調，應「維護、捍衛外來人口之人性尊嚴」。但比較各國憲法及相關國際法，我國法制顯然對外來人口相關人權保障，尚有未完善之處。

本文之重大發現如下：

一、1948年聯合國發表世界人權宣言，列出30條人人均應該享有之人權，其中多條權利被參考編入現今國家之憲法條文中，尤其是所謂「人身自由」（含外來人口），是一切基本人權核心基礎，我國憲法第8條是憲法本文條文中字數最多亦是內容最詳細之條文，開宗明義規定人民身體之自由應予保障。人民受到逮捕拘禁之程序、拘禁、逮捕機關之告知義務，非依法定程序之逮捕、拘禁、審問、處罰，得拒絕之。移送法院審問之法定24小時及本人或他人亦得聲請該管法院，於24小時內向逮捕之機關提審救濟程序等。

二、本文發現，迄今2018年為止，2000年公布之歐洲聯盟基本權利憲章是國際上有關人權保障最完整之法律文件之一，其中第3條人身自主權（right to the integrity of the person）（含外來人口人身自主權）更提及先進前衛之醫藥與生物領域：禁止基因改造醫療行為（the prohibition of eugenic practices）、禁止為營利而為人體與器官複製（the prohibition on making the human body and its parts as such a source of financial gain）及禁止複製人之行為（the prohibition of the reproductive cloning of human beings）等，相當值得臺灣參考之，亦均宜適用於在臺外來人口之人權保障之射程之內。

三、「人身自由」之基本人權，任何人不分國籍均應同受保障，亦應及於外國人，世界各國之立法例上，發現德國對所有剝奪人身自由（含外來人口）之處分一律採法官保留之制度，因德國基本法第104條第2項規定：「唯法官始得判決可否剝奪自由及剝奪之持續時間。此項剝奪如非根據法官之命令，須即時請求法官判決。」本文應用2018年世界盃足球賽熱門時事之用語，百分之百落實所謂「法官保留」制度，賦予法官人權保障「守門員」角色，較（移民）行政機關更值得信賴，始不會產生所謂「烏龍球」，此亦是本文作者多年來之一貫立場，從未改變之。亦即，唯有

法官（judge），始得判決可否對外來人口剝奪自由及剝奪自由之持續時間。（移民）行政機關不是法官，無權判決可否對外來人口剝奪自由及剝奪自由之持續時間。

四、針對外國人之投票權問題，本文發現，甚至連中南美洲及非洲國家亦開放外國人符合若干之規定，即擁有投票權：外國人無前科紀錄、品行端正、具永久居留權，或居住超過一定時間。以投票權為例，其中烏拉圭憲法規定需至少居住滿15年以上，智利憲法規定居住滿5年，且以地方性選舉為主；另歐洲聯盟（EU）組織之成員國，亦會開放給其他同組織成員國之公民投票權。

五、本文發現，2006年修正之挪威王國憲法於第110條之3規定[126]：「國家機關有責任尊重和保障人權。執行有關國際公約之具體規定，由法律確定。」可見，挪威尊重和保障人權（含外來人口）之憲法本文規定[127]，落實國家承擔國際法保障人權之責任及義務。

六、目前多數國家及歐洲聯盟會員國將廢除死刑（含外來人口）之規定寫入憲法文本[128]，本文發現德國基本法第102條明文規定：「死刑應予廢止。」[129]因為德國基本法第1條規定：「人之尊嚴不可侵犯。尊重和保護人之尊嚴是一切國家權力之義務。德意志人民承認不可侵犯與不可讓

---

[126] Article 110c: It is the responsibility of the authorities of the State to respect and ensure human rights. Specific provisions for the implementation of treaties thereon shall be determined by law.

[127] 非政府組織「自由之家」（Freedom House）每年均會公布「世界自由國家調查」報告（Freedom in the World），依據上該組織於2018年所公布之「世界自由國家調查」報告（Freedom in the World 2018: Democracy in Crisis），接受評比、調查之國家，計有195個，其中，有88國被評比「自由」，比例約為45.128%，算是差強人意。「世界自由國家調查」報告所評鑑之法律依據，係世界人權宣言。於世界人權宣言之中，有兩個人權指標，分別為：（一）「政治權利」（political rights）；（二）「公民自由」（civil liberties）。是以，「自由之家」即依據上述兩個人權指標，進行評量某國之自由度。在指標之題數區塊，共設計「政治權利」計有10項；及「公民自由」計有15項，2018年，得到滿分100之頂尖國家，共計有挪威、芬蘭及瑞典3個國家。自由之家網站（2018），2018世界自由國家調查，https://freedomhouse.org，瀏覽日期：2018.8.15。

[128] 歐盟規定所有會員國在加入歐盟之前，必須要廢除死刑。王玉葉（2015），歐洲聯盟法研究，元照，頁101-142。

[129] Article 102 [Abolition of capital punishment]: Capital punishment is abolished.

與之人權，爲一切人類社會以及世界和平與正義之基礎。」[130]依據這一條
款，人之尊嚴（human dignity，含外來人口）是受到國家絕對保障的，沒
有任何憲法價值可以與其權衡，觸及違背人之尊嚴（含外來人口）之國家
行爲，被憲法絕對禁止之。我國之憲法文本，缺乏如同上述德國基本法第
1條、第102條明文之規定。

　　七、本文根據實證統計之數據，發現死刑、無期徒刑無法有效地嚇阻
（減少）絕大多數之犯罪；本文贊成站在憲法之高度，仿照德國基本法第
102條之規範，明文規定：「死刑應予廢止。」更甚者，無期徒刑之副作
用，「增加」殺人犯罪之力道，較執行死刑更加強烈。無期徒刑可謂是成
事不足，敗事足足有餘。

貳、我國憲法基本權利之規範法制嚴重地與國際人權法制脫軌，建議我國似宜與國際人權法制相互、密切地接軌

　　憲法係國家最重要法律，人民（含外來人口）又爲國家之根本，人權
是所有人（含外來人口）與生俱來之權利，從基本人權之角度出發，外來
人口亦宜與本國國民享有相同之權利，均平等地享有之爲妥適。我國憲法
對於人權之保障，係採所謂之列舉及概括設計方式，除憲法列舉各條權利
之外，另有憲法第22條之概括性條款[131]。許慶雄教授（2016）認爲，人權
既是權利，亦是義務，國家政府應承擔國際法下之責任和義務[132]，尊重、
保護和兌現人權（含外來人口）[133]。誠如李震山大法官直指我國憲法在第

---

[130] Article 1 [Human dignity - Human rights - Legally binding force of basic rights]: 1.Human dignity shall be inviolable. To respect and protect it shall be the duty of all state authority. 2.The German people therefore acknowledge inviolable and inalienable human rights as the basis of every community, of peace and of justice in the world.

[131] 我國憲法第22條規定：「凡人民之其他自由及權利，不妨害社會秩序公共利益者，均受憲法之保障。」

[132] 德國於1970年代，國家「基本權保護義務論」（grundrechtliche Schutzpflicht des Staates）興起，表示國家負有義務並採取措施，保護人民之基本權。許慶雄（2016），人權論：現代與近代的交會，元照，頁12-17。

[133] 兩公約施行法第4條規定：「各級政府機關行使其職權，應符合兩公約有關人權保障之規

二章中所列舉許多基本權利，隨著科技進步及時代演變，已不能滿足所謂「新興人權4G時代」[134]，尤其是大法官常使用憲法第22條之概括性人權保障條款，類似連結吃到飽之功能，恐會造成人權大塞車。李震山大法官亦認為，大法官釋憲屬司法權，應是被動性，以免造法[135]。又，大法官陳新民亦認為，畢竟「大法官造法」不能成為常態[136]，套句2018年世界盃足球賽時事之新潮流用語，最後，球權仍是要回到立法院之戰場。

憲法所未列舉之權利，我國目前之作法，經由「大法官造法」，全部均可以從憲法第22條之概括性條款加以導出之。我國憲法第22條已成人權之萬用條款，實容有精進之處。根據許玉秀大法官（2017）之觀察，目前，從憲法第22條所導出之基本權，計包括：人性尊嚴、締結婚姻自由、維護家庭、姓名權、人格權（包括非法人團體）、名譽權、隱私權、契約自由、資訊自主權、一般行動自由、性自主權、身體權、收養子女自由、職業選擇自由、職業執行自由、同性婚姻權等等[137]。

但是，絕大多數之司法院大法官會議之解釋文，均未詳細地論及外來人口亦享有上述之相關權利。外來人口是否亦可享有：人性尊嚴、締結婚姻自由、維護家庭、姓名權、人格權（包括非法人團體）、名譽權、隱私權、契約自由、資訊自主權、一般行動自由、性自主權、身體權、收養子女自由、職業選擇自由、職業執行自由、同性婚姻權等等，仍是處在一種非常不明確之狀態。

再者，「大法官造法」，業已非常嚴重地侵犯人民之立憲權，以同性婚姻權為例，司法院大法官是否有權利解釋同性婚姻權亦屬於憲法第22條所保障之基本權？本文持非常否定之看法，畢竟，司法院大法官會議之見

定，避免侵害人權，保護人民不受他人侵害，並應積極促進各項人權之實現。」

[134] 我國憲法第22條是容納新興人權之地，此新興人權包括與個人有關之人格權、資訊自決權、隱私權，與自然環境相關之環境權。李震山（2011），人性尊嚴與人權保障，元照，頁300-314。

[135] 李震山（2004），多元、寬容與人權保障——以憲法未列舉權之保障為中心，元照，頁1-8。

[136] 釋字第725號解釋大法官陳新民部分協同、部分不同意見書，頁16-18。

[137] 許玉秀（2017），重新建置憲法基本權篇章，https://www.upmedia.mg/news_info.php?SerialNo=31921。

解，不等同於臺灣2,357萬民眾[138]之態度與意見，「大法官造法」嚴重地破壞我國立法權與司法權之界限。司法院大法官會議之角色，以同性婚姻權之釋憲為例，已成為我國憲法之太上機關、造憲機關，我國司法院大法官亦樂此不倦，實有不妥之處，本文不表贊同之。

我國如擬成為世界強國，絕對有必要吸引外來高階專技人才與相關之外來人口來臺，對於渠等之基本人權，假若我國充分保障之，渠等必能感受到臺灣之善意環境，較有意願留臺，為我國貢獻所能。基此，本文提出以下涉及如何保障外來人口基本權利之建言，供作研究人權參考之用，期望能為外來人口打造出一個友善與優質之生活環境，令外來人口愛上這個國家與土地，願意為我國貢獻其所長，使臺灣逐步朝向世界強國之林邁進。本文綜整以上之文獻之後，就憲法之高度，提出以下之建言：

一、人權之核心理念與價值在於「人性尊嚴」（human dignity），人格尊嚴之保障（含外來人口）應為憲法之最基本精神與基礎，世界人權宣言第1條開宗明義規定：「人人皆生而自由；在尊嚴及權利均一律平等。」另比照歐洲聯盟基本權利憲章第1條：「人性尊嚴不可侵犯，其必須受尊重與保護。」德國基本法第1條第1項：「人之尊嚴不可侵犯。尊重和保護人之尊嚴是一切國家權力之義務。」及中華人民共和國憲法第38條：「中華人民共和國公民之人格尊嚴不受侵犯。禁止用任何方法對公民進行侮辱、誹謗和誣告陷害。」等之相關規範，相較之下，我國憲法本文中並未直接使用此一概念，但我國憲法增修條文第9條第5項規定：「國家應維護婦女之人格尊嚴，保障婦女之人身安全，消除性別歧視，促進兩性地位之實際平等」，按條文觀之雖有提及「婦女之人格尊嚴」，不過似乎侷限在於促進兩性地位之實際平等，建議我國憲法應站在更寬廣之角度，在憲法本文第二章人民之權利義務之條文之中，將「人性尊嚴」予以入憲明文保障，大步追上國際人權法之新發展趨勢，並對於人性尊嚴加以「尊重」及「保障」。

二、再者，宜對臺灣社會大眾教育以下涉及外來人口之人性尊嚴之觀

---

[138] 參見內政部網站（2018），統計報告／內政統計通報—107年第15週，https://www.moi.gov.tw/stat/，瀏覽日期：2018.8.20。

念，亦即：「外來人口之人性尊嚴不可侵犯。尊重和保護外來人口之人性尊嚴是一切國家權力之義務與使命。中華民國人民承認不可侵犯與不可讓與外來人口之人權，爲一切人類社會以及世界和平與正義之實質基礎與根基。」

三、我國憲法實宜賦予外來人口與本國人享有同等之人身自由保障，建議我國憲法第8條人身自由保障（含外來人口）之相關規範，應學習德國基本法第104條第2項[139]規定，唯法官始得判決可否剝奪自由及剝奪之持續時間；此項剝奪如非根據法官之命令，須即時請求法官判決。德國法律對所有「刑事被告」與「非刑事被告」人身自由之「剝奪」（含外來人口），一律嚴格要求適用「法官保留」原則。本文應用2018年世界盃足球賽熱門時事之用語，賦予法官人權保障「守門員」角色，較行政機關更值得信賴，始不會產生所謂「烏龍球」，百分之百落實所謂「法官保留」制度，眞正符合憲法「正當法律程序」（due process of law）對人權（含外來人口）保障之要求。

四、外國人所享有之權利，依據陳榮傳教授之觀點，通常均按照「互惠原則」（principal of reciprocity）[140]。本文建議，在不損害我國主權之情況下，宜於憲法之中，對於外來人口合法權利及利益給予明文規範保障。復次，鑑於兩岸人權評比之結果，臺灣應更進步之觀點[141]，既然，中

---

[139] Article 104 [Deprivation of liberty]: 2.Only a judge may rule upon the permissibility or continuation of any deprivation of liberty. If such a deprivation is not based on a judicial order, a judicial decision shall be obtained without delay. The police may hold no one in custody on their own authority beyond the end of the day following the arrest. Details shall be regulated by a law.

[140] 在外國人權利保障及涉及平等權之相關法律或司法實務上，以「我國國民於該外國可享有同等權利」，即「對等互惠原則」，即我國國民於該外國可享有同等權利，我國一樣給予相同權利，例如中華民國憲法第141條、入出國及移民法第95條、臺灣地區與大陸地區人民關係條例第29條之1第1項、海峽兩岸共同打擊犯罪及司法互助協議第10條。陳榮傳（2015），國際私法實用：涉外民事案例研析，五南圖書，頁92-100。

[141] 根據自由之家網站（2018）之資訊，非政府組織「自由之家」（Freedom House）公布「2018世界自由國家調查」報告，非政府組織「自由之家」將臺灣評比93分（滿分100），分數相當高，且臺灣整體自由度爲1（評比1爲最自由），臺灣「政治權利」與「公民自由」，亦分別獲1（評比分7級，1爲最自由），臺灣屬「自由國家」；非政府組織「自由之家」將中國評比14分，分數相當低，名列「不自由國家」。本文建議中國大陸宜積極地保障民眾之「政治權利」與「公民自由」，以上請參閱：自由之家網站（2018），2018世界自由國家調查，https://freedomhouse.org，瀏覽日期：2018.8.15。

華人民共和國憲法第32條第1款業已規定：「中華人民共和國保護在中國境內之外國人之合法權利和利益，在中國境內之外國人必須遵守中華人民共和國之法律。」建議我國憲法亦宜明文規範對於外來人口合法權利及利益，給予保障之規定。

五、中國早在2004年通過憲法修正案，首次將「人權」概念引入憲法，中華人民共和國憲法第33條第3款規定：「國家尊重和保障人權。」鑑於兩岸人權之評比，臺灣應更進步之觀點，臺灣現行法律雖亦有相關保護人權條款，如兩公約施行法第4條及第5條[142]，然其層次，僅為法律，似宜提升至憲法層級為佳。本文呼籲我國憲法宜將人權保障（含外來人口）明確寫入憲法，表示臺灣有承擔國際法下之責任和義務，進而尊重（respect）、保護（protect）與實現（fulfill）人權（含外來人口）。

六、我國憲法宜比照歐洲聯盟基本權利憲章第2條：「1.人人均享有生命權。（Everyone has the right to life.）2.不論何人均不受死刑判決或受死刑執行。（No one shall be condemned to the death penalty, or executed.）」，憲法本文宜明文廢止死刑。因為生命權（the right to life）為諸權利之首，為了充分地保障外來人口及本國人民之生命權，我國憲法本文宜仿照德國基本法第102條之規定：「死刑應予廢止。」明文廢止死刑。另外，有關於無期徒刑之實際成效方面，本文建議，實有必要再做進一步之多元、實證上之評估，再做刑事政策上之取捨。不過，本文認為，未來憲法宜朝向明文廢止無期徒刑之方向前進，俾利充分地保障外來人口及本國人民之人身自由權。

七、源於1965年消除一切形式種族歧視國際條約（International Convention on the Elimination of All Forms of Racial Discrimination）規定禁止「種族歧視」（race discrimination）、公民與政治權利國際公約第26

---

[142] 兩公約施行法第5條第2項規定：「政府應與各國政府、國際間非政府組織及人權機構共同合作，以保護及促進兩公約所保障各項人權之實現。」

條[143]、經濟社會文化權利國際公約第2條第2項[144]、歐洲聯盟基本權利憲章第21條「不受歧視原則」（equality before the law）[145]、南非憲法[146]第9條[147]等之相關規範與啓示，雖然，我國憲法第5條規定：「中華民國各民族一律平等。」第7條規定：「中華民國人民，無分男女、宗教、種族、階級、黨派，在法律上一律平等。」憲法增修條文第10條第11項規定積極維護發展原住民族語言及文化、同條第12項保障原住民族之地位及政治參與，然在「平等」（equality）權之保障機制，尚非完整化、全面化、精緻化。本文認爲人權最核心之價值就是「平等」（equality），我國在落

---

[143] 公民與政治權利國際公約第26條規定：「人人在法律上一律平等，且應受法律平等保護，無所歧視。在此方面，法律應禁止任何歧視，並保證人人享受平等而有效之保護，以防因種族、膚色、性別、語言、宗教、政見或其他主張、民族本源或社會階級、財產、出生或其他身分而生之歧視。」

[144] 經濟社會文化權利國際公約第2條第2項規定：「本公約締約國承允保證人人行使本公約所載之各種權利，不因種族、膚色、性別、語言、家教、政見或其他主張、民族本源或社會階級、財產、出生或其他身分等等而受歧視。」

[145] 歐洲聯盟基本權利憲章第21條規定：「1.任何基於性別、種族、膚色、血源或社會背景、面容外貌、語言、宗教與信念、政治或任何其他意見、少數族裔成員、財產、出生、殘障、年齡或性傾向之歧視，均應被禁止。2.在適用歐洲共同體條約與歐盟條約之範圍內，任何基於國籍之歧視均應被禁止。」

[146] 南非國家之轉型最大意義於1996年制定之新憲法，結束了300多年之種族隔離制度，主張人性尊嚴（第10條）、自由（第二章權利法案Bill of Rights）、及平等（第9條）爲南非新憲法之基本核心，有學者認爲是繼美國憲法及德國基本法，最爲進步之成文憲法，Goldstone, Richard J. (1997). The South Africa Bill of Rights, Texas International Law Journal 32 No. 3, pp. 451-469.; Sarkin, Jeremy (1999). The Drafting of South Africa's Final Constitution from a Human-Rights Perspective, The American Journal of Comparative Law, 47 No. 1, pp. 67-87.

[147] 第9條　平等
1.任何人在法律之前均是平等的。平等地受法律保護，平等地享受法律所規定之權利。（Everyone is equal before the law and has the right to equal protection and benefit of the law.）2.平等包括完全及公平地享受所有之權利和自由。（Equality includes the full and equal enjoyment of all rights and freedoms.）爲了促進平等之實現，可採取立法或其他措施以保護個人或團體。3.國家不得對任何人進行不公平之直接歧視或間接歧視。（The state may not unfairly discriminate directly or indirectly against anyone.）無論該歧視是基於種族、性別、懷孕狀況、婚姻狀況、族裔或社會出身、膚色、性傾向、年齡、殘疾、宗教、善惡觀念、信仰、文化、語言、出生等任何一方面或幾方面理由。4.依照第3.之規定，任何人不得基於上述一種或多種理由直接或間接地歧視他人。（No person may unfairly discriminate directly or indirectly against anyone.）立法機關必須制定法律以防止或禁止不公平之歧視。（National legislation must be enacted to prevent or prohibit unfair discrimination.）5.以第3.所列之一種或多種理由對任何人進行歧視均是不公平的，除非能夠證明該項歧視確屬公平。以上請參閱：永久和平夥伴協會網站（2018），世界憲法大全，https://www.lawlove.org/tw/。

實平等權保障方面，容有精進空間。以臺灣地區與大陸地區人民關係條例第21條及國籍法第10條為例，均有設下所謂10年條款限制，是否違反憲法第7條平等權原則及第18條服公職權原則，大法官採取比較寬鬆之審查基準，認為臺灣地區與大陸地區人民關係條例第21條及國籍法第10條均合憲，間接承認差別對待，是合理的[148]，此有討論之空間。目前臺灣無反歧視專法，現行法律雖有相關「反歧視」條款[149]，考量我國憲法第7條平等權之規範只提到「男女、宗教、種族、階級、黨派」計五項用語，明顯有欠缺與不足之處，我國憲法第7條平等權宜學習南非憲法第9條平等權之保護機制，開展更多保護項目，如「少數族裔成員、懷孕狀況、婚姻狀況、社會出身、膚色、性傾向、年齡、殘疾、宗教、善惡觀念、政治、信仰、文化、語言、出生等」，並且我國憲法第7條平等權宜進一步明文規定禁止一切「直接歧視」及「間接歧視」，並規定相關懲戒性條款以發揮作用。尤其近來社會一直存在所謂「外省人」及「本省人」之間族群衝突之假議題，更甚者，在選舉期間嚴重撕裂社會，鑑於臺灣這塊土地本來就是多元族群文化，應不分彼此，容許、接受更多寬容與尊重，以真正落實憲法保障族群平等（含外來人口）之精神。

八、我國憲法宜建構如何將國際條約或國際法之一般法律原則，轉化為國內法之機制，俾利我國遵守相關之國際條約或國際法之一般法律原則；就國際條約而論，考量我國之特殊處境，即使未經我國簽署之國際

---

[148] 釋字第618號解釋，認為臺灣地區與大陸地區人民關係條例第21條關於大陸地區人民在我國要擔任公教、公營事業機關人員或登記為公職候選人，必須要在臺灣設籍滿10年，因為考量要獲得人民對其所行使公權力之信賴，系爭規定以10年為期，肯認不違反憲法第7條平等原則及第18條服公職權，大法官採取比較寬鬆之審查基準認為合憲。另國籍法第10條規定外國人或無國籍人歸化者，不得擔任下列各款公職：十、民選地方公職人員。前項限制，自歸化日起滿10年後解除之。但其他法律另有規定者，從其規定。

[149] 例如入出國及移民法第62條第1項、第2項：「任何人不得以國籍、種族、膚色、階級、出生地等因素，對居住於臺灣地區之人民為歧視之行為。因前項歧視致權利受不法侵害者，除其他法律另有規定外，得依其受侵害情況，向主管機關申訴。」就業服務法第5條第1項：「為保障國民就業機會平等，雇主對求職人或所僱用員工，不得以種族、階級、語言、思想、宗教、黨派、籍貫、出生地、性別、性傾向、年齡、婚姻、容貌、五官、身心障礙或以往工會會員身分為由，予以歧視；其他法律有明文規定者，從其規定。」另精神衛生法第23條、性別平等教育法第13條、第14條、性別工作平等法第二章（第7條至第11條）性別歧視之禁止。

條約，我國立法院亦可透由制定某種國際條約之施行法之機制，直接加以適用；針對於國際法之一般法律原則而論，我國憲法宜比照德國基本法之第25條[150]之立法例，明文規範國際法之一般法律規則（the general rules of international law），構成我國法律之一部分（shall be an integral part of federal law）。此等規定之效力，超越於法律上（take precedence over the laws），並對人民（居民）（含外來人口）直接發生權利義務（directly create rights and duties for the inhabitants）[151]。

　　九、考量我國憲法尚未制定相關難民法，宜比照歐洲聯盟基本權利憲章第18條規定：「庇護權（right to asylum）應於符合1951年7月28日日內瓦公約（Geneva Convention）與1967年1月31日關於難民地位議定書（the Protocol of relating to the Status of Refugees）及歐洲共同體條約（the Treaty establishing the European Community）之相關規範下受到保障。」我國憲法宜賦予外來人口享有「政治庇護權」（right of asylum），以提供尋求政治庇護者人道待遇之救助。

　　十、鑑於外來人口之收容所之中，常發生外來人口受到不人道待遇，再者，考量源於公民與政治權利國際公約第7條：「任何人不得施以酷刑，或予以殘忍、不人道或侮辱之處遇或懲罰。非經本人自願同意，尤不得對任何人作醫學或科學試驗。」[152]、1984年禁止酷刑及其他殘忍、不人道或有辱人格之待遇或處罰公約（The United Nations Convention against Torture and Other Cruel, Inhuman or Degrading Treatment or Punishment）（為聯合國九大人權公約之一）等之相關規定，茲為了保障人民免於遭受酷刑及其他殘忍、不人道或有辱人格之待遇或處罰為宗旨，係源於「人之

---

[150] Article 25 [Primacy of international law]: The general rules of international law shall be an integral part of federal law. They shall take precedence over the laws and directly create rights and duties for the inhabitants of the federal territory.

[151] 柯雨瑞、孟維德、蔡政杰、李佳樺（2018），臺灣邁向世界強國與富國之捷徑：從建構優質之移民政策與法制出發，初版，作者自版。柯雨瑞、侯凤芳（2015），憲法逐條釋義與人權保障，增訂二版，作者自版。

[152] Article 7: No one shall be subjected to torture or to cruel, inhuman or degrading treatment orpunishment. In particular, no one shall be subjected without his free consent to medical orscientific experimentation.

尊嚴與人之完整性不受侵害及貶損」原則[153]。我國憲法宜比照歐洲聯盟基
本權利憲章第4條規定：「不論何人均不得被施以酷刑或不人道或羞辱之
待遇或懲罰。」[154]德國基本法第104條第1項規定：「個人自由，非根據正
式法律並依其所定程序，不得限制之。被拘禁之人，不應使之受精神上或
身體上之虐待。」[155]南非憲法第12條第1項第4款、第5款規定：「不被以
任何形式虐待之權利（not to be tortured in any way）；以及不被以殘酷、
不人道或有辱人格之方式對待或處罰之權利（not to be treated or punished
in a cruel, inhuman or degrading way）。」[156]等之先進、文明之立憲例，明
文禁止虐待、殘酷、酷刑或不人道或羞辱之待遇或懲罰。另我國憲法第8
條有關人身自由保障之憲法條文用語，一般人容易誤以為人身自由保障之
對象，係僅保障刑事被告或犯罪嫌疑人，宜擴大至非刑事被告或非犯罪嫌
疑人。雖然我國已於107年3月8日通過禁止酷刑公約施行法草案[157]，本文
乃建議宜仿照德國及南非立憲模式，我國憲法宜明文規範禁止酷刑，以保
障受拘禁之人（含外來人口），禁止遭受精神上或身體上之虐待（mental
or physical mistreatment），亦即絕對禁止酷刑及其他殘忍、不人道或有辱
人格之待遇或處罰，此恐會比較良善化，以徹底杜絕矯正機關、移民收容
處所不人道情形、軍中虐待事件及執法人員刑求案件，臺灣人權（含外來

---

[153] 第1條對「酷刑」（torture）定義：是指為了向某人或第三者取得情報或供狀，為了他或
第三者所作或涉嫌之行為對他加以處罰，或為了恐嚇或威脅他或第三者，或為了基於任
何一種歧視之任何理由，蓄意使某人在肉體或精神上遭受嚴重疼痛或痛苦（severe pain or
suffering）之任何行為，而這種疼痛或痛苦是由公職人員或以官方身分行使職權之其他人
所造成或在其唆使、同意或默許下造成的……。Brownlie, Ian (1997), "Basic Documents on
Human Rights", Oxford: Clarendon Press, pp. 35-40.

[154] Article 4: No one shall be subjected to torture or to inhuman or degrading treatment or punishment.

[155] Article 104 [Deprivation of liberty]: 1.Liberty of the person may be restricted only pursuant to a
formal law and only in compliance with the procedures prescribed therein. Persons in custody may
not be subjected to mental or physical mistreatment.

[156] Article 12 [Freedom and security of the person]: 1.Everyone has the right to freedom and security
of the person, which includes the right- d. not to be tortured in any way; and e. not to be treated or
punished in a cruel, inhuman or degrading way. 以上請參閱：永久和平野伴協會網站（2018），
世界憲法大全，https://www.lawlove.org/tw/。

[157] 參見內政部網站（2018），法案預告及動態，https://www.moi.gov.tw/chi/chi_act/Act_detail.as
px?pages=0&sd=1&sn=580,Accessed，瀏覽日期：2018.9.1。

人口）始會持續進步。

十一、兒童（包括外來人口之子女）是國家未來之主人翁，鑑於外來人口驅逐出國案件常導致家庭破碎之省思，源於公民與政治權利國際公約第24條第1項：「所有兒童有權享受家庭、社會及國家為其未成年身分給予之必需保護措施，不因種族、膚色、性別、語言、宗教、民族本源或社會、階段財產、或出生而受歧視。」[158]經濟社會文化權利國際公約第10條第3項：「所有兒童及少年應有特種措施予以保護與協助，不得因出生或其他關係而受任何歧視。兒童及青年應有保障、免受經濟及社會剝削。」[159]1989年聯合國通過兒童權利公約[160]（Convention on the Rights of the Child）等之相關規定，我國並於2014年通過兒童權利公約施行法，以制定施行法之方式，將兒童權利公約予以內國法化，以推動兒童人權（包括外來人口之子女）工作之準據。不過我國憲法本文[161]對於兒童權利（包括外來人口之子女）之保障，明顯欠缺與不足，另我國憲法增修條文竟無相關保障兒童權利（包括外來人口之子女）條文。我國憲法本文宜比照歐洲聯盟基本權利憲章第24條之規定。尤其宜努力學習南非憲法第28條規定保障兒童權利之相關機制[162]，其中，南非憲法第28條第2項規定在每

---

[158] Article 24: 1.Every child shall have, without any discrimination as to race, colour, sex, language, religion, national or social origin, property or birth, the right to such measures of protectionas are required by his status as a minor, on the part of his family, society and the State.

[159] Article 10: 3.Special measures of protection and assistance should be taken on behalf of allchildren and young persons without any discrimination for reasons of parentage orother conditions. Children and young persons should be protected from economicand social exploitation.

[160] 兒童權利公約全文共54條，就兒童之公民、政治、經濟、社會及文化等權利予以規範，內容計有禁止差別待遇（第2條）、兒童最佳利益（第3條）為一優先考量之權利、兒童生存與發展權（第6條）、身分保障（第8條）、兒童表示意見且該意見應獲得考量之權利（第12條）、思想及信仰自由權（第14條）、受教權（第14條）、防止遭受虐待及遺棄之保護措施（第19條）、社會保障之權利（第26條）、家庭權（第20條）、教育權（第28條）、防止誘拐買賣、交易（第35條）是至今最廣為國際社會接受之人權公約之一。施慧玲、陳竹上主編（2016），兒童權利公約，台灣新世紀文教基金會，頁1-28。

[161] 我國憲法第153條第2項：「婦女兒童從事勞動者，應按其年齡及身體狀態，予以特別之保護。」第156條：「國家為奠定民族生存發展之基礎，應保護母性，並實施婦女、兒童福利政策。」另第160條第1項：「六歲至十二歲之學齡兒童，一律受基本教育，免納學費。其貧苦者，由政府供給書籍。」

[162] 第28條（兒童）1.每一個兒童皆有：1.1姓名及由出生取得國籍之權利；1.2獲得家庭或雙親

一件關於兒童之事務中，兒童（包括外來人口之子女）之最大利益是最重要的（A child's best interests are of paramount importance in every matter concerning the child.）。此考量立場就是為兒童權益及最大幸福著想，與兒童權利公約[163]均採用了更加嚴格之標準，考量兒童（包括外來人口之子女）最佳利益，因為執行驅逐出國或強制出境導致兒童之父母雙方或一方，面臨拆散親情分隔兩地，受到兒童權利公約嚴格之限制[164]。我國憲法實應強化對於兒童權利（包括外來人口之子女）保障之力道，相關權利予以明文入憲，兒童（包括外來人口之子女）有權享有國家行政、立法、社會及教育各方面措施給予特別照顧與協助，使其身心獲得均衡發展並創造快樂成長學習環境，始能令其人格得到充分和諧之發展。

　　十二、憲法本文宜明確地保障外來人口除享有憲法所列舉之基本權利外，亦享有下述之相關基本權利：外來人口之人性尊嚴權、政治參與權、

照顧，離開家庭環境時獲得其他適當之照顧之權利；1.3獲得基本營養、住宿、基本醫療及社會服務之權利；1.4受到保護不被虐待、凌辱、忽視及剝削之權利（to be protected from maltreatment, neglect, abuse or degradation）；1.5受到保護不被剝削勞動之權利；1.6不被要求去執行或提供那些不適合其年齡的或危害到兒童之幸福、身心健康及教育之工作或服務之權利；1.7除非作為最後之手段，有不被拘禁之權利（not to be detained except as a measure of last resort）。萬一拘禁，亦只能拘禁最短之適當時間，並且除享有第12條及第35條規定之權利外，該兒童尚有：與超過18歲之成人分開拘禁之權利以及以適合其年齡之方式受到監管之權利；1.8在影響到兒童之民事訴訟中，並且有可能產生重大權利侵害之情況下，享有由國家指派律師並支付費用之權利；以及1.9不被直接用於武裝衝突，並在武裝衝突時受到保護之權利。2.在每一件關於兒童之事務中，兒童之最大利益是最重要的。（A child's best interests are of paramount importance in every matter concerning the child.）3.本條中之「兒童」意指18歲以下之人。以上請參閱：永久和平野伴協會網站（2018），世界憲法大全，https://www.lawlove.org/tw/。

[163] 兒童權利公約第3條：所有關係兒童之事務，無論是由公私社會福利機構、法院、行政機關或立法機關之作為，均應以兒童最佳利益為優先考量。

[164] 兒童權利公約第9條：1.締約國應確保不違背兒童父母之意願而使兒童與父母分離。但主管機關依據所適用之法律及程序，經司法審查後，判定兒童與其父母分離係為維護兒童最佳利益所必要者，不在此限。於兒童受父母虐待、疏忽或因父母分居而必須決定兒童居所之特定情況下，前開判定即屬必要。2.前項程序中，應給予所有利害關係人參與並陳述意見之機會。3.締約國應尊重與父母一方或雙方分離之兒童與父母固定保持私人關係及直接聯繫之權利。但違反兒童最佳利益者，不在此限。4.當前開分離係因締約國對父母一方或雙方或對兒童所採取之行為，諸如拘留、監禁、驅逐、遣送或死亡（包括該人在該國拘禁中因任何原因而死亡），該締約國於受請求時，應將該等家庭成員下落之必要資訊告知父母、兒童，或視其情節，告知其他家庭成員；除非該等資訊之提供對兒童之福祉造成損害。締約國並應確保相關人員不因該請求而蒙受不利。

締結婚姻自由權、維護家庭權、姓名權、人格權（包括非法人團體）、名譽權、隱私權、契約自由權、資訊自主權、一般行動自由權、性自主權、收養子女自由權、職業選擇自由權、職業執行自由權、發展權等等。

　　十三、涉及外來人口不遭受違法驅逐出國權利之區塊，我國憲法本文宜仿照較先進、文明國家或地區之立憲例，諸如：1919年芬蘭共和國憲法第9條第5項[165]規定：「外國人如可能面臨死刑、酷刑或其他侵犯其人格尊嚴之處置，不得將其驅逐出境、引渡或遣送回國。」（A foreigner shall not be deported, extradited or returned to another country.）、1990年克羅埃西亞共和國憲法第33條[166]規定：「在克羅埃西亞共和國領土上守法之外國人不得被驅逐或引渡到其他國家，但在必須履行依據條約和法律做出之決定時除外。」1999年瑞士聯邦憲法（Federal Constitution of the Swiss Confederation）第25條[167]第2項規定：「難民不得被強制驅逐或移交到其被迫害之國家。」（Refugees may not be deported or extradited to a state in which they will be perse-cuted.）、1999年瑞士聯邦憲法第25條第3項規定：「任何人不得被強制移交給某一國家從而使其受到刑訊或其他殘忍和非人道待遇或懲處之威脅。」（No one may be deported to a state in which they face the threat of torture or any other form of cruel or inhumane treatment or punishment.）、2009年歐洲聯盟基本權利憲章第19條第2項[168]規定：「任何人均不得被移居、驅逐或引渡至一將使其遭受死刑、酷刑與其他非人道與羞辱待遇與懲罰之嚴重危險之國家。」（No one may be removed, expelled or extradited to a State where there is a serious risk that he or she would be subjected to the death penalty, torture or other inhuman or degrading

---

[165] 永久和平夥伴協會網站（2018），世界憲法大全／芬蘭共和國憲法，https://www.lawlove.org/tw/。

[166] 永久和平夥伴協會網站（2018），世界憲法大全／克羅埃西亞共和國憲法，https://www.lawlove.org/tw/。

[167] 永久和平夥伴協會網站（2018），世界憲法大全／瑞士聯邦憲法，https://www.lawlove.org/tw/

[168] 永久和平夥伴協會網站（2018），世界憲法大全／歐洲聯盟基本權利憲章，https://www.lawlove.org/tw/。

treatment or punishment.）等。亦即，我國憲法本文宜明確規範，外來人口
不遭受違法驅逐出國權利之保障法制，同時，憲法本文亦宜明確禁止將外
來人口驅逐出國至其恐會面臨死刑、酷刑、非人道待遇與懲罰、或其他侵
犯其人格尊嚴之地區或國家。

參考文獻

一、中文部分

中華民國統計資訊網（2018），主計總處統計專區，https://www.stat.gov.tw/mp.asp?mp=4。

中華民國統計資訊網（2018），主計總處統計專區—人口及住宅普查，https://www.stat.gov.tw/mp.asp?mp=4。

中華民國統計資訊網（2018），主計總處統計專區—工業及服務業普查，https://www.stat.gov.tw/mp.asp?mp=4。

中華民國統計資訊網（2018），主計總處統計專區—社會指標，https://www.stat.gov.tw/mp.asp?mp=4。

中華民國統計資訊網（2018），主計總處統計專區—家庭收支調查，https://www.stat.gov.tw/mp.asp?mp=4。

中華民國統計資訊網（2018），主計總處統計專區—國民所得及經濟成長，https://www.stat.gov.tw/mp.asp?mp=4。

中華民國統計資訊網（2018），主計總處統計專區—國富統計，https://www.stat.gov.tw/mp.asp?mp=4。

中華民國統計資訊網（2018），主計總處統計專區—就業、失業統計，https://www.stat.gov.tw/mp.asp?mp=4。

中華民國統計資訊網（2018），主計總處統計專區—薪資及生產力統計，https://www.stat.gov.tw/mp.asp?mp=4。

內政部網站（2018），統計月報／外來人口居留人數，https://www.moi.gov.tw/，瀏覽日期：2018.8.15。

內政部網站（2018），法案預告及動態，https://www.moi.gov.tw/chi/chi_act/Act_detail.aspx?pages=0&sd=1&sn=580，瀏覽日期：2018.9.1。

內政部網站（2018），統計報告／內政統計通報，https://www.moi.gov.tw/stat/，瀏覽日期：2018.8.20。

王文科（2005），教育研究法，增訂八版，臺北：五南圖書。

王玉葉（2014），歐美死刑論述，臺北：元照出版社。

王保進（2000），教育大辭書—第二類型錯誤（Type II Error），http://terms.naer.edu.

tw/detail/1310655/。

丘宏達（2012），現代國際法，臺北：三民書局。

司法院網站（2018），大法官解釋／人權專區，https://www.judicial.gov.tw/rights，瀏覽日期：2018.8.15。

司法院網站（2018），大法官解釋／釋字710號理由書，https://www.judicial.gov.tw/，瀏覽日期：2018.8.15。

永久和平夥伴協會網站（2018），世界憲法大全，https://www.lawlove.org/tw/。

自由之家網站（2018），2018世界自由國家調查，https://freedomhouse.org，瀏覽日期：2018.8.15。

行政院研究發展考核委員會（2005），監察院人權保障工作彙總報告，臺北：行政院研究發展考核委員會。

何曜琛、洪德欽、陳淳文（2011），各國移民參政權之比較研究，臺北：行政院研究發展委員會。

吳明隆、涂金堂著（2005），徐慧如編輯，SPSS與統計應用分析，臺北：五南圖書。

李酉潭（2011），自由人權與民主和平：臺灣民主化的核心價值，臺北：五南圖書。

李浩銘（2017），我國政治難民庇護政策之研究，臺北：臺灣大學國家發展研究所碩士論文。

李震山（2003），論移民制度與外國人基本權利，臺北：台灣本土法學雜誌，第48期。

李震山（2004），多元、寬容與人權保障-以憲法未列舉權之保障爲中心，臺北：元照出版公司。

李震山（2011），人性尊嚴與人權保障，臺北；元照出版社。

汪子錫（2012），憲政體制與人權保障，臺北：秀威資訊出版社。

卓恭本（2002），歐洲聯盟基本權利憲章之探討，淡江大學歐洲研究所碩士論文。

周洪鈞主編（1992），國際法論，上海：同濟大學出版社。

林伊凡（2014），後里斯本條約時代之歐盟移民與庇護政策的變革與實施，嘉義：南華大學社會科學院歐洲研究所碩士論文。

林清山，心理與教育統計學，臺北：東華書局。

法務部（2010），兩公約講習會各論講義，臺北：法務部。

法務部（2018），法務統計—死刑執行及尚未執行人數，http://www.rjsd.moj.gov.tw/

rjsdweb/。

法務部（2018），法務統計—法務統計月報，http://www.rjsd.moj.gov.tw/rjsdweb/。

法務部（2018），法務統計—法務統計年報，http://www.rjsd.moj.gov.tw/rjsdweb/。

法務部（2018），法務統計—法務統計重要參考指標，http://www.rjsd.moj.gov.tw/rjsdweb/。

法務部（2018），法務統計—法務統計摘要，http://www.rjsd.moj.gov.tw/rjsdweb/。

法務部（2018），法務統計—法務部統計手冊，http://www.rjsd.moj.gov.tw/rjsdweb/。

法務部綜合規劃司（2012），法務行政一年100年度，臺北：法務部，頁129-130。

邱伊翎（2013），難民、尋求庇護者與外國人收容，台灣人權促進會季刊春季版。

施慧玲、陳竹上主編（2016），兒童權利公約，臺北：台灣新世紀文教基金會。

柯雨瑞（2012），臺灣入出國及移民法有關驅逐出國機制之現況、問題與未來可行之發展方向，桃園：中央警察大學出版社。

柯雨瑞、孟維德、蔡政杰、李佳樺（2018），臺灣邁向世界強國與富國之捷徑：從建構優質之移民政策與法制出發，初版，桃園：作者自行出版。

柯雨瑞、侯夙芳（2013），憲法逐條釋義與人權保障，初版增訂，桃園：作者自行出版。

柯雨瑞、侯夙芳（2015），憲法逐條釋義與人權保障，增訂二版，桃園：作者自行出版。

洪期榮（2013），引渡法之理論與實務—從國際引渡法論臺灣制度，基隆：臺灣海洋大學海洋法律研究所博士論文。

國家人權博物館網站（2018），人權館簡介，https://www.nhrm.gov.tw/，瀏覽日期：2018.8.10。

張紹勳、林秀娟（1993），SPSS For Windows統計分析—初等統計與高等統計，臺北：松崗電腦公司。

張雲景、賴礽仰翻譯（2003），SPSS統計軟體的應用11.0版，臺北：華騰文化股份有限公司。

許春金、吳景芳、李湧清、曾正一、許金標、蔡田木（1994），死刑存廢之探討，臺北：行政院研究發展考核委員會。

許義寶（2006），外國人入出國與居留之研究—以我國法制為探討中心，國立中正大學法律研究所博士論文。

許慶雄（2015），人權之基本原理，臺北：獨立作家出版社。

許慶雄（2016），人權論：現代與近代的交會，臺北：元照出版社。

陳玉書（2001），中央警察大學犯罪防治研究所博士班上課內容。

陳明傳（2016），國土安全與移民政策：人權與安全的多元議題探析，臺北：五南圖書。

陳治世（1995），國際法，臺北：臺灣商務出版社。

陳隆志、黃昭元、李明峻、廖福特（2006），國際人權法文獻選集與解說，臺北：前衛出版社。

陳隆志、廖福特（2003），國際人權公約國內法化之方法與策略，臺北：行政院研究發展考核委員會。

陳義彥主編、盛杏湲（2014），政治學，臺北：五南圖書。

陳徹（2003），SPSS統計分析，臺北：碁峰資訊公司。

陳榮傳（2015），國際私法實用：涉外民事案例研析，臺北：五南圖書。

陳鴻瑜主編、譚道經（2014），海外華人之公民地位與人權，臺北：獨立作家出版社。

陳麗娟（2018），里斯本條約後歐洲聯盟新面貌，臺北：五南圖書。

陳顯武、連雋偉（2008），從歐盟憲法至里斯本條約的歐盟人權保障初探—以歐盟基本權利憲章為重點，台灣國際研究季刊，4卷1期。

廖元豪（2008），移民—基本人權的化外之民：檢視批判移民無人權的憲法論述與實務，臺北：月旦法學雜誌，161期。

廖元豪（2010），外人做頭家？—論外國人的公民權，臺北：政大法學評論，133期。

廖福特（2011），國家人權委員會，臺北：五南圖書。

廖福特（2013），聯合國與人權保障：監督機制、條約內涵、臺灣實踐，臺北：新學林出版社。

台灣人權促進會（2011），替代收容—避免非必要的移工移民收容：各國經驗，臺北：台灣人權促進會。

台灣人權促進會（2018），臺灣，不為人知的一面—從公民與政治權利國際公約／經濟社會文化權利國際公約審查過程吸取教訓，https://www.tahr.org.tw/。

台灣人權促進會翻譯（2013），替代收容—避免非必要的移工移民收容，各國經驗，臺北：台灣人權促進會。

趙明義（2001），當代國際法導論，臺北：五南圖書。

蔡中志（1992），中央警察大學行政警察研究所碩士班上課內容。

盧倩儀（2010），整合理論與歐盟條約修改之研究—以歐盟憲法條約與里斯本條約

　　爲例，國立臺灣大學：政治科學論叢，46期。

謝廣全（2002），最新實用心理與教育統計學，高雄：復文圖書出版社。

二、外文部分

Atle, Grahl-Madsen (1972). The Status of Refugees in International Law, Vol. 2, (Leiden: A.W. Sijthoff).

Atle, Grahl-Madsen (1980). Territorial Asylum, Stockholm: Almqvist & Wiksell International.

Battjes, Hemme (2002). A Balance between Fairness and Efficiency? The Directive on International Protection and the Dublin Regulation,European Journal of Migration and Law, Vol. 4, Issue 2.

Boed, Roman (1994). The State of the Right of Asylum in International Law, Duke Journal of Comparative & International Law 5.

Brownlie, Ian (1997). Basic Documents on Human Rights, Oxford: Clarendon Press.

Council of the European Union, Council Regulation (EC) (2003). No. 343/2003 of 18 February 2003 (Dublin II Regulation.).

Cranston, Maurice (1973) .What Are Human Rights? London: Bodley Head.

Doehring, Karl (1992). Aliens, Expulsion and Deportation, in Rudolf Bernhardt (dir.), Encyclopedia of Public International Law, Amsterdam, Elsevier Science Publishers, Vol. 1.

Eur-lex (2018). New look and feel for EUR-Lex, https://eur-lex.europa.eu/homepage. html/,last accessed on 20/08/2018.

European Commission (2010). Dismantling the obstacles to EU citizen' rights, EU Citizenship Report 2010, COM (2010) 603 final, Brussels, 27 October 2010.

European Parliament & Council of the European Union, Regulation (EU) No. 604/2013 of 26 June 2013 (Dublin III Regulation). https://eur-lex.europa.eu/LexUriServ/LexUriServ.do?uri=OJ:L:2013:180:0031:0059:EN:PDF, last accessed on 02/08/2018.

European Parliament & of the Council (2008). 2008/115/EC of the European Parliament and of the Council (16 Dec. 2008).

Eurostat (2017), Asylum decisions in the EU28-EU Member States granted protection to 538,000 asylum seekers in 2017. https://ec.europa.eu/eurostat/documents/2995521/8817675/3-19042018-AP-EN.pdf/748e8fae-2cfb-4e75-a388-

f06f6ce8ff58, last accessed on 02/08/2018.

Goldstone, Richard J. (1997). The South Africa Bill of Rights, Texas International Law Journal 32 No. 3.

Goodwin-Gill, Guy S. (2008). Convention relating to the Status of Refugees, Protocol relating to the Status of Refugees, United Nations Audiovisual Library of International Law.

International Organization for Migration (2004). Glossary on Migration. Geneva: International Organization for Migration.

Jennings, Robert & Watts, Arthur (1996). Oppenheim's International Law, 9th ed., Vol. I-Peace (Parts 2 to 4).

Muraszkiewicz, Julia (2017). Reforming the Common European Asylum System: The New European Refugee Law, International Journal of Refugee Law, Vol. 29, Issue 2.

Salmon, Jean (2001). Dictionnaire de droit international public, Brussels: Burylant.

Sarkin, Jeremy (1999). The Drafting of South Africa's Final Constitution from a Human-Rights Perspective, The American Journal of Comparative Law, 47 No. 1.

Starke. J. G. (1989). An Introduction to International Law, 10th ed.

| 第四章 |

日本難民認定機制之現況與問題分析

第一節　前言

　　當代難民議題的討論與研究，不少聚焦於國際難民法制的沿革、難民概念與定義的分析、庇護法制以及難民保障權利的範疇與內容，其中亦包含難民的生活安置與就地融合等社會學的分析角度。在國際法上，從法律層面提供難民保護的第一個問題，即是如何賦予難民法律上的意義，而這正是自戰前的時代以來一直到戰後國際社會所努力的目標，此一目標在1951年難民地位公約以及1967年難民地位公約議定書此二個國際法文件中獲得成功。

　　然而，隨著國際政經局勢發展劇烈，國家內部爭端的複雜化，加上恐怖主義犯罪的蔓延肆虐，使得難民議題成為各國移民政策作為中的燙手山芋。例如，以往單純的難民接納與安置，可能隨著恐怖主義分子蒙混入境，而嚴重威脅國內安全，也因此各國移民政策與國家安全正遭受前所未有的挑戰。

　　面臨難民議題與國家安全之間的抉擇，主權國家基於領域主權之下所得進行的措施即是從入出境管理進行嚴格管制，就是讓真正的難民取得應有的領域庇護，而將不具難民資格的有心人士拒絕於領域之外。這其中所涉及的法律或制度問題的前提即是國家如何進行難民地位認定的議題。

今日，世界上大多數國家批准並認可戰後難民保護的上述兩項國際條約[1]，然而此是否代表著所有難民均可以順利地受到這一百多個國家的庇護或保護，這又存在著另一個問題，因為上述二條約僅規定難民的定義，但對於難民身分的認定程序並未規定，認定的標準與程序由各締約國自行規範。因此，緊接著國際社會乃至於各個國家所面臨的問題即在於，如何透過國內的法定程序對於難民申請者進行認定，也就是如何將國際條約規定的難民定義要件在各當事國國內法上加以實現，此一問題同時也牽涉到難民定義解釋的問題，當然也涉及到難民接受國的國家安全問題。

本文以日本的難民認定法制與實務運作為素材，探討國際難民法在日本國內法上如何解釋與適用，包含其現況與問題分析。相較於歐美各國，日本並非積極接受難民的國家，此或許源自於國際地緣政治地理上，日本並非難民主要的目的地，另外日本國內法上的難民認定機制所存在的問題，亦是使得日本對於難民認定趨於嚴格的可能因素。

壹、日本難民法制之成立與現況

一、日本難民認定制度的法制化

自上個世紀以來，日本始終對於難民採取消極的對應態度。儘管在二次戰後，日本對於戰前基於自願或被強迫移住到日本內地的朝鮮人，若因朝鮮半島內戰而無法或不願回到朝鮮半島者，大多給予這些在日朝鮮人特別永久居留的權利[2]。不過，此種並非日本採取積極的難民保護政策，而是為了解決戰前的大日本帝國所遺留下來的歷史問題，同時也有緩和當時日本國內社會問題的考量。

1952年4月，對日舊金山和約正式生效，日本重新恢復正常國家的地位，日本並於1956年12月加入聯合國。正式成為聯合國會員國的日本，開

---

[1] 目前1951年難民地位公約有145個當事國，1967年難民地位公約議定書有146個當事國，同時為兩者當事國的國家共142國。參照聯合國條約資料庫，https://treaties.un.org，瀏覽日期：2018.11.25。

[2] 墓田桂（2015），難民問題，東京：中央公論新社，頁160-161。

始展開至今仍爲其國際關係主軸的聯合國本位主義的外交政策。不過，在回歸國際社會的日本對於難民議題仍屬被動消極的角色，而使得日本開始轉變其難民政策的契機在於1970年代中南半島的區域武裝衝突，其中就包含越南、柬埔寨與寮國的內戰。中南半島的區域武裝衝突導致該區域內的人民四處逃難，或有經由陸路到達泰國等鄰國，或有經由海路前往香港、馬來西亞、菲律賓，乃至日、韓等國。

來自中南半島動亂地區的難民，搭乘擁擠的小船企圖登陸鄰近國家，這些一般俗稱的「船民」（boat people），有少數在公海上被美軍或其他國家的船舶救助，隨後在日本的港口（例如千葉港或那霸港等）登陸。對於這些登陸的船民，當時尚未有任何難民法制的日本將此類外國人士視爲船難受害者，而發給「船難登陸許可」的居留資格，並給予此類外籍人士暫時性的保護[3]。

1981年，日本加入難民地位公約，隔年亦加入難民地位公約議定書。爲履行國際難民條約課以締約國的義務，日本進行既有出入國管理法之增修，於1982年1月正式施行出入國管理及難民認定法（以下仍簡稱入管法），開啓了日本難民保護的具體實踐工作。

二、基於入管法之難民認定與救濟程序

從立法技術層面來看，日本政府將難民認定事務納入入管法之規定，顯見日本將難民事務視爲入出境管理體系的一環，入境之難民係屬外國人身分，包含在廣義的移民概念範疇之內[4]，因此由負責掌管入出國與移民事務的法務省入國管理局來統籌管理難民認定之工作[5]。

---

[3] 墓田桂（2015），難民問題，東京：中央公論新社，頁162-163。

[4] 近藤敦（2009），なぜ移民政策なのか─移民の概念、入管政策、と多文化共生政策の課題、移民政策学会の意義，移民政策研究創刊号，頁6-17。

[5] 就世界各國難民事務處理機制來看，大致上存在四種類型。第一，並未針對難民認定事務特別設立正式程序者，如英國。第二，將難民事務視爲入出國管理程序的一環者，如美國與加拿大。第三，雖然針對難民認定另設獨立制度，不過仍由掌管外國人事務的機關負責，例如荷蘭與瑞士。第四，針對難民認定制度特別另外設置獨立機關負責，例如德國與法國。參照山神進（1982），難民条約と出入国管理行政，日本加除出版，はじめに。

（一）難民認定程序

　　所謂難民認定程序，即是針對提出難民申請的外國人是否該當入管法上所規定之難民的要件進行審查，並做出認定與否之裁定。在此，所謂入管法上所規定之難民的要件，涉及到難民定義問題，有關此問題不管在國際法上或在日本國內法上，基本上不存在太大爭議。蓋日本的入管法針對難民的定義，完全繼受上述有關難民地位的兩個國際法律文件之定義規定。日本入管法第2條第1項第3款之2規定，所謂難民係指「依據難民地位公約第1條或難民地位公約議定書第1條之規定而享有難民條約之適用者。」準此，日本入管法上難民之定義可以解釋為「具有正當理由而畏懼會因為種族、宗教、國籍、特定社會團體的成員身分或政治見解的原因，受到迫害，因而居留在其本國之外，並且不能或，由於其畏懼，不願接受其本國保護的任何人。[6]」凡符合此一定義要件而被認定難民者，一般稱為「條約難民」。也因法令上的構成要件規定，凡是並非基於條約難民定義中的原因或理由，而係基於社會秩序動亂、天災、貧困或飢餓等理由而逃離本國者，則無法符合上述條約或法令上之規定，則非屬「條約難民」[7]。

　　國際難民法上僅針對難民的定義以及難民應享有之權利與待遇進行規範，但對於認定難民的程序與基準，並未有具體明確規定[8]。職是之故，有關難民申請的接受，認定與救濟等程序，以及難民定義中所明定的構成要件基準如何認定等細節事務，均委由各締約國的各自解釋並適用條約中的規定。

　　就日本入管法之規定而言，有關日本國內之難民具體申請與認定程序上，基於難民庇護源自於領域主權之法理，申請者必須係以進入日本領域

6　難民地位公約第1條第1項第2款規定。

7　法務総合研究所（2010），出入国管理及び難民認定法（第六版），法務総合研究所，頁11。不過，在實務上，雖非屬「條約難民」，但亦有可能基於人道保護上的考量，國家仍可不須經過難民法上的難民認定程序，直接給予非「條約難民」庇護而賦予其居留並享有相關權利。例如，在前述中南半島區域紛爭之際，不斷進入日本境內的中南半島難民，亦有不少屬於非「條約難民」，而被認可在日本享有居留權之案例。

8　田中敏彦（1981），難民の概念について，法律のひろば，34巻9号，頁19。

內為其基本前提。依據日本入管法第61條之2第1項規定，身處日本境內之申請者自向日本法務省入國管理局的各地分局提出難民認定申請書以及相關必要文件起，即屬難民認定程序的開端。同時，為使身處日本的難民認定申請者法律地位與在日生活的安穩，難民認定的申請者若為非法居留的外國人，則於入境日本後之6個月內提出難民認定申請時，得取得「暫時居留許可」，在此期間申請者並不會受到強制出國的處分。從可能遭受到難民地位公約所規定之迫害事實之國家直接逃難入境日本者，亦同。此種暫時居留許可不需另外申請，僅須隨同依據難民認定申請書等相關申請與證明文件進行判斷。當然，暫時居留期間若有違反相關規定或證實係屬不具正當理由之申請者，暫時居留許可即可能被撤銷[9]。

　　申請者對於自己本身是否具備難民之要件應自行負有舉證責任。若因緊急逃離本國而無法攜帶相關舉證文件資料時，或者因語言不通或精神狀態不佳等客觀情狀時，為因應事實或證據等審查之必要，入管法中設有難民調查官之輔助制度。所謂難民調查官，係從法務省入國管理局的職員當中選任，負責協助調查與確認申請者所提出的相關證據或文件之真實性。為此，難民調查官得要求申請者到指定地點接受單獨面談。相對地，難民地位申請者依法亦負有依照指示前往指定地點接受面談等協助難民地位認定事務的合作義務，若有違反所訂條件、申請目的不正當、偽變造相關文件或虛偽陳述等情況時，上述暫時居留許可將面臨撤銷。

　　難民認定申請書提出之後，到最終認定結果出爐，一般至少需要花費數個月的時間。若經法務大臣認定為條約難民的外國人，則可受領「難民認定證明書」，依日本國內相關法令享有難民的各種權益保護措施，當事人應隨時攜帶該證明書以便接受查驗。

（二）行政救濟程序

　　難民地位申請不被認定的外國人，得於收到不認定通知書起7日內，以法務大臣為對象提起審查請求。並自提出審查請求起的6週內，檢附相

9　日本入國管理局，http://www.immi-moj.go.jp/tetuduki/nanmin/nanmin.html，瀏覽日期：2018.9.28。

關文件資料向入國管理局提出申述書。審查請求之申請人得對處分裁定之主管機關申請召開口頭陳述審查會。針對申請人提出之審查請求與所附相關問題內容,「難民審查參與員」認為有必要時,始得由主管機關召開口頭陳述審查會。

在此所謂「難民審查參與員」,係日本於2005年所創設之協助難民審查工作的制度,由法務大臣在法律或國際情勢方面具有學識經驗之各界人士當中選任後並登錄參與員名冊。2016年起因相關法令修訂使得難民審查參與員同時具備難民審查官的身分。依據入管法第61條之2之9第3項規定,法務大臣對於不服難民認定之審查請求做成裁定前,應聽取難民審查參與員之意見。實務上,由法務大臣所指定的每3位參與員組成一個班,進行審查請求案件中的口頭陳述等的審理工作[10]。參與員最終所做成的意見雖不具備法律拘束力,不過一般而言法務大臣大多尊重參與員所提出之意見,做成最終准駁之裁定[11]。

難民地位審查請求之最終結果仍為不認定處分時,若該處分係屬正確無瑕疵,則難民地位認定程序即告結束,申請者不得在申請第二次的審查請求[12]。

(三) 司法救濟程序

面臨難民地位不認定處分的外國人,除了採取上述審查請求的行政救濟手段之外,尚可採取司法途徑的救濟程序,亦即行政訴訟程序。一般而言,有以下幾種情況,外國人得採取行政訴訟的救濟程序,包含初次收到難民認定不許可之處分通知後,提出審查請求的行政救濟的同時,或者在

---

[10] 目前法務省登錄的難民審查參與員人數共93名。參照日本法務省,http://www.moj.go.jp/nyuukokukanri/kouhou/nyuukokukanri08_00009.html,瀏覽日期:2018.9.28。

[11] http://www.moj.go.jp/nyuukokukanri/kouhou/nyuukokukanri08_00009.html,瀏覽日期:2018.9.28。

[12] 不過,自2017年6月起,此制度進行了些微的改革,再申請者得以新的難民認定申請書重新申請,但必須對於前次之申請狀況以及新的難民認定申請理由之內容詳加記述。參照,日本難民支援協會,https://www.refugee.or.jp/for_refugees/tothose/tothose_japanese_1802.pdf#search='%E9%9B%A3%E6%B0%91%E8%AA%8D%E5%AE%9A%E7%94%B3%E8%AB%8B%E3%82%92%E8%A1%8C%E3%81%86%E4%BA%BA',瀏覽日期:2018.10.1。

收到審查請求之不認定處分通知後，均可提出行政訴訟救濟程序。

在符合提起司法救濟程序的情況下，申請人必須於接收到不認定處分通知後的6個月內，提起行政訴訟。

三、現況與發展

（一）2017年之統計

據日本官方統計[13]，2017年向日本政府申請難民認定的外國人共有1萬9,628人，較前一年（2016年）遽增了約80%，達到難民申請案件數的史上最高峰。就申請者的國籍而言，菲律賓籍4,895人，越南籍3,116人，斯里蘭卡籍2,226人，印尼籍2,038人，尼泊爾籍1,450人，土耳其籍1,195人，緬甸籍962人，柬埔寨籍772人，印度籍601人，巴基斯坦籍469人。

在2017年所有受理認定審查的1萬1,367人當中，最終被認定為條約難民者僅有20人（國籍別為埃及籍5人，敘利亞籍5人，阿富汗籍2人與其他國籍8人），不認定處分者共9,736人（主要國籍為越南、菲律賓、尼泊爾、印尼與土耳其等），申請遭到駁回者共1,612人。而對於難民地位不認定的處分提起行政審查請求之外國人共有8,530人，申請者國籍數共62國，主要為越南、菲律賓、尼泊爾、印尼與土耳其。行政審查請求的處理案件數為4,391人，最終裁定「請求有理由者」僅1人，「請求無理由者」為3,084人，請求遭到駁回者共1,306人。

就2017年度日本難民認定程序的結果而言，共有65名外國人取得難民資格。不過基於入管法難民認定程序而取得「條約難民」資格者僅有20名，其他45名係屬雖未被認定為條約難民，但基於其他人道上的考量而被賦予難民地位資格。

（二）過去歷年之發展

日本自1981年與1982年批准加入上述兩項國際難民法律文件之後，於

---

[13] 日本法務省，平成29年における難民認定者数等について，http://www.moj.go.jp/nyuukokukanri/kouhou/nyuukokukanri03_00600.html，瀏覽日期：2018.10.2。

1982年1月正式施行入管法以來，透過上述難民認定機制而取得難民地位資格的外國人僅占所有申請者的極少數。以過去10年來統計數據可瞭解此一趨勢，如下表4-1與表4-2所示，在難民認定申請者人數隨年遞增的同時，最終取得難民認定證明書的申請者卻是逐年下降，通過比率相當低，在平成25年（2013年），通過難民認定的人數甚至來到史上最低的6人。

表 4-1　過去10年間難民申請總人數

(人)

	平成20年	平成21年	平成22年	平成23年	平成24年	平成25年	平成26年	平成27年	平成28年	平成29年
申請者數	1,599	1,388	1,202	1,867	2,545	3,260	5,000	7,586	10,901	19,628

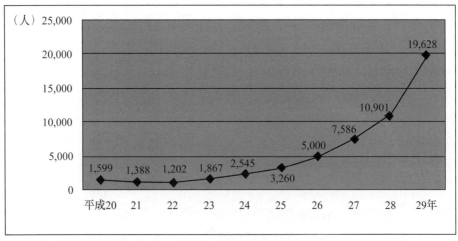

資料來源：日本法務省，http://www.moj.go.jp/content/001248677.pdf，瀏覽日期：2018.10.1。

表 4-2　過去10年間難民認定通過人數

	平成20年	平成21年	平成22年	平成23年	平成24年	平成25年	平成26年	平成27年	平成28年	平成29年
難民認定者數	57	30	39	21	18	6	11	27	28	20

表 4-2　過去10年間難民認定通過人數（續）

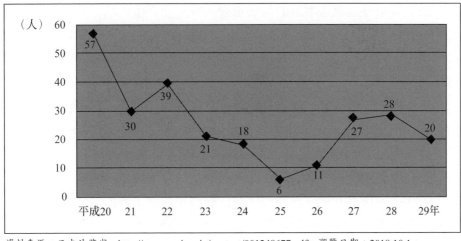

資料來源：日本法務省，http://www.moj.go.jp/content/001248677.pdf，瀏覽日期：2018.10.1。

第二節　日本難民認定機制之問題分析

　　從上述日本過去二十幾年來有關難民認定申請的相關數據可知，向日本政府申請難民認定的外國人最終能通過認定並取得「難民認定證明書」的比率相當低，幾乎是千中選一的高難度門檻。日本的難民認定如此的低通過率，亦使得日本政府在難民保護議題上遭受到來自國內外的批評，認為日本政府並未真正履行其作為國際難民條約締約國的義務與責任，也因此侵害了難民的權益與人權。有關外界對於日本的難民認定率普遍低迷的批評，吾人可從以下行政與司法兩個層面探討。

一、行政觀點

（一）國際難民條約之內在制約

　　面對如此的批判，除了日本政府對於難民人權保障的保守心態之外，事實上此亦暴露出國際難民保護法制上的內在制約。如同上述所言，難民定義係屬立法層面的問題，一般而言在國際難民條約規範之下，作為條約

締約國之日本在國會立法上基本上遵守國際法上對於難民的定義。然而，在立法階段不存在重大爭議的難民定義，在立法之後的執行階段，卻在難民工作實務上衍生不少爭議。原因即在於有關難民認定程序的一切事務細節，均委由各締約國之主權裁量，這使得在難民認定的國家實踐上各國之間享有裁量權限，因此難民認定的國際實務存在差異。

日本與大多數國家一樣，有關難民認定的程序事務，均屬於移民事務的一環。有關難民事務，均由行政機關的法務省主政一切事務。如上所述，在難民的申請與地位的認定方面，依據入管法，由法務大臣進行認定。在此所謂由法務大臣「認定」，亦即由行政機關依據國際難民條約及日本國內法所規定的難民構成要件進行解釋與適用，進而判斷申請者是否具備日本國內法上的「難民性質」或「難民資格」。

換言之，在此種制度設計上，申請者是否具備「難民性質」，從而可以被正式認定爲符合難民條約上的「條約難民」，並開始在日本國內社會享有難民所應有的權利，但前提是必須先通過法務省的審查。然而，承擔難民地位認定工作的法務省如何解釋與適用國際法與國內法，此即涉及到難民定義之判斷基準的問題。其中發生了國際基準與國內基準的差異或衝突，致使日本難民地位認定通過率始終偏低，箇中原因或可突顯現行國際難民法制上的問題點。

（二）國家行政審查機制的舉證衡平問題

當然，除了上述所稱國際難民保護機制所存在的內在制約外，日本政府在通過入管法修正並開始落實難民地位認定機制後，國家行政機關在認定機制上不可否認仍存在爲人詬病的缺失，致使日本陷入難民權利保障不足的批判聲浪之中。

首先，在難民認定的程序機制方面，如何確保處於弱勢或不利地位的難民認定申請者在整體認定審查程序中與審查者之國家居於一個較爲平等的地位，乃是受到各方關注的問題點。日本的難民認定係採取行政處分的認定途徑，因此申請程序一開始，乃是作爲申請者的外國人面對日本的國家行政機器，透過一切程序上申請與實質上的舉證，努力說服日本政府認

可其真實具備國際難民法與日本入管法上的「難民性質」。在此認定過程中，若過度課以難民認定申請者程序上的負擔與實質上的舉證責任，不免致使申請者在程序上居於不利地位，行政機關在處於優勢被動的情況下，只要申請者程序有所些微瑕疵或舉證上有所些微矛盾，即可片面地駁回申請或做成不認定之處分。

　　難民認定事務雖然行政上的羈束行為[14]，行政機關只要確認申請者係符合國際難民條約與入管法上所規定難民定義之要件，法務大臣即應給予難民地位之認定。然而，依據入管法第61條之2第1項規定，日本法務大臣係依據難民認定申請者所提出的相關資料進行難民認定，因此基本上針對所提出的申請資料，申請者負有舉證責任。若申請者無法具體舉證本人符合上述法規所規定之難民定義要件，法務大臣自可做成不認定之處分。在大多數可以預見之情況下，難民申請者可能係因出於急迫情況逃離本國，無法隨身攜帶相關證明文件，同時極有可能面臨身心狀態不穩定或語言不通的情況，因此過度課以舉證責任顯有不當。

（三）行政機關對於難民要件符合之嚴格認定

　　論及認定基準的問題，亦是有關條約解釋的問題。大多數人對於難民的法律定義有所共識，但對於如何解釋此一定義卻眾說紛紜。作為主管國際難民事務的聯合國難民總署（UNHCR）亦發現此一爭議的嚴重性，因此UNHCR通過了認定基準的參考手冊[15]，不過該文件並未對於各締約國具備法律拘束力。

　　在難民定義的要件上，實務上最為棘手與爭議的課題在於「迫害」的要素與其相關的舉證方面。從上述1951年難民地位公約第1條有關現代難民的定義規定可知，現代國際法之下所謂「條約難民」（statutory refugees）必須具備以下幾個要素。第一，必須有正當理由畏懼（well-

---

[14] 平成15年1月28日國會答辯第25號。另參照岩田陽子（2011），我が国の難民認定制度の現状と論摰，調査と情報，710號。

[15] Handbook and Guidelines on Procedures and Criteria for Determining Refugee Status under the 1951 Convention and the 1967 Protocol relating to the Status of Refugees.

founded fear）受到迫害（being persecuted）[16]；第二，受到迫害的恐懼乃是起因於其種族、宗教、國籍、屬於某一社會團體或具有某種政治見解的原因；第三，必須身處在其本國（或以前經常居住國家）之外；第四，不能或不願受本國保護的人（無國籍者的情況下係指其不能或不願返回經常居住國家的人）。由於難民定義本身所存在的複雜性與關聯性，有關難民定義的各項要素當中，事實上「迫害」概念本身可以說是難民地位認定中唯一的基準（exclusive benchmark）[17]。

　　針對「迫害」概念的判斷基準，從日本法務省做成的難民地位不認定處分的理由可知，一般採取較為嚴格的認定基準。例如，在不認定處分通知書中，針對申請者並無遭受「迫害」之虞的理由，一般使用以下的文句，諸如「申請者所從事之活動並未受到該國政府關注……在其本國，雖然有參加民主抗爭活動，但該活動並非特別受到注目」或者「申請者雖以反政府活動人士自居，但無法認定其從事之活動受到該國政府之關注」等[18]。換言之，在行政機關的難民認定審查判斷上，一般將焦點放在遭指控迫害之該國政府是否「注目」、「關注」、「防備」或「掌握」申請者的抗爭活動，有時甚至在前面加上「更加注目」或「更加關注」等修飾字句，等同於課以「迫害要件」額外的個別加重要件[19]。準此，似乎申請者的抗爭或反政府活動必須受到該國政府高度關注，才可能符合「有正當理由畏懼受到迫害」的要件，如此的高標準，被批評為能夠被認定難民地位者可能僅限於那些「高知名度」的反政府人士[20]。

---

[16] 附帶說明的是，在1951年難民地位公約第1條的難民定義條款中，可以看出中文版的譯文並未將英文版條約文中「受到迫害」（being persecuted）一詞精確地呈現出來。但是，這並不影響戰後以來吾人對於所謂「條約難民」定義中要素的相關討論。

[17] M. E Price (2006), "Persecution Complex: Justifying Asylum Law's Preference for Persecuted People", *Harvard International Law Journal*, Vol. 47, p. 416.

[18] 渡邊彰吾、杉本大輔（2015），難民勝訴判決20選，信山社，頁19-21。

[19] 同上註，頁21。

[20] 同上註，頁22。

二、司法觀點

在難民認定的救濟機制上，行政訴訟為難民申請者提供一條不同於行政審查機關立場的司法救濟途徑。如上所述，歷年在日本的難民申請人數逐年攀升，不過在行政機關第一次審查遭到不認定處分的申請者占了絕大多數，在救濟途徑上能以司法行政訴訟成功撤銷行政機關之不認定處分者，勝訴機率亦不高。依據日本政府統計，有關難民不認定處分撤銷請求訴訟以及難民不認定處分無效確認請求訴訟之訴訟件數，自2005年至2016年間共有519件，其中難民不認定處分判決撤銷或無效的件數為82件，最終確定判決的件數為53件[21]。在最近幾年的統計，因提起行政訴訟勝訴而最終獲得法務省認定難民地位者每年大約僅有個位數，例如2010年為4人，2011年6人，2012年3人，2013年1人，2014年1人，2015年2人，2016年1人[22]。

透過該日本國內行政法院有關難民認定審查的相關司法判決，檢視日本對於「迫害」概念的解釋立場可知，在日本法院大多數有關難民認定的訴訟判決上，日本法院針對所謂「迫害」的概念，雖然在申請者的出身國資訊與相關證據證詞的證據能力方面較上述行政機關有更正面的認定[23]，但對於迫害之來源或理由仍舊回到1951年難民地位公約的規範內容[24]，在最近的裁判案例上，日本法院認為所謂「迫害」，係屬於一種「造成一般人所無法忍受之痛苦的攻擊或壓迫，可以被認為是對生命或身體自由的侵

[21] 內閣參質一九○第90号，平成28年4月1日，參照日本參議院，http://www.sangiin.go.jp/japanese/joho1/kousei/syuisyo/190/touh/t190090.htm，瀏覽日期：2018.10.2。

[22] 日本參議院，第193回国会・答弁書第146号，參議院議員石橋通宏君提出難民認定状況に関する質問に対する答弁書（2017年6月27日），http://www.jlnr.jp/legislative/20170615-q[20170627-a]ishibashi-michihiro%20[refugee%20protection].pdf#search='%E9%9B%A3%E6%B0%91+%E8%A1%8C%E6%94%BF%E8%A8%B4%E8%A8%9F+%E4%BB%B6%E6%95%B0'，瀏覽日期：2018.10.2。

[23] 渡邊彰吾、杉本大輔，同上註，頁31。

[24] 日本係採取一元化的條約直接具有國內法效力的國家，因此凡是日本批准並對日本生效的條約，在日本國內法上均直接具有國內法的效力，因此日本法院在判決時常有直接引用並討論國際條約的適用問題。

害或壓抑。」[25]此一有關「迫害」的司法解釋，可說是目前日本司法機關的主要立場[26]。此一解釋對於難民要素中有關「迫害」概念有進一步明確表述的地方。該司法解釋進一步將「迫害」概念與一般人權概念中較為具體的「生命或身體自由」做一連結。

　　此一連結脈絡基本上亦是在1951年難民地位公約的規範架構之下所做成的解釋。該公約第31條第1項規定「締約各國對於直接來自生命或自由受到第一條所指威脅的領土未經許可而進入或逗留於該國領土的難民，不得因該難民的非法入境或逗留而加以刑罰，……。（編按：楷體字為作者所加）」接著第33條第1項規定「任何締約國不得以任何方式將難民驅逐或送回（推回）至其生命或自由因為他的種族、宗教、國籍、參加某一社會團體或具有某種政治見解而受威脅的領土邊界。（編按：楷體字為作者所加）」該公約這2條規定均將「生命或自由」納入締約國對於難民所應負的義務之中。這也意味著該公約難民定義中「迫害」的要素必須從「生命或自由」受到嚴重侵害或壓抑來加以解釋。否則，若「生命或自由以外的權益」受到嚴重侵害也可以被包含在「迫害」概念之中，則難民的定義或者「迫害」的要素在難民認定程序中將變得無意義[27]。在此必須再次強調的是，日本司法判決對於「迫害」概念的解釋雖然較行政機關所認定之範圍較為廣泛且具彈性，但日本法院的判決立場仍堅守所謂「迫害」僅限於從「生命或自由」的範圍內加以解釋，不得擅自擴張解釋。

　　上述日本司法解釋中，將公約中「自由」解釋為「身體自由」，基本上係為「自由」概念進行更進一步的限縮。換言之，既然在公約上將「自由」與「生命」並列，則此種受到威脅或侵害的「自由」必須限於「對於身體上的嚴重侵害」，而非其他對於「社會自由」或「經濟自由」的侵害

25　東京地判平成23年10月27日。轉引自http://reflawpractice.cocolog-nifty.com/blog/2011/12/--0026.html（2015/8/17）。藥師寺公夫等（2006），国際人權法，東京：日本評論者，頁179。

26　安藤由里香，難民訴訟事件における迫害の解釈と退去停止の執行停止，載於秋元茂樹、藥師寺公夫編（2013），普遍的国際社会への法の挑戦，東京：信山社，頁425。

27　東京地判平成22年10月29日判決。轉引自安藤，同上註。

或威脅，此點也是日本解釋與其他國際學說或國際基準立場不同之處[28]。

　　總之，何以日本行政法院針對難民認定訴訟仍採取嚴格解釋難民要件，基本上司法機關對於「條約難民」的定義、要件乃至於判斷基準，並未確立司法機關獨自的規範基準或裁判依據，也因此導致在很大的程度上最終裁判結果大多認可行政機關針對難民定義中「個別加重要件」的主張，當然若從UNHCR的認定基準來看，這些額外加上的主觀且個別的判斷要件均屬不可接受的解釋方式。

第三節　結論

　　在上述國際難民法制的內在制約中，既然國際法（條約）的落實係屬各國之實踐，在難民認定機制上最具爭議性的「難民要素」而言，戰後以來各國的實踐互有差異，但在日本國內社會歷經超過30年以上的難民認定實務，至今仍呈現較為消極的認定趨勢，從此一發展吾人亦可發現存在東西方國家在難民保護問題方面政策立場的差異。上述提到對於難民認定程序與「迫害」概念的認定，UNHCR的指導方針與手冊都採取較為廣義或寬鬆的範圍，該指導方針與手冊雖非具有拘束力的法律文件，但是大多數歐美國家與紐澳等國在國內法上均採取與UNHCR相同或相似的立場，以便讓更多難民得以獲得保護。反觀日本，日本法院判決則堅持UNHCR的上述文書並不具有法律拘束力，日本政府（無論是行政機關或司法機關）不採認寬鬆認定的立場[29]。

　　事實上，從日本的難民認定機制與其實務上始終呈現難民認定的低認可率，可發現在日本的難民認定法制上與國際難民法基準及其他歐美先進國家之認定實務之間存在著巨大落差。若從人權保障理論而言，難民認定

---

[28] Guy Goodwin-Gill (1983), *The Refugee in International Law*, 1st ed., p. 38. James. C. Hathaway (2007), *The Law of Refugee Status*, 3rd ed., pp. 123-125.

[29] 安藤由里香，難民訴訟事件における迫害の解釈と退去停止の執行停止，載於秋元茂樹、藥師寺公夫編（2013），普遍的国際社会への法の挑戦，東京：信山社，頁428。

基準應具備的國際性。從上述論述得知,難民保護原理係屬於國際人權的一環,仍應具備國際人權法所要求的普遍基準。雖然條約機制的國內實施,各國仍有相當程度的解釋權限或裁量權限,但仍應保持一定程度的國際性與普遍性。和基本人權保障的國際機制相同,難民保護法制的形成本身具有其國際發展背景,因此其與難民相關之論說、實踐與問題點均具有高度的國際性格。在國內法制上,不僅在定義方面參酌國際法律文件或其他國家作法,在運作機制上亦應參酌國際共通作法,以期能與國際作法接軌。

參考文獻

一、日文部分

山神進（1982），難民条約と出入国管理行政，日本加除出版，はじめに。

田中敏彦（1981），難民の概念について，法律のひろば，34巻9号。

安藤由里香，難民訴訟事件における迫害の解釈と退去停止の執行停止，載於秌元
　　茂樹、藥師寺公夫編（2013），普遍的国際社会への法の挑戦，東京：信山
　　社。

法務総合研究所（2010），出入国管理及び難民認定法（第六版），法務総合研究
　　所。

岩田陽子（2011），我が国の難民認定制度の現状と論孳，調査と情報，710號。

近藤敦（2009），なぜ移民政策なのか—移民の概念、入管政策、と多文化共生政
　　策の課題、移民政策学会の意義，移民政策研究創刊号。

渡邊彰吾、杉本大輔（2015），難民勝訴判決20選，信山社。

墓田桂（2015），難民問題，東京：中央公論新社。

藥師寺公夫等（2006），国際人権法，東京：日本評論者。

二、外文部分

Guy Goodwin-Gill (1983), *The Refugee in International Law*, 1st ed.

James. C. Hathaway (2007), *The Law of Refugee Status*, 3rd ed.

M. E Price (2006), "Persecution Complex: Justifying Asylum Law's Preference for Perse-
　　cuted People", *Harvard International Law Journal*, Vol. 47.

第五章

新住民在臺發展脈絡與法制

第一節　前言

　　本文所稱之新住民，是指與臺灣地區人民結婚來臺居住之外來人口，包含了外國人、無國籍人、大陸地區人民、香港、澳門居民等對象。經查，我國法令對於「新住民」一詞，並無明確之定義，無論是政府機關、學界或民間團體，對結婚來臺居住之外來人口，或稱「新移民」、或稱「新住民」、或稱「外籍（大陸）配偶」等，並無一致性之用語。直至2015年6月，行政院訂定「行政院新住民事務協調會報設置要點」，設立「行政院新住民事務協調會報」，成為政府機關首度正式使用「新住民」一詞；另內政部依據104年8月4日行政院新住民事務協調會報決議，修正「外籍配偶照顧輔導基金收支保管及運用辦法」之名稱為「新住民發展基金收支保管及運用辦法」，該辦法第1條即規定，將臺灣地區人民之配偶為外國人、無國籍人、大陸地區人民及香港、澳門居民等，統稱為新住民[1]，這也是我國法令，開始對「新住民」有較為明確之闡述。

* 中央警察大學國境警察學系兼任講師。

　蔡政杰（Cheng-Chieh, Tsai），中國文化大學政治學研究所博士候選人、中央警察大學外事警察研究所（國境組）法學碩士。曾任內政部移民署臺北市專勤隊助理員、臺北市服務站科員、入出國事務組陸務科專員、首屆移民特考及格學員專業訓練班輔導員、入出國事務組綜合計畫科視察、新竹縣專勤隊視察兼副隊長；現為內政部移民署南區事務大隊業務隊隊長、中央警察大學國境警察學系兼任講師。

[1] 「新住民發展基金收支保管及運用辦法」第1條規定：「為協助臺灣地區人民之配偶為外國人、無國籍人、大陸地區人民及香港、澳門居民（以下簡稱新住民）適應臺灣社會，並推動整體新住民與其子女及家庭照顧輔導服務，人力資源培訓及發展，建構多元文化社會，有效

　　根據內政部的統計資料，臺灣的人口密度[2]從1991年的569人／平方公里，到2018年6月增加至651人／平方公里[3]，屬高人口密度之國家[4]，若單純以地小人稠的觀點而言，臺灣顯然並不適合接受大量的移民[5]。然而，移民政策乃屬國家層級之戰略思維，本不宜以單一因素作爲能否接納移民之考量。因此，雖然臺灣屬高人口密度之國家，行政院仍於2008年公布「人口政策白皮書」，其政策係以臺灣人口結構之發展作爲核心，針對少子化、高齡化及移民等問題提出相關對策，復於2011年12月7日修正核定「中華民國人口政策綱領」，滾動檢討人口政策，嗣於2013年7月核定修正「人口政策白皮書」，其中對於移民問題，提出了6項對策[6]，對策中之「深化移民輔導」，則爲針對新住民在臺生活之規範及措施；本文將從政府對新住民實施移民輔導措施的觀點，探討新住民在臺發展之歷程。

　　再者，關於新住民在臺所需之法令部分，政府並無爲新住民設立專法，而是依其身分別之不同，分別適用不同之法令，如「入出國及移民法」及「國籍法」主要規範對象爲外國人；「臺灣地區與大陸地區人民關係條例」主要規範對象爲大陸地區人民；「香港澳門關係條例」主要規範對象爲香港、澳門居民。因此，新住民依其國籍或地區別之不同，在臺生活所依循之法令亦有所差異，不只造成新住民在臺生活之困擾，政府在推動新住民之相關措施時，也容易受法令差異性之影響，而無法對新住民一視同仁，因此，本文也將探討新住民相關法制之現況及面臨之問題。

　　整合政府及民間資源，特設置新住民發展基金（以下簡稱本基金），並依預算法第二十一條規定，訂定本辦法。」

[2]　人口密度＝土地面積（平方公里）／人口總數。

[3]　參閱內政部統計處網站─內政部統計月報，https://www.moi.gov.tw/files/site_stuff/321/1/month/month.html，瀏覽日期：2018.8.1。

[4]　相較於主要移民國家加拿大之人口密度約爲3人／平方公里，美國之人口密度約爲35人／平方公里，臺灣確偏屬高人口密度國家。

[5]　許義寶，我國移民政策與法制之初探，「國境管理與移民事務」學術研討會，2010年6月，頁121-138。

[6]　人口政策白皮書對於移民問題提出以下六大對策：（一）掌握移入發展趨勢；（二）深化移民輔導；（三）吸引專業及投資移民；（四）建構多元文化社會；（五）強化國境管理；（六）防制非法移民。

　　本文係從新住民發展脈絡、法制規範等問題著手研究，希望能為新住民發現未來在臺發展更多的可能性，並期許政府對於新住民能研修專法，讓不同國籍、地區的新住民在我國都能享有相同的待遇及福利。

壹、新住民在臺生活之歷程

一、經濟考量的婚姻

　　從移民的動機和原因區分，國際移民之形態，可分為經濟移民、政治移民（含難民）、依親移民（含婚姻移民）、非法移民、身分轉換移民等態樣[7]，以此分類，本文所研究之新住民，其本質係為婚姻移民，在移民的類型中，雖然是屬於相對單純的形態，但是新住民結婚來臺之背後動機，通常並不單純，婚姻關係形成的原因可能還包括了經濟因素、歷史因素、政治因素或是受到全球化之影響。如就筆者在移民署長期從事新住民相關工作的親身體驗觀察，在臺之新住民雖然是以結婚事由來臺，但是大部分的新住民卻是為了改善原生家庭之經濟狀況才選擇結婚來臺[8]，所以，更精確而言，此類的婚姻移民，應可稱為「經濟考量之婚姻移民」，較能貼近社會現實狀況。

　　新住民一詞雖然是近年來才有的用語，但是政府早從1987年起，就已開始統計婚姻移民之相關數據[9]，為何統計起點為1987年？主要是因為1987年7月15日政府宣布解嚴，同年11月2日開放臺灣民眾前往大陸地區探親[10]，因此才開始統計兩岸人民往來的相關數據，實際上婚姻移民的出現應該比官方統計數據之時間還要更早。

---

[7]　陳明傳、高佩珊（2016），移民理論與移民行政，頁16-17。

[8]　由陳慧翎導演，李崗監製，外籍配偶照顧輔導基金輔助拍攝之「內人、外人／新移民系列電影」（2012），其中「吉林的月光」一集，即相當寫實的探討主角為了經濟因素，不得不嫁來臺灣之社會議題。

[9]　參閱內政部移民署官方網站之業務統計資料，https://www.immigration.gov.tw/np.asp?ctNode=29698&mp=1，瀏覽日期：2018.8.16。

[10]　大陸委員會大陸資訊及研究中心，兩岸關係的發展，參閱大陸委員會官方網站，https://www.mac.gov.tw/MAIRC/cp.aspx?n=D50A7AEB3C165858，瀏覽日期：2018.8.16。

國際移民組織（International Organization for Migration, IOM）在2018年世界移民報告（World Migration Report, WMR）提及，工作及經濟考量，仍是造成國際移民的主要因素[11]，就此報告之觀點結合筆者前述的觀點，「經濟考量之婚姻移民」其移民的主要原因仍是經濟因素，結婚只是改善經濟之手段，若再結合以下結婚來臺的新住民之國籍及人數統計，更可進一步瞭解。

　　根據內政部移民署的官方統計資料[12]，自1987年起至2018年6月止，在臺新住民累計有53萬7,452人，其中外籍配偶計有18萬1,103人（男性占11%，女性占89%），大陸地區（含港澳）配偶計有35萬6,349人（男性占6.8%，女性占93.2%），再進一步以國籍及地區區分，外籍新住民結婚來臺之女性，以越南居多，計10萬1千餘人，占整體外籍新住民女性63%；另大陸港澳地區結婚來臺之女性，以大陸地區最多，為32萬2千餘人，占整體大陸港澳地區新住民女性97%（如圖5-1及圖5-2）。

統計時間：1987年至2018年6月
資料來源：內政部移民署官方網站

總人數：181,103人
男性：19,802人
女性：161,301人

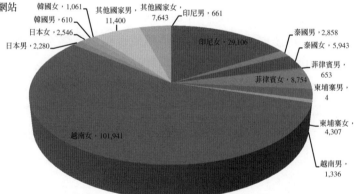

圖 5-1　外籍新住民人數圖（依性別區分）

---

[11]　World Migration Report 2018，參閱IOM官網，http://www.iom.int/wmr/world-migration-report-2018，瀏覽日期：2018.8.16。

[12]　參閱移民署官方網站業務統計資料之「各縣市外裔、外籍配偶人數按國籍分與大陸（含港澳）配偶人數」，https://www.immigration.gov.tw/ct.asp?xItem=1340132&ctNode=29699&mp=1，瀏覽日期：2018.8.20。

統計時間：1987年至2018年6月
資料來源：內政部移民署官方網站

總人數：356,349人
男性：24,482人
女性：331,867人

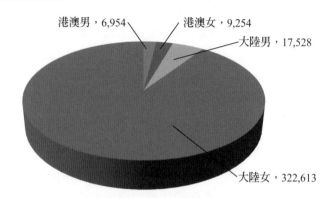

圖 5-2　大陸及港澳新住民人數圖（依性別區分）

　　按統計資料分析，大陸地區與越南之女性新住民人數最多，而以筆者個人之工作經驗觀察，這群來自大陸地區與越南的女性，大部分在原屬國（地區）的經濟條件並不優渥，多屬中產或勞動階級，所以，來臺結婚的對象也多為臺灣的中產階級、藍領階級的男性，大多數女性結婚來臺後，除了照顧臺灣的家庭，還要兼顧原屬國（地區）家庭經濟生活，但是臺灣這邊的家庭並無法提供足夠的經濟條件，所以通常結婚來臺後，還是得投入生產工作，才能達到改善經濟生活的需求，也就形成了上述的「經濟考量之婚姻移民」。因此，有很多在臺生活的新住民，在經濟上都處於弱勢，如何照顧新住民，使其能在臺灣安居樂業的生活，就成了政府的一大課題。

二、基金運用及生活輔導

　　早期政府對於新住民的照顧措施並不完善，根據研究發現，新住民女性在勞動市場的位置都屬底層勞動，諸如：小吃店、早餐店、路邊攤賣滷味、賣冰等勞動服務業，還有黏信封、針車成衣、組合絹布花等[13]，這讓

---

[13] 夏林清（2009），外籍配偶就業輔導與協助機制之研究，內政部外籍配偶照顧輔導基金補助研究報告。

新住民女姓在社會中容易被歧視，也造成了不少社會問題。想要改善新住民在臺的生活，政府就得投入相當規模的資源，於是行政院在93年7月28日第2900次會議指示「籌措專門照顧外籍配偶之基金」，自94年度起設置外籍配偶照顧輔導基金，分10年籌措30億元，以附屬單位基金之方式設立於內政部，並在104年8月4日修正基金名稱爲「新住民發展基金」，基金規模維持10億元。有了經費作爲後盾，政府開始對於新住民輔導推動了六項重點措施[14]：（一）強化入國前輔導。（二）持續強化移民業務機構輔導及移出人口之海外協助。（三）社會權之保障。（四）文化與教育權之保障。（五）經濟權之保障。（六）促進移民心健康環境之建立。想藉此幫助第一代新住民儘快適應臺灣的社會環境，並給予適當的幫助。

　　從上述的基金規模及輔導措施，如果確實能落實推動用於新住民身上，相信對新住民的助益相當大，也有助於逐年改善新住民在臺之生活狀況。惟根據歷年的輔助資料顯示（如表5-1），自94年起至106年止，受基金輔助金額最高者爲中央政府，地方政府次之，最少者爲民間團體，但是申請補助之件數卻完全相反，申請件數最多者爲民間團體，地方政府次之，最少者爲中央政府。再仔細觀察其補助內容[15]，其實不難發現，中央政府及地方政府每年均有特定之計畫來申請基金補助，因此，大部分的經費都撥予中央政府及地方政府，幾乎成了基金輔助的常態，而其每年所獲得補助的總金額也都相當接近。但是這些計畫諸如中央政府之「新住民火炬計畫」或是地方政府之「設籍前外籍配偶遭逢特殊境遇相關福利及扶助計畫」，是否都能直接對於需要幫助之新住民提供幫助，或只是政府選定對象的幫助，而這些計畫卻是占去基金支出的重大比例，卻是不爭的事實。

　　何以民間團體申請案件數最高，獲得的補助金額卻最少，這樣的資源分配是否合理，基金輔助只著重政府計畫，而未深入民間團體，是否符合

---

[14] 内政部（2008），人口政策白皮書。

[15] 各項補助內容及金額均公布於移民署官方網站，新住民發展基金輔助情形，https://www.immigration.gov.tw/lp.asp?ctNode=31536&CtUnit=16722&BaseDSD=7&mp=1，瀏覽日期：2018.8.20。

設置基金的本意，能否真正對於新住民能有效的輔導及幫助，可能都還有探討的空間。不過，如果從新住民輔導的重大措施來審視基金的輔助情形，則可發現，基金的運用確實可以再更普及化，根據移民署於103年委託研究案對於移民輔導措施之參與情形之研究結果，新住民曾參與政府輔導措施居然是以「汽機車駕訓考照」為最多人，「成人教育研習班」次之，且高達62.4%的新住民，未曾參與任何的輔導措施[16]，這樣的調查結果，也與本文探討的結果相符，政府確實需要更費心的規劃設計，更有效的運用基金來改善未來新住民的生活。

　　再從移民署每年公布之「辦理新住民生活適應輔導成果報告」[17]來觀察，其採關鍵績效指標（KPI）的評比方式作為成效，比如補助金額達成率、辦理生活輔導班之班次、上課人次等，這樣的統計指標，能否作為新住民生活適應的成果統計指標，筆者認為，應可再為精緻，設計更貼近新住民實際生活所需之指標，更能展現出政府對於新住民費心輔導的成果。

表 5-1　外籍配偶照顧輔導基金（104年起改名為新住民發展基金）支出一覽表

（新臺幣／元）

年度	中央政府		地方政府		民間團體		總計	
	件數	金額	件數	金額	件數	金額	件數	金額
94	7	44,672,107	45	57,471,157	39	18,079,950	91	120,223,214
95	17	152,979,029	73	132,280,578	37	13,408,350	127	298,667,957
96	17	172,139,854	48	44,392,350	53	26,202,359	118	242,734,563
97	22	50,656,957	99	167,359,896	72	21,750,727	193	239,767,580
98	20	58,457,314	98	111,507,140	76	16,517,210	194	186,481,664
99	19	44,336,104	130	122,372,899	213	56,969,386	362	223,678,389
100	15	46,847,798	101	116,567,459	226	45,384,480	342	208,799,737

---

[16] 楊文山、林佳瑩（2014），外籍配偶與大陸配偶生活需求調查報告，內政部入出國及移民署委託研究案。

[17] 參閱移民署官方網站，新住民生活適應輔導成果報告，https://www.immigration.gov.tw/lp.asp?ctNode=31540&CtUnit=17111&BaseDSD=7&mp=1，瀏覽日期：2018.8.20。

表 5-1　外籍配偶照顧輔導基金（104年起改名為新住民發展基金）支出一覽表（續）

（新臺幣／元）

年度	中央政府		地方政府		民間團體		總計	
	件數	金額	件數	金額	件數	金額	件數	金額
101	23	255,289,708	152	127,136,844	281	42,652,855	456	425,079,407
102	32	270,567,050	138	122,496,337	343	63,994,247	513	457,057,634
103	22	249,009,476	112	113,043,094	261	60,211,924	395	422,262,764
104	19	110,655,780	94	109,091,128	155	27,500,315	268	247,247,223
105	21	149,065,921	109	123,099,428	52	19,551,168	182	291,716,517
106	21	141,950,830	115	131,555,765	70	18,501,265	206	292,007,860
總計	255	1,746,627,928	1,314	1,478,374,075	1,878	430,724,236	3,447	3,655,724,509

資料來源：筆者自行整理。

　　雖然政府辦理移民輔導的方式及整體成效仍有改善及加強的空間，但是也不能否認，在政府連續多年投入移民輔導的相關資源後，確實有逐漸地改善新住民在臺的生活狀況。另外，因為隨著新住民在臺設籍的人數越來越多，擁有投票權的人數也逐年增加，尤其是新住民二代子女的人數，使得臺灣政治人物也越來越重視新住民的存在；根據內政部統計處官方之統計月報，自1998年起至2003年止，母親為大陸地區人民（含港澳）及外國人之在臺新生兒計有14萬3,226人，惟此階段內政部公布之統計資料較不詳細，未能依國籍別及性別予以細分，自2004年起至2017年10月止，母親為大陸地區人民（含港澳）之在臺新生兒計有23萬4,137人（男性占52.5%，女性占47.5%），母親為外國人之在臺新生兒計有23萬6,323人（男性占52%，女性占48%）[18]；亦即，自1998年至2017年10月止，新住民在臺所生之子女數計有61萬3,686人，平均每年約有3萬多名新住民二代子女出生，也代表自2018年起，每年將有3萬多名新住民二代子女具有投

---

[18]　參閱內政部統計處統計月報之「1.2-現住人口出生、死亡、結婚、離婚登記」，http://sowf.moi.gov.tw/stat/month/list.htm，瀏覽日期：2017.12.4。

票權，並將逐年累積增加。

　　從Downs的民主經濟理論觀點，選票最大化一直以來都是政黨政治的重要考量[19]，因此，臺灣各政黨基於選情考量，不得不將新住民在臺生活的權益納入政見，而推出一系列的友善新住民的舉措，國民黨更於2016年推舉柬埔寨籍新住民林麗嬋當選不分區立法委員，讓新住民直接參政來推動新住民各項生活輔導，也成為新住民在臺生活歷程中，一個重要的里程碑。

第二節　我國新住民法制規範

壹、主要法令規範

　　我國對於新住民在臺生活所需之各項法令，並無採用專法規範，而是依據其原屬國籍及地區的不同，分別以不同的法律訂之，主要還是受到兩岸政治因素所影響，無法將大陸地區人民及香港、澳門居民視為外國人，同用單一法令。以下就不同身分別之新住民在臺生活相關主要之法令，概略探討如下：

一、外國人－入出國及移民法（以下簡稱移民法）及國籍法

　　移民法之立法目的，在於規範移民事務，落實移民輔導[20]，移民法所規範之對象主要為外國人及臺灣地區無戶籍國民，雖然部分條文定有大陸地區人民、香港澳門居民之相關事項[21]，但多屬通則性規定，尚無涉及新住民在臺生活之規範，且按特別法優於普通法之法律原則，大陸地區人民

---

[19]　Anthony Downs (1965). "An Economic Theroy of Democracy".

[20]　入出國及移民法第1條規定：「為統籌入出國管理，確保國家安全、保障人權；規範移民事務，落實移民輔導，特制定本法。」

[21]　移民法第3條、第11條、第21條、第63條、第64條、第65條、第71條、第74條及第91條，均有明文規定大陸地區人民及香港、澳門居民之相關事項。

及香港、澳門居民在臺之法令適用，仍應以專法為主，以下將另予探討。

新住民為外國人者，與國人結婚時，需依移民法第五章「外國人停留、居留及永久居留」之相關規定，申請在臺居留[22]，再依國籍法之規定，申請歸化為我國國籍[23]，續依移民法第三章「臺灣地區無戶籍國民停留、居留及定居」之相關規定，以臺灣地區無戶籍國民之身分申請居留一段時間後，再申請定居[24]。過程稍嫌繁複，若非從事移民相關業務之人員或研究學者，一般民眾恐不易理解外國人結婚來臺定居之申請程序，莫論外國人本身對於臺灣的法令更加陌生，顯得法律與受規範之對象產生了相當之疏離感。

二、大陸地區人民─臺灣地區與大陸地區人民關係條例（以下簡稱兩岸條例）

兩岸條例為特別法，專門規範臺灣地區人民與大陸地區人民往來之事務，兩岸條例未規範者，始適用其他法律之規定[25]，因此，大陸地區人民在臺之相關法律事項，應以兩岸條例為優先適用，也使得大陸地區新住民與外國新住民在臺適用之法令產生差異，生活權益也各自不同[26]，也衍生出不少社會問題，值得政府重視並予研究改善。

大陸地區新住民結婚來臺之程序，較外國新住民相對單純，必須先以「團聚」事由申請來臺停留，經過移民署面談通過後，即可到戶政事務所登記為臺灣人民之配偶，再申請在臺「依親居留」，其居留期間滿4年，且每年合法居住183日以上，則可申請「長期居留」，其居留期間連續滿

---

[22] 請參閱移民法第23條第1項第1款之規定。

[23] 請參閱國籍法第4條第1項第1款之規定。

[24] 請參閱移民法第9條及第10條之規定。

[25] 兩岸條例第1條規定：「國家統一前，為確保臺灣地區安全與民眾福祉，規範臺灣地區與大陸地區人民之往來，並處理衍生之法律事件，特制定本條例。本條例未規定者，適用其他有關法令之規定。」

[26] 有關大陸地區新住民與外國新住民之權益衡平事項，可另參閱柯雨瑞、蔡政杰（2016），婚姻移民人權與國境安全管理之折衝與拉扯：從平等權探討我國新住民配偶入籍之人權保障機制，國土安全與移民政策，五南圖書，頁219-246。

2年[27]，且每年合法居住183日以上，則可申請定居[28]。

三、新住民照顧輔導措施

　　移民法雖訂有「移民輔導及移民業務管理」專章，但是對於新住民在臺生活之輔導，僅規定政府對於移民應予照顧、輔導，並提供諮詢、訓練等服務[29]，新住民輔導相關主要之規範，仍在內政部於105年修正訂定之「新住民照顧服務措施」[30]，其原名稱爲「外籍與大陸配偶照顧輔導措施」[31]，輔導照顧之對象，包含大陸地區及外國新住民，主要分爲8大重點工作，39項具體措施（詳細內容請參閱附錄），將政府相關部會具納入主辦機關，地方政府多納入協辦機關，但比較不足的是，未直接將民間團體納入政府的協辦單位，或將部分工作授權委託民間團體擔任主辦機關，公私充分合作，也較能全面照顧新住民在臺的生活。

貳、我國新住民法制面臨的問題

　　新住民在臺生活所適用之法制，是否應不分國籍（地區）而以專法規範，早有學者從整體移民政策面及個別法令主管機關之立場提出問題[32]，但尚無結論，近來，立法委員林麗蟬、張麗善、楊鎮浯、顏寬恒、柯志恩等人，針對此一議題，也提出「新住民基本法（草案）」，主要就是從完善移民政策的觀點，提出新住民專法，期待政府能藉由新住民基本法具體

---

[27] 大陸地區新住民長期居留期間依法須爲「連續」，亦即不得間斷，否則將不符合申請定居之要件，此與依親居留「滿」4年之規定不同，常造成新住民申請時之疏忽，而影響權益。

[28] 請參閱兩岸條例第17條、大陸地區人民進入臺灣地區許可辦法、大陸地區人民在臺灣地區依親居留或定居許可辦法等規定。

[29] 入出國及移民法第51條規定：「政府對於移民應予保護、照顧、協助、規劃、輔導。主管機關得協調其他政府機關（構）或民間團體，對移民提供諮詢及講習、語言、技能訓練等服務。」

[30] 參附錄。

[31] 更名之原由，請參閱本文前言之論述。

[32] 楊翹楚（2011），全球化對我國移民制度之影響，中央警察大學國土安全與國境管理學報，15期，頁117-162。

落實憲法平等權的要求，並針對國內各族群狀況、條件及需求不同，而有差異性作為。同時這樣的法律也可以基於基本法的地位，敦促並授權相關行政機構訂定、修正相關法規，以達成多元融合、培力，及吸引人才之目標[33]。

我國目前並無明確之移民政策，僅在內政部出版之人口政策白皮書中，從人口結構考量，提出我國之移民對策，論其高度及廣度都相當有限。行政院院長賴清德則基於臺灣眼前的產業發展有人才跟人力需求問題，以及少子化衍生的人口危機問題，提出了「新經濟移民法規劃重點」[34]，交由行政院國家發展委員會主政辦理，看似把移民政策規劃的層級提高至行政院二級機關，但是就整體移民政策規劃的觀點而言，仍偏屬頭痛醫頭、腳痛醫腳之做法。筆者個人並不樂見在未經全盤整合之移民政策下，所推出之新經濟移民法，恐難有實質之成效。

不論是學術界、政治界、行政部門等，其實都已發現我國新住民法制之不全及待改善之處，也都提出了相關的建議作為，其目的都在於全面保障新住民的權益，使其能在臺安心生活。然而，這些看似有效的建議事項，卻一直無法落實的整合推動，除了臺灣內部嚴重的藍綠政治對立問題外，主導新住民相關工作的行政機關層級太低，也是重點原因；移民署隸屬於內政部，是行政院所屬三級機關，卻擔負大部分新住民在臺相關法令制定及政策規劃，經常需要跨部會，甚至跨院際協調各類工作事項，層級明顯不夠，工作推動當然不容易。

---

[33] 鄭鴻達（2018），改善移民處境　立委提修「新住民基本法」，自由時報電子報，http://news.ltn.com.tw/news/politics/breakingnews/2303145，瀏覽日期：2018.8.11。林麗蟬（2018），林麗蟬觀點：移民政策與專法迫在眉睫，風傳媒國內專欄，http://www.storm.mg/article/383059，瀏覽日期：2018.8.11。

[34] 中央通訊社（2018），賴揆說明新經濟移民法草案規劃重點，https://tw.news.yahoo.com/賴揆說明新經濟移民法草案規劃重點-圖-030159976.html，瀏覽日期：2018.8.11。

第三節　結論與建議

　　我國一直以來都將吸引優秀外籍人才列爲移民政策之重點之一，但是成效並不理想，英國牛津經濟公司（Oxford Economics）指出，人才外移加上吸引不到國際人才來臺，2021年的臺灣，可能成爲全球人才供需失衡最嚴重的國家[35]。因此，也曾有論者提起從新住民發掘適當的人才，或直接吸引高端人才的新住民來臺發展，但是，就本文研究新住民在臺發展的脈絡發現，經濟考量的婚姻移民，仍占在臺新住民相當高的比例，因此，想藉由新住民改善臺灣的人才問題，並不容易。再者，臺灣的法令對於新住民並不算友善，尤其是對於大陸地區的新住民，在法規面仍維持著高度的政治意識形態。另外，雖然在新住民照顧輔導措施部分，已不分國籍（地區），都給予相同的待遇，但是，中央政府主導成分過重，地方政府均只能協辦，民間團體更無法直接參與，這樣的移民輔導，導致有超過6成以上的新住民，從未接受過政府的移民輔導措施，而針對有接受輔導的新住民調查，接受過最多的輔導措施，竟是考取駕照，這對於政府細心規劃所臚列出新住民照顧輔導措施8大重點39項措施而言，筆者認爲算是相當大的打擊。

　　就本文之研究，臺灣礙於法制、政治、資源分配不均等因素，新住民在臺的發展性相當有限，也莫怪乎只能吸引經濟考量之婚姻移民，無法吸引高端人才之新住民來臺居住，尤其大陸地區的經濟發展狀況，已是全球有目共睹，甚至已有與美國抗衡經濟貿易之能力[36]，與國人結婚之大陸配偶素質也日益提高，就筆者工作經過所見，教育程度或文化素質越高之陸配，越不會選擇來臺灣工作或居住，而是往大陸一線城市、二線城市發展，其背後因素，除了臺灣經濟發展不如大陸外，臺灣的法令對於陸配的限制，及臺灣的人民對於陸配的歧視仍然存在，甚至是由立法委員公開表

---

[35] 葉基仁（2018），人才持續外流，問題出在哪？，經濟日報電子報，https://money.udn.com/money/story/5629/3191425，瀏覽日期：2018.8.2。

[36] 梁世煌（2018），中美經貿戰　學者：美已布局完成，旺報電子報，http://www.chinatimes.com/newspapers/20180131000091-260309，瀏覽日期：2018.7.22。

態[37]，這樣的社會氛圍，也是影響素質較高的新住民不願意選擇來臺的重要的原因。針對種種問題，本文提出以下之建議，希望能有助於新住民未來在臺之發展，除了改善現居住臺灣的新住民的生活，也可以吸引更多更優質的新住民選擇來臺生活。

壹、成立院屬一級移民機關，發展核心移民政策

從新住民照顧輔導措施的主辦機關來看，就不難發現，新住民相關工作的推動，大部分都屬跨部會執行，並不是單一部會的工作，而新住民又只是移民署業務工作其中之一環，更遑論整體移民工作所牽涉的廣度及複雜的深度。將移民署列為行政院三級機關，隸屬於內政部，其實已限縮了許多移民工作推動的能量。以現階段交由行政院國家發展委員會規劃「新經濟移民法（草案）」為例，不難想像除了考量經濟專業以外，也是為了方便統籌各部會的資源而提升主政機關的層級，然而術有專攻，新經濟移民法仍應該是以移民為核心主軸，促進經濟發展為其手段及目的，如能由移民專業機關主政規劃應更能符合國家利益。

因此，政府應考量將移民機關提升位階至院屬一級部會，並由其整合規劃全國性之移民政策，如現階段之國家核心政策為「經濟」，則移民政策也應以經濟為核心作短、中程通盤規劃，避免發生頭痛醫頭、腳痛醫腳之情形，只有先建立起移民核心政策，才能據以推動及執行後續的法令規範及行政措施，改善法令散亂，措施不全之問題。

貳、針對不同對象，分立移民專法

現行之移民法制過於零散，也缺乏上位之移民核心政策整合主導，導致新住民生活法規、勞動性移民法規、經濟性人才移民法規等移民相關法

---

[37] 民進黨立法委員蔡易餘日前於臉書發文「我們把陸配和外配差別待遇，剛剛好而已！」詳見：廖淑玲（2018），張麗善反歧視挺陸配　要蔡易餘刪文、民進黨道歉，自由時報電子報，http://news.ltn.com.tw/news/politics/breakingnews/2511596，瀏覽日期：2018.7.12。

令，各自規範，卻又互相牽連，或爲牽絆，使得政府各主管機關在修訂職掌之法令時，還得受其他法令之主管機關掣肘，難爲完整之政策規劃。例如，截至2018年6月底止，在臺行蹤不明之外籍勞工高達約5萬餘人[38]，監察院對此亦對移民署提出檢討要求有所改善作爲，就外籍勞工之整體移民政策而言，前端引進外勞及勞動合約、市場需求等事項，係屬勞動部之勞工政策，後端外勞在臺申請居留證及入境後管理，才屬移民署之外國人管理政策，涉及之法令主要有就業服務法、移民法等，因此，逃逸外勞之問題，若前端勞工政策沒改善，後端管理政策亦難有所成效，此即缺乏專法管理所帶來之困擾，外勞是如此，新住民是如此，外籍人才亦是如此。

　　本文建議政府不應以國籍（地區）作爲法令規範之區別，而該考量以事由身分之不同，分立不同之專法，如針對新住民，不論其爲大陸地區人民或爲外國人，均可用「新住民專法」規定相關生活及輔導事項；針對吸引人才部分，也可用「經濟移民專法」給予高端人才優惠，吸引來臺；針對勞動階級之外來人口，亦可訂定「就業移民專法」，從前端引進到後端管理作整體性之規範，應可改善逃逸外勞之問題，至一般外來人口入出國（境）之管理，可續採用移民法，作一般性規範。如此一來，在訂定新住民專法後，除可解決大陸地區與外國新住民在臺生活權益衡平性問題外，也可整合原本散落之新住民相關法令，讓法令更貼近於人民的需求，符合新住民所用。

參、善用民間力量，分配中央資源，落實新住民輔導工作

　　新住民適應生活之輔導，對於新住民而言，是非常重要的事情，但就目前看來，新住民政策都是由中央政府主導，地方政府協辦，這樣的方式，很難深入新住民的生活所需。歐盟所提出的移民融合政策指標（Migrant Integration Policy Index, MIPEX），其中一項指標構面爲諮詢機

---

[38] 參閱內政部移民署官方統計數據，https://www.immigration.gov.tw/ct.asp?xItem=1350895&ctNode=29699&mp=1，瀏覽日期：2018.8.25。

關，其分別以國家、區域、首都、地方之諮詢機關為指標項目，其目的即在於瞭解一個國家的移民，可透過何種程度的方式與該國家溝通，可想而知，如果諮詢機關多設於國家，而少設於地方，那麼移民融合的指標分數當然就不高。我國的新住民輔導，則屬於將諮詢機關設置於國家層級的情形，相對的，可用的資源也都集中在中央政府，反而在新住民平時生活中所經常接觸的團體、社團或地方政府所獲得的資源較少。

　　本文建議，中央政府所掌握新住民輔導之資源，應該大幅下放，因為地方政府應該比中央政府更瞭解新住民需要什麼，而民間團體更會比地方政府明白新住民需要輔導的策略為何？但現在的資源分配，剛好完全相反，以致於大部分的新住民不瞭解政府為新住民做了哪些輔導措施？所以，政府應該善用民間團體的力量來輔導新住民，最好的方式，是能法定明確授權相關民間團體得輔導及經費使用之範圍，讓有心和政府一起從事新住民輔導之民間團體，可以在法律規範下，更簡便、更放心的做事，如此，才能將新住民輔導措施深入落實到民間，讓新住民切身感受到具體之成效。

參考文獻

一、中文部分

內政部（2008），人口政策白皮書，臺北：內政部。

內政部入出國及移民署（2011），新家鄉新生活：外籍配偶在臺生活相關資訊簡冊，臺北：內政部入出國及移民署。

王育慧（2009），論婚姻移民工作權、應考試權與服公職權，華崗法粹，臺北：中國文化大學。

柯雨瑞、蔡政杰（2016），婚姻移民人權與國境安全管理之折衝與拉扯：從平等權探討我國新住民配偶入籍之人權保障機制，國土安全與移民政策，臺北：獨立作家。

吳學燕（2009），移民政策與法規，臺北：文笙書局。

汪毓瑋（2012），移民與國境管理，「國境管理與執法」學術研討會論文集，桃園：中央警察大學。

許義寶（2010），我國移民政策與法制之初探，「國境管理與移民事務」學術研討會，桃園：中央警察大學。

許義寶（2012），入出國法制與人權保障，臺北：五南圖書。

陳明傳（2010），我國移民管理之政策與未來之發展，文官制度季刊，6卷2期，臺北：考試院。

陳明傳、高佩珊（2016），移民理論與移民行政，臺北：五南圖書。

夏林清（2009），外籍配偶就業輔導與協助機制之研究，內政部外籍配偶照顧輔導基金補助研究報告，臺北：內政部移民署。

夏曉鵑（2003），實踐式研究的在地實踐：以外籍新娘識字班為例，台灣社會研究季刊，49期，臺北：唐山。

廖元豪（2008），移民－基本人權的化外之民，月旦法學雜誌，161期，臺北：元照。

楊翹楚（2012），移民政策與法規，臺北：元照。

楊文山、林佳瑩（2014），外籍配偶與大陸配偶生活需求調查報告，內政部外籍配偶照顧輔導基金補助研究報告，臺北：內政部移民署。

二、外文部分

Downs, Anthony (1965). "An Economic Theory of Democracy", published by Harper and Row.

Collyer, M. (2006). "States of insecurity: Consequences of Saharan transit migration", Working Paper No. 31, UK: Centre on Migration Policy and Society (COMPAS), University of Oxford.

Lee, Everett S. (1966). "A Theory of Migration", Demography, Vol. 3, No. 1. M.

McLaughlan, G., Salt, J. (2002). "Migration polices towards highly skilled foreign workers," London: Migration Research Unit.

Redpath, J. (2007). "Biometrics and International Migration" in R. Cholewinski, R. Perruchoud and E. MacDonald (Eds.), International Migration Law: Developing Paradigms and Key Challenges, (The Hague: Asser Press).

三、網路資料

大陸委員會大陸資訊及研究中心，https://www.mac.gov.tw/MAIRC/cp.aspx?n=D50A7AEB3C165858。

內政部統計處網站—統計月報，https://www.moi.gov.tw/files/site_stuff/321/1/month/month.html。

內政部移民署網站—業務統計資料，https://www.immigration.gov.tw/np.asp?ctNode=29698&mp=1。

內政部移民署網站，新住民發展基金輔助情形，https://www.immigration.gov.tw/lp.asp?ctNode=31536&CtUnit=16722&BaseDSD=7&mp=1。

內政部移民署網站，新住民生活適應輔導成果報告，https://www.immigration.gov.tw/lp.asp?ctNode=31540&CtUnit=17111&BaseDSD=7&mp=1。

鄭鴻達，改善移民處境 立委提修「新住民基本法」，自由時報電子報，2018.1.5，http://news.ltn.com.tw/news/politics/breakingnews/2303145。

林麗蟬，林麗蟬觀點：移民政策與專法迫在眉睫，風傳媒國內專欄，2018.1.10，http://www.storm.mg/article/383059。

廖淑玲，張麗善反歧視挺陸配 要蔡易餘刪文、民進黨道歉，自由時報電子報，2018.8.7，http://news.ltn.com.tw/news/politics/breakingnews/2511596。

附錄　新住民照顧輔導措施

內政部105年3月15日台內移字第1050961229號函修正

重點工作	理念	具體措施	主辦機關	協辦機關	預定完成期限
生活適應輔導	協助解決新住民因文化差異所衍生之生活適應問題，俾使迅速適應我國社會。	一、加強推廣生活適應輔導班及活動，充實輔導內容、教材與教學方法，加強種子教師跨文化培訓，鼓勵家屬陪同參與。	內政部	陸委會 教育部 衛福部 勞動部 輔導會 地方政府	經常性業務
		二、提供新住民生活適應輔導相關諮詢資料服務窗口。	內政部	外交部 教育部 陸委會 衛福部 地方政府	經常性業務
		三、強化新住民家庭服務中心及移民署各縣市服務站功能，成為資訊溝通與服務傳遞平臺。	內政部 衛生福利部	地方政府	經常性業務
		四、加強移民照顧服務人員之訓練，提升對新住民服務之文化敏感度及品質。	各部會	地方政府	經常性業務
		五、結合民間團體之資源，強化移民輔導網絡與溝通平臺，發展地區性新住民服務措施，提供新住民社區化之服務據點及轉介服務，強化社區服務功能。	內政部 衛生福利部	陸委會 地方政府	經常性業務
		六、提供民事刑事訴訟法律諮詢及通譯服務。	法務部 內政部	地方政府	經常性業務
		七、加強聯繫促請相關國家駐華機構對外籍配偶之諮商、協助，並加強對外國提供國內相關資訊，提升我國國際形象。	外交部	內政部	經常性業務

重點工作	理念	具體措施	主辦機關	協辦機關	預定完成期限
		八、強化入國前輔導機制,與各該國政府或非政府組織合作,提供來臺生活、風俗民情、移民法令、人身安全及相關權利義務資訊,妥善運用國內各機關(構)編製之文宣資料作為輔導教材,以期縮短外籍配偶來臺後之適應期。	外交部	內政部教育部衛生福利部	經常性業務
		九、強化通譯人才培訓。	各機關	地方政府	經常性業務
醫療生育保健	規劃提供新住民相關醫療保健服務,維護健康品質。	一、輔導新住民加入全民健康保險。	衛生福利部	地方政府	經常性業務
		二、提供周延之生育遺傳服務措施減免費用之補助。	衛生福利部	地方政府	經常性業務
		三、提供新住民孕婦一般性產前檢查服務及設籍前未納入健保者產前檢查之服務及補助。	衛生福利部	地方政府	經常性業務
		四、宣導國人及外籍配偶婚前進行健康檢查。	外交部		經常性業務
		五、辦理新住民健康照護管理,促進身心健康環境之建立,製作多國語版衛生教育宣導教材,規劃辦理醫療人員多元文化教育研習與活動。	衛生福利部	地方政府	經常性業務
保障就業權益	保障新住民工作權,以協助其經濟獨立、生活安定。	一、提供新住民就業服務,包含求職登記、就業諮詢、辦理就業促進研習及就業推介。	勞動部	地方政府	經常性業務
		二、提供職業訓練,協助新住民提升就業及創業能力。	勞動部	地方政府	經常性業務

重點工作	理念	具體措施	主辦機關	協辦機關	預定完成期限
提升教育文化	加強教育規劃，協助提升新住民教養子女能力。	一、加強新住民及其子女教育規劃，培育多元文化課程師資。	教育部	地方政府	經常性業務
		二、強化新住民家庭教育以提升其教育子女之知能，並將跨國婚姻、多元家庭及性別平等觀念納入家庭教育宣導。	教育部	地方政府	經常性業務
		三、辦理新住民之成人基本教育研習班，以培養文化適應及生活所需之語文能力，並進一步作為進入各種學習管道，取得正式學歷之基礎。	教育部	地方政府	經常性業務
		四、辦理新住民成人基本教育師資研習及補充教材研發，並將教材上網資源分享，以提升教學品質。	教育部	地方政府	經常性業務
協助子女教養	積極輔導協助新住民處理其子女之健康、教育及照顧工作，並對發展遲緩兒童提供早期療育服務。	一、將新住民子女全面納入嬰幼兒健康保障系統。	衛生福利部	地方政府	經常性業務
		二、加強辦理新住民子女之兒童發展篩檢工作。	衛生福利部	地方政府	經常性業務
		三、對有發展遲緩之新住民子女，提供早期療育服務。	衛生福利部	教育部地方政府	經常性業務
		四、加強輔導新住民子女之語言及社會文化學習，提供其課後學習輔導，增加其適應環境與學習能力。	教育部	地方政府	經常性業務
		五、繼續結合法人機構及團體，補助辦理外籍配偶弱勢兒童及少年社區照顧服務及親職教育研習活動。	衛生福利部		經常性業務
		六、定期辦理教育方式研討會，與地方政府教育局及學校教師研討最適合新住民子女之教育方式，提供更適當之教育服務。	教育部	地方政府	經常性業務

重點工作	理念	具體措施	主辦機關	協辦機關	預定完成期限
人身安全保護	維護受暴新住民基本人權，提供相關保護扶助措施，保障人身安全。	一、整合相關服務資源，加強受暴新住民之保護扶助措施及通譯服務。	內政部衛福部外交部教育部地方政府	法務部	經常性業務
		二、參與保護性案件服務之相關人員，應加強並落實家庭暴力防治教育訓練。	內政部衛福部外交部教育部地方政府	法務部	經常性業務
		三、加強受暴新住民緊急救援措施，並積極協助其處理相關入出境、居停留延期等問題。	內政部	地方政府	經常性業務
		四、加強新住民人身安全預防宣導。	衛福部	地方政府	經常性業務
健全法令制度	加強查處違法跨國（境）婚姻媒合之營利行為及廣告，並蒐集新住民相關研究統計資料。	一、加強查處違法跨國（境）婚姻媒合之營利行為及廣告。	內政部	通傳會陸委會公平會消保會經濟部	經常性業務
		二、持續蒐集並建立相關統計資料，作為未來政府制定相關政策之依據。	內政部	教育部衛福部陸委會勞動部	經常性業務
		三、每半年檢討各機關辦理情形，並規劃辦理整體績效評估。	內政部	各主、協辦機關	經常性業務

重點工作	理念	具體措施	主辦機關	協辦機關	預定完成期限
落實觀念宣導	加強宣導國人建立族群平等與相互尊重接納觀念，促進異國通婚家庭和諧關係，並建立必要之實質審查機制。	一、加強外籍配偶申請來臺審查機制，推動面談、追蹤、通報及家戶訪查機制，並提供及時服務資訊。	外交部	內政部	經常性業務
		二、加強大陸配偶申請來臺審查機制，除採形式審查外兼採實質審查，推動面談、追蹤、通報及家戶訪查機制，並提供及時服務資訊。	內政部	陸委會	經常性業務
		三、運用各種行銷管道，協助宣導國人相互尊重、理解、欣賞、關懷、平等對待及肯定不同文化族群之正向積極態度，並鼓勵推廣多元文化及生活資訊。	各部會	地方政府	經常性業務
		四、推動社區或民間團體舉辦多元文化相關活動，鼓勵學生與一般民眾參與，促使積極接納新住民，並使國人建立族群平等與相互尊重接納之觀念。	教育部	地方政府	經常性業務
		五、推廣文化平權理念；補助民間辦理新住民相關計畫或活動。	文化部		經常性業務
		六、推廣新住民多元文化，辦理新住民相關文化活動，並推動與新住民母國之文化交流，增進國人對其文化的認識。	文化部		經常性業務

第六章

移民政策與人口販運的關聯性分析：觀念與挑戰

黃文志*

第一節　前言

　　移民與人口販運均具有人口流動的特性。根據統計，全球估計有5,000萬人口販運被害人，約80%為性剝削被害人（4,000萬），若進一步分析，性剝削被害人中，80%為女性（3,200萬），1/4為孩童（1,000萬），平均年齡為17歲至19歲（Wood, 2018）。不論全球、區域或者個別國家的政策制定和實務，均發現人口販運已經是世界舞臺的主流議題，與移民政策具有直接關聯。為瞭解人口販運的發展，我們不禁要問：人口販運與移民政策的新議題為何？兩者間之關聯為何？以及最新發展為何？

　　就國家層面以論，「人口政策」乃係一國之基本政策，人口的質與量和一國之經濟、社會、國防、環境、教育、勞動、衛生……等發展，息息相關。針對一個國家的人口數量、素質、結構及分布情形仔細分析研究，便可洞察這個國家的強弱盛衰及其未來之發展。我國自2013年馬政府擬定人口政策白皮書之後，就未曾再針對人口政策進行整體性規劃。近年來臺灣面臨少子化、人口外流、人才出走等多項危機時，政府僅推出片段性的計畫，始終未能提出周延完整的人口因應對策。監察院日前也公

---

* 中央警察大學國境警察學系助理教授。

布一份「新住民融入臺灣社會所衍生之相關權益探討」調查報告，並數度提及「跨國性的人口移動已成為不可抵擋的趨勢，也是國家無法迴避的挑戰，政府必須正視臺灣作為移民社會的歷程與現狀，調整過去偏重防堵管制及預防犯罪為主的移民政策思維，允宜積極統籌相關法規……」。臺灣近20年來，因經濟發展需求大量引進外籍勞工；另一方面，國人與外國人或大陸地區人民結婚比例也逐年提高，人口結構產生劇烈變化，以致目前外來移入者仍以婚姻移入最多，占比約95%，如依照目前臺灣人口趨勢，2018年3月我國高齡人口占比已超過14%，開始邁入高齡社會；至2025年總人口數將開始負成長，2027年工作年齡人口占比低於66.7%，人口紅利將消失（行政院，2018）。我國政府因而在移民政策上的鬆綁，如開放陸客觀光、吸引專業技術及投資移民、新南向東協國家開放免簽證等政策，勢必在國境安全上面臨新的挑戰。新南向政策對東協國家陸續開放免簽措施，將有更多的人口自東協國家入境，政府提出這樣的政策應該有所配套，以避免這些東協國家移民成為人口販運的受害人。

　　本文探討移民政策與人口販運的關聯性，期待透過觀念的討論，讓我們瞭解到移民是人口販運不可分割的要素，而臺灣面談制度和美國緊縮T簽證的經驗，也讓我們瞭解到移民政策帶來人口販運的衝擊，新的觀念將進一步導引我們看到人口販運的新趨勢，兩者相輔相成，就未來移民研究來說，不可或缺。

第二節　名詞解釋

壹、移民政策

　　國內學者陳明傳認為，「移民政策」乃為一個國家在其人口管制的策略中，對於移入（immigration）的新移民者，與移出（emigration）之我國國民，所採取之人口移動或人流移徙（migration）之處理模式或主張。

而移民管理事務成效之良窳，實與警政以及移民執法機構的密切合作，有著顯著關聯性。我國政府於2008年、2013年人口政策白皮書中，僅止於總體「人口政策」之規劃，對於我國移民之政策亦僅是附帶之說明，並無整體「移民政策」之系統性規劃。陳明傳認為，移民政策為解決移民問題的基本原則或方針，舉凡政策之制定與實施，需有經過立法程序制定的法律，如無法律依據，將無執行機制，對於問題的處理，會無目標可循，且無程序可茲依循，因而移民政策應包含移民立法與執行機制，此二者乃是移民政策的主要成分，然而我國一直以來並無明確移民政策之規劃（陳明傳，2014）。

根據監察院於2003年至2004年進行之我國移民政策與制度總體檢之調查報告之論述稱，鑑於國際間之政經關係日益密切，政府為因應此種世界潮流，目前在移民政策係採取「移出從寬、移入從嚴」的開放態度，至於當時我國移民政策有關之應興應革之處則可包括：一、移民事權未能統一；二、移民統計未能完整；三、缺乏吸引優秀專業人才之機制；四、未能及早訂定移入人口的因應措施；五、尚未訂定難民庇護法；六、教育部迄未訂定吸引外來優秀留學生之機制；七、勞委會未能正視外勞生活適應、技能加強及安全保護問題；以及八、衛生署未能掌握移入人口中涉及健康或傳染病因素遭拒絕移民之統計資料等八大移民政策之不足處（監察院，2004）。

貳、人口販運

2000年12月聯合國通過「關於預防、禁止和懲治販運人口特別是婦女和兒童行為的補充議定書」（UN Protocol to Prevent, Suppress and Punish Trafficking in Persons, Especially Women and Children），亦即「巴勒莫議定書」（Palermo Protocols），開放各國簽署，並於2003年9月正式生效。該議定書除對「人口販運」加以定義外[1]，也規範有關被害人的保護，以

---

[1] Article 3, paragraph (a) of the Protocol to Prevent, Suppress and Punish Trafficking in Persons defines Trafficking in Persons as the recruitment, transportation, transfer, harbouring or receipt of

及各種預防人口販賣、國際合作的措施，顯示國際社會對此問題之重視。

我國依據「巴勒莫議定書」的規範於2009年立法通過《人口販運防制法》，該法第2條第1項第1款將人口販運定義爲：「意圖使人從事性交易、勞動與報酬顯不相當之工作或摘取他人器官，而以強暴、脅迫、恐嚇、拘禁、監控、藥劑、催眠術、詐術、故意隱瞞重要資訊、不當債務約束、扣留重要文件、利用他人不能、不知或難以求助之處境，或其他違反本人意願之方法，從事招募、買賣、質押、運送、交付、收受、藏匿、隱避、媒介、容留國內外人口，或以前述方法使之從事性交易、勞動與報酬顯不相當之工作或摘取其器官。」

第三節　人口販運與移民的關聯

當聯合國於2000年通過「關於預防、禁止和懲治販運人口特別是婦女和兒童行爲的補充議定書」前，國際間關注的焦點平均放在婦女和兒童跨境性剝削的每一個被「移動」的過程，但由於國際法和政策的制定，很快地被以「強迫」爲特質的勞力剝削取代（Gallagher, 2011, p. 4）。在當今概念下，移民（migration）可以指一個人或一個團體跨越國境（interstate）或在一個國家（intrastate）內部的移動。國際移民組織（IOM）認爲，移民不管是任何形式的人口移動，不論移動時間的長短、組成、原因，包括難民、流離失所的人、經濟難民，或者其他原因移民的人都算（IOM, 2013a, p. 5）。即使我們自2000年「巴勒莫議定書」中對於人口販運的定義亦可發現，販運和移民有非常特別的關聯，但究竟移民是人口販運的一部分，亦或人口販運是移民的一部分，這是本文探討的重

---

persons, by means of the threat or use of force or other forms of coercion, of abduction, of fraud, of deception, of the abuse of power or of a position of vulnerability or of the giving or receiving of payments or benefits to achieve the consent of a person having control over another person, for the purpose of exploitation. Exploitation shall include, at a minimum, the exploitation of the prostitution of others or other forms of sexual exploitation, forced labour or services, slavery or practices similar to slavery, servitude or the removal of organs.

點。

　　國際移民組織認為，人口販運的犯罪手法，必須在移民的情境中操作，但這樣的主張並沒有釐清兩者之間的關係（IOM, 2013b, p. 3）。聯合國和其他國際組織則從會員國的利益和政策制定的角度，看待人口販運和移民的關係，特別是移民政策和相關的法律。同時，有些聯合國的會員國，例如加拿大、丹麥和比利時，也積極尋求人口販運被害人的人權和保護。會有這樣的雙重立場，源自這些有錢和有影響力的國家（powerful and rich nations），基於民主和法治的特色，認為移民可以被直接控制（direct control），但人口販運卻無法。因而，這些國家一方面將焦點放在移民管理上，另一方面，透過教育、宣導、起訴加害人、協助被害人等作法，希望能夠間接控制人口販運。然而，有些非政府組織[2]卻主張，即使政府努力促進移工（migrant workers）的福利和權利，人口販運仍舊有可能在移民的任何一個時間點發生，這樣的想法主張人口販運應該是移民的一部分，但如果以人口販運的系絡（context）來看，這樣的想法不僅不正確，也可能誤導，理由如下（Chibba, 2013）：

　　一、聯合國人口販運的定義包含「運送」（transportation）和「交付」（transfer），但其販運手段尚包含其他，因此，移民可說是人口販運的一部分。

　　二、「運送」（transportation）和「交付」（transfer）被害人的目的是為了剝削，從販運者、犯罪組織、和其他參與販運人的角度，移民是人口販運的實質基礎（de facto a fundamental part）。

　　三、從賣淫和婦女性剝削的內涵來看，根據2007年聯合國毒品犯罪問題辦公室（UNODC）的統計，80%的販運被害人並不像非營利組織「團結中心」（Solidarity Center）所稱，販運發生在移民的任何一個時間點（not a point on the migration line），通常是移民的過程完成後，被害人才被強迫性剝削。實際上，一連串的移民動作是為了達到販運的目的（fait accompli），移民是為達剝削的重要手段。簡單的說，移民是人口販運的

2　例如，Solidarity Center，中文譯名為「團結中心」。

重要組成，只有在移民研究中探討移民被限制的情況，人口販運才是移民的部分議題。

聯合國毒品犯罪問題辦公室（UNODC）認爲人口販運有三個重要組成，分別是「行動」（actions）、「手段」（means）和「目的」（purpose）。然而，過去10年來，全球化帶來快速且深遠的影響，不僅在經濟層面帶來巨大影響，新形態的科技和網路普及，也讓我們在思考人口販運時，必須加進新的元素—「過程」（process）。事實上，人口販運的四個要素應該包括（Chibba, 2013）：

一、行動：包括招募、運送、容留或者被害人的處理；

二、手段：包括強暴、脅迫、詐術、威脅或者使用武力等非法手段；

三、過程：可能使用傳統人口販運的過程，但，也可能利用新科技和網路工具，支援網路色情所帶來的性剝削。不過，即使是這樣，要達到被害人被剝削的目的，還是須要某些移民做法的配合。

四、目的：可能帶來剝削的做法如色情、網路援交、賣淫，或者其他性剝削的樣態；強迫勞動、奴隸、奴役和器官摘除。

這四個要素在過去文獻中並沒有清楚被界定，因此，本文建議應該擴大人口販運的定義，不僅將移民視爲人口販運的基本組成，更要清楚認知到，人口販運的過程是以人爲中心，每一階段都牽涉到人，最後才有對男、女和兒童的勞力剝削和性剝削的結果。販運形態中新加入的過程，可能是大量仰賴新的科技和網路。而移民，不管是跨境或國內移動，招募、欺騙和剝削一定是人口販運三部曲，在人口販運的新修訂的定義中，一定要在新、舊販運的過程中，清楚界定移民的基本角色，在此，我們尤其可以探討人口販運與偷渡的差別，根據Vayrynen（2003）的主張，偷渡屬非法移民，侵犯的是國家法益，相對地，人口販運則是違反人權，這是兩者最大的差別；也因此，偷渡是移民的議題，必須要透過法律和行政手段來處理，但人口販運卻是人權的議題，國家必須提供被害人予以保護。另一個有分別的地方則是蛇頭（agent）的角色，在偷渡中，蛇頭收費幫助他人祕密通過邊境，人口販運中的蛇頭則是涉及強暴脅迫，使他人成爲被害人，兩者角色天壤之別。

聯合國人權事務高級專員辦公室（OHCHR）Pia Oberoi則認為，兩者主要分別在法律，很難在實務上將這兩個不同觀念區分開來。她主張，偷渡和販運常常互有關聯，經常流動、轉換、重疊或者轉移。一個人有可能前一天是偷渡客，後一天成為人口販運的被害人。很多偷渡客自願付費請蛇頭安排偷渡，卻在被欺騙情況下，在到達目的地後，不幸地成為販運被害人，而對很多被害人來說，偷渡和販運的經驗是一樣的，這樣的例子在世界各地層出不窮，嚴重挑戰聯合國「巴勒莫議定書」的定義。事實上，觀念的混淆來自對於移民身分的誤認，還有對於販運被害人喪失權利的無感。目前全球只有比利時同時提供政府保護予販運被害人和偷渡客，尤其是那些在偷渡過程中人權嚴重受損的偷渡客，也就是說，以目前的情況來說，聯合國對於人口販運的嚴格定義，可能誤導各國政策，也容易造成移民過程中人權嚴重倒退的處境，適當地修改和釐清是有必要的（Chibba, 2013）。

Chibba（2012）在其專著〈瞭解人口販運〉（*Understanding Human Trafficking*）中，針對人口販運跨學科的特性，詳細地介紹了不同的觀點，包括人口販運的觀念，管道、象限、連結、建議與批評等，包括下列：

一、歷史上，販運與移民根植在文明早期的社會、經濟和商業的三維象限中。人權的重要性，是在二次世界大戰後才慢慢進入世界舞臺。

二、過去25年來，安全、貧窮和法治主導著世界的議題；最近，發展的議題和人權逐漸受到重視，包括販運和移民的議題。

三、聯合國和其他多邊、雙邊的國際組織，均認為人口販運的核心概念是人權，至少有兩個定義性的觀點：（一）人權必須透過特定的文化內涵，例如信仰、價值和規範；（二）法律在許多國家都被視為是最重要的。但是也非所有國家，或者並非大多數發展中國家會認同。

四、現今的人口販運是一種新形態的奴隸制度，為達剝削目的，它透過武力的使用、威脅、強暴、脅迫、詐騙或詐術等。

五、在販運和移民的關係中，有不同移轉的管道參與其中，例如，政府結構和安全議題的介面，有些國家在內戰時透過販運集團招募娃娃兵，

有些則與政治、社會、經濟、組織和文化的議題有關。

六、是否嚴格的邊境檢查就可以減少販運和非法移民？答案恐怕是否。有以下兩理由：（一）如同一些學者主張，嚴格的邊境檢查本身即會違反人權；（二）販運集團只要將轉移和入境點移往其他邊境線或者透過其他方法進入即可。例如，近幾年來，難民、偷渡客、販運被害人等透過船運進入加拿大，藉以避免陸路嚴格的邊境檢查。

七、貧窮是人口販運和非法移民交易的一項主要因素。貧窮造成許多無辜和絕望的人容易成為非法交易的被害人。

八、中國大陸也有可以引以為鑑的地方。例如，在法律上，透過起訴的手段審查犯罪集團；在文化上，因為一胎化的原因，造成許多男孩遭到販運；在政治上，戶口制度限制了城市和鄉村的人口移動，但卻提供了販運的環境等。這些攸關人權的因素，讓中國大陸只重視打擊人口販運的供給端，但卻忽略了需求端。

第四節　臺灣經驗

因應人口販運的課題，在我國有四個司法警察機關（移民署、警政署、海巡署及調查局）共同執行人口販運之成效。在強化國境管理和防制人口販運方面，「面談制度」是為維護國家安全及防制犯罪所採取的行政措施，也是國境第一道防線。論者以為，人口販運係跨國（境）犯罪，若能強化境外駐點和加強國境線上審核機制，即可阻斷國內外供需路線，藉此減低人口販運之發生。而境外面談目的在於阻絕不法，針對有疑慮或風險較高之國家或地區人民以結婚名義來臺前實施境外面談，對於顯有不實、有重大疑慮或有人口販運疑慮者，拒以核發簽證入境，阻絕不法於境外。2010年6月9日外交部頒布之「外交部及駐外館處辦理外國人與我國國民結婚申請來臺面談作業要點」第1條即明定面談之目的為：「為建立外交部及駐外館處辦理外國人與我國國民結婚申請來臺面談處理準據，以維

護國境安全、防制人口販運、防範外國人假藉依親名義來臺從事與原申請簽證目的不符之活動，並兼顧我國國民與外籍配偶之家庭團聚及共同生活權，特訂定本要點。」

我國實施面談主要區分境外和國境線上，針對外來人口之外籍配偶及大陸地區人民實施。2003年8月27日行政院前院長游錫堃於院會裁示，為有效遏止大陸地區人民以虛偽結婚方式來臺，自2003年9月1日起，對於陸配實施面談機制。同年10月29日立法院增訂「臺灣地區與大陸地區人民關係條例」第10條之1規定：「大陸地區人民申請進入臺灣地區團聚、居留或定居者，應接受面談、按捺指紋，並建檔管理之；未接受面談、按捺指紋者，不予許可其團聚、居留或定居之申請。」

而外配之面談主要係因2005年美國人口販運報告，將原為第二級名單的臺灣降級，列為第二級觀察名單。根據內政部警政署違常統計資料顯示，2002年及2003年外配入境後有疑慮案件比例達5.77%至38.93%，復經參考內政部高風險國家清單，針對有安全、移民風險及內政部統計在臺違常紀錄嚴重之國家，於2007年另擴大實施與我國人結婚辦理依親來臺需經面談之特定國家清單，因而開始對於國人與越南、印尼、烏克蘭等21個國家之跨國結婚，採取「境外面談」的審查制度。依據外交部公告之特定國家計15國（17地區）（塞內加爾、奈及利亞、喀麥隆、迦納、巴基斯坦、蒙古、白俄羅斯、烏克蘭、烏茲別克、哈薩克、印度、印度IC持有人、印度南部5省、尼泊爾、不丹、斯里蘭卡及孟加拉）及東南亞6國（越南、印尼、泰國、菲律賓、緬甸及柬埔寨）人士均需於完成當地結婚登記後向該部駐外館處提出面談申請，經駐處面談通過後，持經駐處驗證之外國結婚證明文件向國內戶政事務所辦理結婚登記後，外配需持3個月內之戶籍謄本向駐處申請結婚依親簽證；其餘國家則不受上開面談規定之限制。

根據2007年「行政院防制人口販運現況及成效報告」指出：內政部已加強國境線上大陸配偶面談，經調查係假結婚者即予遣返，並強化入境後之面談相關措施，除訂定面談標準作業程序、辦理面談教育訓練，並搭配實地訪查、側面訪查與電話訪查等作為，並採取國際合作交換情資，嚴格證照查驗及加強安檢作為，以避免發生人口販運的被害人。針對泰國、菲

律賓、印尼、越南、緬甸及柬埔寨等國之外籍配偶申請依親簽證案件，外交部自2005年4月實施個別面談，2006年共面談10,757件，通過6,800件，拒件3,957件，拒件率36.8%（行政院，2007，頁6）。

面談機制看似成效良好，惟面談機制若執行不當，容易招致各種質疑及陳情，也無法達到移民管理的目的。現行婚姻面談制度之實施對象，包括特定21國與大陸地區人民，且對越南與大陸地區之拒件率相對偏高，而現行面談制度之創設係以查核婚姻真實性為手段，踐行防止人口販運並杜絕外來人口來臺從事違法（規）活動或工作，致生危害社會治安及國家安全情事之國土安全管理政策，惟依據現行法令與實務，就通過「境外面談」或「國境線面談」之外配與陸配，仍得透過平日查察同居情形認定為「虛偽婚姻」，主管機關就「婚姻真實性」之認定主要仍取決於夫妻「共同生活事實」。然若乏其他判斷基準加以補強，有關判斷「婚姻真實性」之目的與手段相互間之合理關聯性，將有所欠缺，並涉妨礙國人與其結婚對象之家庭團聚權之虞，似有違憲法第7條平等權之保障，應值檢討（監察院，2012）。

第五節　美國經驗

美國國土安全部下轄之移民單位包括Customs and Border Protection（CBP）、Immigration and Customs Enforcement（ICE）、Citizenship and Immigration Services（CIS）等，透過人流控管以及在境外和國境線上蒐集生物特徵，藉以防制人口販運及打擊恐怖活動，杜絕任何可疑分子潛入滲透，統籌防護國境安全。

美國現今估計有5萬7,000名人口販運被害人，勞力剝削和性剝削均有。大部分被害人來自墨西哥、中南美洲和加勒比海。許多人口販運被害人因為蛇頭承諾可以安排工作，在自願情況下陷入弱勢處境。而最新川普政府加強取締非法移民的遣返政策（deportation），使得這些人更容易被

剝削或淪為人口販運被害人。通常，這些被害人的護照或身分證明文件會被人口販子扣留，在無法與家人聯繫的情況下，為了生存，被害人只能依賴販運者，不敢逃跑。同時，在擔心被遣返的情況下，被害人也不敢與警察接觸。雖然州警察或地方檢察官會試圖偵辦人口販運案件，但多數無證移民（undocumented immigrants）被遣返機率高。這樣的情形導致被害人不願向警方舉報人口販運，反而將被害人推向加害者尋求更多庇護。許多人口販運加害人利用擔心被遣返的心理控制被害人，同時，利用害怕自己或家人被報復或傷害的心理控制被害人。雖然美國於2000年10月通過人口販運被害人保護法（Victims of Trafficking and Violence Protection Act），提供特別簽證（T簽證）予被害人在美合法居留，原估計一年可核發5,000人，但根據美國公民和移民統計，T簽證一年實際只核發予500人到600人，原因可能出在必須由被害人舉證（burden of proof）的嚴格要求，還有被害人必須出庭指證犯嫌，這樣的做法嚇壞許多被害人。同時，T簽證也只是短期居留簽證，效期4年，雖然被害人在第三年後可以申請綠卡，但核准過程緩慢，被害人興趣缺缺（Wood, 2018）。

　　我們必須要從被害人是移民的角度，思考如何提供人口販運被害人保護，畢竟，人口販運是萬國通罪，嚴重違反人權，我們必需提供保護予弱勢處境的被害人。在現行政策下，通常由執法人員和檢察官提供相關資訊和資源予被害人，在美國政府現行緊縮移民政策的政治氣氛下，對人口販運被害人的保護相對地會比較不足。政策上可以立即改善此一情形的最好做法，即是要求檢察官主動協助被害人申請T簽證，也將此一步驟納入人口販運偵辦的標準流程，而非放任執法者或檢察官自由裁量。同時，比照被害人關懷（補償）計畫，主動協助被害人填寫V簽證申請表格，協助被害人釐清冗長且容易混淆的問題。最重要的是，審查程序必須透明、公開，秉持公平、公正原則，才能讓申請T簽證成為真正得以保護人口販運被害人最好的利器。

第六節　結論

　　綜合上述討論，吾人得以瞭解移民是人口販運的基本組成，無論是跨境或國內的人口移動。然而，移民研究卻鮮少將販運和移民的關係做一有系統的整合和釐清，如同King, Skeldon and Vullnetari（2008）所說，許多移民研究的二分法，強迫vs.自願、暫時vs.永久、合法vs.非法等，經常是一方議題壓倒另一方，而過去半世紀以來，研究移民和人口販運的學者，分別從兩套不同的觀念、理論和方法各自發展，鮮少對話與交集，不僅使得移民理論的發展受限，也影響我們進一步瞭解移民在人口改變的過程中所扮演的角色。兩者在理論上的匯流，可以讓研究移民的學者重新檢視移民和人口販運的連結，同時，也不得不注意到當前人口販運所面臨的新趨勢。以下為本文的三點建議：

壹、透過討論，修訂當前人口販運的定義

　　為了讓政策、計畫能因應最新的變化，在經過15年後，聯合國針對人口販運的定義應該要有所修訂。人口販運的定義必須考慮傳統和新式移民所扮演的角色。鑑於我國《人口販運防制法》自2009年1月13日公布實施以來，有關人口販運定義的問題，一直是個大問題。礙於人口販運罪之定義、被害人鑑別機制、被害人保護機制與罰則的不完善，導致迄今整體施行的成效不彰，以致民間實際協助被害人的專業團體不斷呼籲修法，尤其檢察官在起訴或法官在判決時，未將人口販運案引用人口販運防制法判決，以致被害人無法完整的接受保護、安置與協助機制，而在受害後發生再次受害的問題。就第一個層面而言，法律要清楚標示性剝削、勞力剝削、器官摘除等案件樣態。更重要的是第二個層次，即：原人口販運罪構成的結構為名稱、目的與手段三者兼備，但是舊法卻在這三者之外再加上更多的限制，而這些限制成為干擾法律適用的變項。且原法律設計鑑別的發動者為檢察官，造成被害人的身分認定隨著案件處理的情形而變動，問

題是案件的審理端視證據的強度，其證據力的需求遠大於對事實的佐證，至於被害人身分所連動的事是法律保障的安置、保護與協助等行政救助措施，係屬行政作業的範疇，與案件的審理結果應該脫鉤。因此，建議應考量以鑑別審議委員會取代檢察官的鑑別工作，並增設被害人申訴請求再鑑別的機制（苦勞網，2017）。

　　2017年9月18日高雄地檢署以人口販運防制法起訴監禁81名漁工的漁船雇主與相關人等19人。9月20日新北市地檢署查獲人力仲介以毒品控制行方不明移工並施以勞力與性剝削。在此之前，來自東南亞的移工、移民在臺遭受勞力剝削、性剝削等非法迫害的新聞事件屢見不鮮，但儘管案件樣態明確，實務上多數的案子卻未以人口販運罪起訴或判決，以至於這些犯罪被害人因爲所起訴或判決所援引的法律不同，便因而未能受到人口販運防制法的規範所保護。就數據來看，自2009年起迄2017年8月爲止，總查緝人口販運案件1,160件（勞力剝削459件、性剝削701件），其中起訴或聲請簡易判決處刑有966件（計2,682人），確定判決有罪者累計1,971人。整體而言，查獲、起訴與聲請簡易判決件數與人數逐年都在降低，尤其自2015年起連續3年件數降至100件以下，而查獲量最大的爲2012年169件。對照移工在臺發生勞資爭議的案件量，單就臺北市而言，106年上半年度外籍勞工法令諮詢服務7,244件，勞資爭議協調達775件。該數字若放大到全國各縣市，便發現人口販運案件的數量是被過度壓縮的。臺灣還有多少類似的案例隱藏在社會的角落而尚未被察覺？民間第一線從事人口販運被害人相關協助工作的專業人員說：不是案件少，而是因爲法律阻絕了人口販運案件的適用，而紛紛以其他罪名去將犯罪者定罪。因此，我們急需修法（苦勞網，2017）！

貳、透過全球七項共同點的研究建立人口販運與移民的關聯分析平臺

　　這七項包括：好的治理（good governance）、安全政策的嚴整性（integrity in the national security apparatus）、內化式發展（inclusive development）、人權和商業管道（human rights and business approaches）、國際和區域合作夥伴關係（international and regional cooperation and partnerships）、國際法律的規範（binding international legal obligations）、和監察機構（oversight bodies）等。聯合國「千年發展目標」（Millennium Development Goals, MDGs）[3]可作爲協助各國訂定計畫、政策制定、實施和改變的全球平臺（Chibba, 2013）。

參、探討人口販運新趨勢

　　人口販運的趨勢因應新的科技、新的工具和網路、新的法律而產生變化，犯罪集團利用行政和安全漏洞，形成對全球治安的新挑戰。我們必須採取四個步驟以瞭解人口販運的新趨勢，分別是：辨識（identification）、保護（protection）、預防（prevention）、起訴（prosecution）。就人口販運的新模式來說，網路色情販運即是一例，過去一般認爲是兒童色情，對於18歲以下的未成年人的身心健康影響巨大。舉例來說，在菲律賓，許多偏鄉的未成年人被親戚以介紹工作的名義誘拐至都市，等到他們抵達都市後，即被強迫從事網路色情。何謂網路色情販運？這是新的販運形態，涉及到線上網路色情，犯罪集團僅需具備簡單網路工具、電腦和攝影機即可從事，大約有6名年齡13歲至18歲的女子，被強迫在鏡頭前裸體做出猥褻的動作，藉以刺激在世界各地線上觀看的顧

3　2000年聯合國千年首腦會議上提出的8項國際發展目標，並在聯合國千年宣言中正式做出的一項承諾。所有189個聯合國成員國（現爲193個）以及至少23個國際組織承諾將幫助在2015年前實現以下發展目標：消滅極端貧窮和飢餓、實現普及初等教育、促進性別平等並賦予婦女權力、降低兒童死亡率、改善產婦保健、與愛滋病毒／愛滋病、瘧疾以及其他疾病對抗、確保環境的可持續能力、全球合作促進發展。

客。成年女子也有可能成爲此類販運的被害人。還有，新的趨勢包括許多名人或富人涉及到人口販運案件，他們透過移民的合法管道或非法管道聘僱家庭看護工或幫傭，但卻以人口販運的手段對待，如何讓這些高度矚目的案件獲得社會重視，讓名人或富人爲他們違法的行爲負責，亦是移民和販運的課題。技術上來說，爲了能夠有效追蹤販運的被害人和將販運成員繩之以法，手機的鑑識愈顯重要，尤其許多案子發生在1、2年前，保存影像、電子郵件、訊息和GPS的資料，才能夠掌握和確定被害人（Chibba, 2013）。

參考文獻

一、中文部分

苦勞網，南向要光明，人權不能停：人口販運防制法修法，2017年9月29日，https://www.coolloud.org.tw/node/89277。

陳明傳（2014），我國移民管理之政策與未來之發展，文官制度季刊，6卷2期。

行政院，行政院防制人口販運現況及成效報告，2007年3月，https://www.mofa.gov.tw/Upload/RelFile/671/28380/380dfce4-f397-40df-aabb-5977070f5d2a.pdf。

行政院新聞傳播處，規劃《新經濟移民法》—促進國家發展生生不息，2018.8.22，https://www.ey.gov.tw/Page/5A8A0CB5B41DA11E/ea25bf0c-e114-42ba-87e3-b0f79595e6e2。

監察院，我國移民政策與制度總體檢案調查報告（五），監察院公報，2588期，https://www.cy.gov.tw/AP_HOME/Op_Upload/eDoc/%E5%85%AC%E5%A0%B1/96/0960000192588(%E5%85%A8).pdf。

監察院，跨國婚姻事務之管理與檢討專案調查研究報告，https://www.cy.gov.tw/AP_Home/Op_Upload/eDoc/出版品/101/101000006101年_跨國婚姻事務之管理與檢討_遮隱版.pdf。

二、外文部分

Chibba, M., (2012). Understanding Human Trafficking: Perspectives from Social Science, Security Matters, Business and Human Rights, Contemporary Social Science: Journal of the Academy of Social Science. DOI:10.1080/21582041.2012.727301.

Chibba, M., (2013). Human Trafficking and Migration: Concepts, Linkages and New Frontiers, International Centre for Development Effectiveness & Poverty Reduction, paper presented on Sep. 30, 2013 at the Centre for Advanced Migration Studies (AMIS), University of Copenhagen, Denmark.

Gallagher, A., (2011). Understanding Exploitation, Harvard International Review, XXXIII (3), Fall. Correspondence.

IOM: International Organization for Migration (2013a). Key Migration Terms, http://www.iom.int/cms/en/sites/iom/home/about-migration/key-migration-terms-1.html.

IOM (2013b). Counter-Trafficking. http://www.iom.int/cms/counter-trafficking.

Wood P. S., (2018). The Intersection of Human Trafficking and Immigration. Harvard Law, Bill of Health. http://blogs.harvard.edu/billofhealth/2018/06/27/the-intersection-of-human-trafficking-and-immigration/.

UNODC (2012). What is human trafficking? http://www.unodc.org/unodc/en/human-trafficking/what-is-human-trafficking.html.

Vayrynen, R., (2003). Illegal Immigration, Human Trafficking and Organized Crime. United Nations University, World Institute for Development.

|第七章|

美國移民政策暨各國移民積分計點制度之比較研究

陳明傳*

第一節　前言

　　依據聯合國經濟與社會部門的人口署報告（United Nations, Department of Economic and Social Affairs, Population Division）2018年的統計，至本文截稿引述其之2017年的上半年之統計數據，全球各地的移民人數從1990年的1.53億（152,563,212人）增加到2017年上半年的2.58億（257,715,425人），占全球人口的3.46%（至2018年元旦全球人口數為7,444,443,881人）。其中至2017年，已開發國家之地區，其移民人口為145,983,830，占移民總人數的56.6%；開發中國家之地區移民人口為111,731,595，占移民總人數的43.4%，低度開發國家之地區則占較少數。若以洲區分之，則以亞洲的移民人數最多為79,586,709人，占移民總人數的30.9%；其次為歐洲的77,895,217人，占移民總人數的30.2%；再其次為北美洲的57,664,154人，占移民總人數的22.4%。若以國家來區分移民人數，則以美國的49,776,970人最多，占全球移民總人數的19.3%；其次為沙烏地阿拉伯12,185,284人，占全球移民總人數的4.73%；再其次為德國12,165,083人，占全球移民總人數的4.72%；第四者為俄國11,651,509人，

* 中央警察大學國境警察學系兼任教授。

占全球移民總人數的4.52%[1]。這顯示我們處於全球化的世代，必須面對越來越普遍的移民現象，而各國移民政策皆有所不同，且對於移民政策的定義亦有不同。廣義而言，移民政策係指入出一國國境所涉及之相關政策，特別是針對意圖停留在該國及在該國工作者。綜言之，包含投資、學生、難民等各類移民之政策與法制、非法移民與國境管理等等事務。然而美國之人口移動卻占了全球人口移動的19.1%，因此其國之移民政策之變遷，動見觀瞻且影響全球之人口流動與政經發展至鉅，深值得研究與觀察。

然而根據德國之聲的報導，那些在富裕國家生活的移民寄往國內的匯款被稱做無聲之國家發展援助。這些移民的匯款往往可以幫助他們的家庭擺脫困境，過個相對富裕的生活。雖然每個移民的匯款數額不甚大，但正是這涓涓細流最後匯成了大江大河。據八大工業國集團（G8）工作組的調查報告顯示，全球這些匯款的總量遠遠超過了官方的發展援助資金數額[2]。

而先進民主國家則亦重新考慮移民問題，其中例如德國設在柏林的移民委員會公布的一份報告建議，該國移民領域的政策應得到徹底的重新考慮，以結束其經濟停滯之狀況。又例如除了上述的德國之外，日本、義大利和其他一些發達國家的絕對人口數量預計將急遽下降，而另外一個社會之壓力則是技術人員的短缺。儘管目前全球經濟發展減緩，然而許多發達國家的經濟還是因缺少電腦技術人員、醫生、工程師和其他關鍵性科技人員而受到阻礙。在這樣的背景下，一些國家開始重新考慮對待移民的態度，其都想要從其他國家吸引最好和最聰明的人才。例如，美國亦曾放鬆了對入境簽證的限制，這使得50萬名有電腦技能的移民，於近年來在美國找到了工作。英國政府也在考慮如何放鬆其極為嚴格的入境要求，以使得更多有技能的人才得以定居[3]。因此全球先進國家之移民政策，就在如

---

[1] United Nations, Department of Economic and Social Affairs, Population Division, "Total International Migrant Stock, Trends in International Migrant Stock: The 2017 Revision".

[2] DW在線報導，三千億移民匯款：靜靜的發展援助（2008）；also see BBC CHINESE.com，分析：發達國家的移民問題（2001）。

[3] 大紀元，發達國家應重新考慮移民問題。

何吸引優秀人才移入，以便促進其國力之開展，以及在如何防堵非法移民或人口販運等問題之叢生等等之正、負面兩種議題的影響之間，評估與規劃其最適合之移民政策。反之開發中國家則在思索如何作人口移出之輔導與管理，以便僑資與僑匯能協助其國內之經濟發展。總之，較佳之移民政策確實要以科學的評估模式，並且考量社會面、經濟面與安全面等等之議題，而作最適切的規劃才是正途。

第二節　美國近期之移民政策

壹、20世紀後期的移民政策

1980和1990年代，由於國際人口移動愈趨頻繁，美國移民單位的工作重點轉向控制非法移民。1986年移民改革及管理法（Immigration Reform and Control Act of 1986）授權當時的「移民及歸化局」（Immigration and Naturalization Service, INS）取締僱用非法外國人的雇主，並將遭取締之非法外勞遣送出境，該法同時也規定符合特定條件的非法外國人可獲得合法身分。然而1990年移民法（The Immigration Act of 1990）則開始增加移民簽證的類別，主要為家庭團聚、僱用及配額之抽籤移民三大類，此法也規定了移民歸化的准駁依據[4]。

貳、911事件之後的移民政策

2001年的911攻擊事件，使美國移民法的執法重點轉向於國境安全及非法外國人的查緝，但美國的移民政策仍舊歡迎合法移民，並有協助其融入美國社會之措施。2002年國土安全法（The Homeland Security Act of 2002）將「移民及歸化局」（INS）分成三個新單位，分別是海

---

[4]　U.S. Citizenship and Immigration Services. "History of Genealogy-Late Twentieth Century".

關及邊境保護局（Customs and Border Patrol, CBP）、移民及海關執法局（Immigration and Customs Enforcement, ICE），及美國公民及移民服務局（U.S. Citizenship and Immigration Services, USCIS），三個單位皆隸屬於新成立的國土安全部（Department of Homeland Security）[5]。

　　持續而來的各國移民成就了今日的美國，而美國並持續地吸引全球各地素質最佳的人，也豐富了美國文化、創造更多工作機會；移民長久以來協助美國居於世界領導地位。然而因為2001年美國遭受911的恐怖攻擊之後，美國之移民政策有一定程度之檢討與反省。其中對於國土安全與國境保護之如何平衡，卻有下列進退兩難之爭點與待解決之窘境，今引述其二者之爭議點，以觀察此時期美國移民政策擬定時可能之考量因素。

一、國土安全部有關政策之正、反面爭點[6]

　　（一）國土安全部的任務過於廣大，須藉助中情局（Central Intelligence Agency）或聯邦調查局（Federal Bureau of Investigation）的情報協助，以及建立科技以便於去保護美國國境，例如以生物特徵、身分辨識護照等科技。

　　（二）911委員會認為911之發生在於美國官僚體系無法有效監控外國人進入美國，故其建議成立專責單位，亦即創立國土安全部，並採取生物辨識等科技方式去監控之。

　　（三）Diminyatz引述批評者之論點，認為國土安全部雖然成立並整併許多單位，但是其內部小單位之官僚體系仍維持一貫作風，並不會因為組織之大幅改制而改變。

　　（四）某些國土安全政策並不被其他國家支持，例如美國要求實施指紋和照相存取外國訪客紀錄，但同時亦免除了美國某些同盟國旅客此項要求，導致巴西等國之不悅因而反制美國。

　　（五）地方政府雖被要求一同保護國境，但某些地方政府依賴當地外

---

[5]　U.S. Citizenship and Immigration Services. "History of Genealogy-Post-9/11".

[6]　Jonathan R. White (2012), Terrorism and Home Security 7th ed., (Wadsworth Cengage Learning, 2012), pp. 515-517.

國人的合作及信任以提供治安情報，因而導致地方政府也不悅中央嚴格管制移民之政策。

二、移民之正、反面爭點

（一）另一個爭議議題乃移民政策，只有少數人認為要完全阻隔移民，多數人認為僅要阻絕對美國有敵意之移民或非法移民；但亦有人認為美國乃移民立國，移民對國土安全的防護的影響，受到過度的批評且被嚴重化了。

（二）國境安全牽涉到合法及非法移民，這些安全威脅包括恐怖主義和其他犯罪活動，Diminyatz總結主要的國境安全威脅有：1.恐怖主義和大規模毀滅性武器；2.毒品走私；3.人口販運；4.傳染疾病。

（三）現今保護美國國境的單位過廣及過多，無法一次應付上述國境安全相關之問題，故其建議由美國軍方介入保護美國邊境，直到警力有能力去保護國境為止。

（四）聯邦政府尋求地方執法單位一同打擊非法移民，但地方政府有時並不太願意配合。其乃因為治安之維護重點在於情資，因此犯罪調查和治安維護亦缺此情資不可，故而其又成為達成有效警政之必要關鍵。然而移民社群，無論合法或非法，均可提供甚多情資給地方警察，故而成為維護社區治安和調查犯罪之重要環節，以致於地方警察在配合聯邦政府取締非法移民時有所顧忌，因為恐怕情資的取得可能會受到阻斷之影響。

因此美國布希前總統時期，亦曾經試圖選擇中間路線，推動務實的移民改革。雖然其主張嚴格打擊非法移民，但也支持讓非法移民能夠獲得合法身分。因而2005年12月，布希前總統宣布其移民政策的三點主張：（一）加強邊境安全；（二）加強工作場所的執法，以及（三）實施「臨時工人計畫」。但是當時同樣遭受來自共和黨傳統力量的強力反對，特別是堅持反對給予非法移民合法化的主張者。

參、歐巴馬前總統的移民政策

國際移民組織（International Organization for Migration, IOM）表示，2050年全球移民總數將高達4億500萬人。該組織更進一步指出，移民人口增加的關鍵，在於開發中國家勞動人口明顯成長，而已開發國家人口則逐漸老化。但隨著近年來世界之景氣衰退，逐漸改變各國之移民政策與處理移民之態度。例如美國於國內經濟之蕭條時期，民眾輿論和部分當權者歸咎於「移民」使失業率上揚。《亞利桑那共和報》就曾報導美國是世界上外來移民最多的國家，當經濟持續下滑之際，政府遂採取較嚴格之邊境管制和更多的驅逐措施。因此根據聯合國的數字顯示，2010年世界上有2億1,400萬之移民，比10年前增加了6,400萬的移民人口，占世界人口總數的3.1%。又根據2008年歐盟執行委員會（European Commission）研究結果顯示，歐盟國家有200萬至400萬的非法移民。[7]

於2007年之際，美國境內之非法移民人數，達到歷史上之最頂點，係為1,200萬。另外，根據美國「人口普查局」（U.S. Census Bureau）於2007年3月之調查，當時之全般外來移入人口約為3,800萬人，然而其中約三分之一，係屬非法移民，非法移民人數約為1,200萬，占約31.6%，近約三分之一。

於2010年，美國境內之非法移民人數，係為1,160萬人。於2012年，美國境內非法移民人數，則達1,110萬至1,150萬之間。美國約55%至59%之非法移民，係來自墨西哥。若以「未具有合法旅行證件移民者之國際合作論壇組織」（The Platform for International Cooperation on Undocumented Migrants, PICUM）其依據美國人口普查局之實證調查結果，則於2013年美國境內之非法移民人數，係為1,110萬人左右[8]。

因此面對美國長期發展衍生的移民相關問題，美國歐巴馬前總統的移

---

[7] Pchome個人新聞臺，全球移民2050年破4億（2011）。

[8] 柯雨瑞、高佩珊（2015），非法移民與人口販運，陳明傳等合著，移民的理論與實務，五南圖書，頁194-196。

民政策改革著重下列四個面向[9]：

一、持續強化國境安全：持續強化國境管理作為，執法部門需將資源集中於防止任何可能危害美國國家安全者入境美國。

二、加強對非法外勞的違法雇主課責：遏止雇主違法僱用非法移民的情形，但也要提供平臺供雇主能查詢所僱用者是否具有合法身分。

三、建立能反映價值觀和多元需求的移民系統，以強化經濟競爭力：移民法應持續促進家庭團聚，鼓勵美國名校之外國畢業生留美發展。且應停止處罰年幼就隨家庭非法入境美國的年輕人，讓他們有機會留在美國[10]。

四、非法居留者的管理：非法居留者必須通過身分安全查核、繳納稅金和罰款以及學習美語，才能等候申請成為公民，要成為美國公民不僅享受權利也必須善盡義務。

美國歐巴馬前總統亦曾於2011年提出的移民藍皮書，然各方爭議與意見不斷，直至歐巴馬於2012年連任後，始大力推動移民政策的改革。2013年歐巴馬曾發表移民政策，說明肯定移民對美國的貢獻，並指出現行移民法已不合時宜，其認為要從以下三項進行改革：（一）嚴密國境安全和取締非法雇主之執法；（二）使已在美國的非法移民能有取得合法身分的途徑；以及（三）吸引外國優秀人才和投資者，並給予身分或親屬依親的方便等三大方向來進行移民法之改革。然而歐巴馬之移民政策中，其所論之非法移民合法化其實就是「大赦」，此主張在各界引起極大爭議。然而上述不同的移民改革法案因選舉關係而受到擱置，而當時民間力量之移民改革之努力則仍持續推動；然由於移民政策複雜且改革涉及廣泛，因此美國官方移民此類之改革法案始終未曾定案。

另一個由2001年8月1日在前布希總統時代即被美國參議員Dick Durbin

---

[9] USA White House, "The President's Blueprint for Building a 21st Century Immigration System".

[10] 2012年6月15日，美國國土安全部部長宣布「暫緩遣返兒童時期來美者計畫」（Deferred Action for Childhood Arrival，簡稱DACA），該計畫對於兒童時期來美但逾期居留的無證居民（須符合一定條件者）給予2年期（並可延期2年）的臨時合法身分，並可以申請駕照及合法工作，但不給予永久居留身分。資料來源：U. S. Citizenship and Immigration Services, "Consideration of Deferred Action for Childhood Arrivals (DACA)"。

（伊利諾州的民主黨參議員）以及Orrin Hatch（猶他州共和黨參議員）共同提出之法案，一直至歐巴馬前總統時代之美國的重要移民政策—即為「夢想法案」（DREAM Act），其乃是所謂的「外國籍未成年人發展、救援暨教育法」（Development, Relief, and Education for Alien Minors Act）；該夢想法案對於在美國境內之青少年非法移民者而言，有無比之重要性；假若當時該法案被美國參眾兩院通過，則在美國境內之青少年非法移民者可取得以下之權利，亦即可以取得永久居留等之權利。

　　夢想法案至今則有數個版本，分別於2001、2005、2007、2009、2011、2012與2017年進入國會，接受國會之審查，但均未被通過。此發展可看出夢想法案極具有爭議性，遂導致夢想法案一直未被美國參議院通過。其中比較重要的發展概述之如下，該法案亦曾在參眾兩院國會於2009年3月26日，第111屆國會期間被提案，其中有128位眾議員與39位參議員同意此法案之部分提議。因此據此提議，移民者可依據下列之條件來申請獲得移民之簽證：

　　一、在本次之立法時其年齡在12歲至35歲之間；

　　二、其在16歲之前即已抵達美國；

　　三、在其到達美國至少連續居住5年以上；

　　四、美國高中畢業或獲有同等之學歷者；

　　五、良好的道德特質。

　　另外2010年11月16日，前總統歐巴馬和民主黨高層黨員承諾要於該年11月29日再次提夢想法案至眾議院討論。眾議院終於在2010年12月8日通過夢想法案。但該法案未能達成60票支持的參議員門檻，終在參議院功敗垂成。然後至2011年5月11日，參議院多數黨領袖Harry Reid重新提出夢想法案至參議院。但是某些原先支持此法案的共和黨參議員卻反對此一法案，並申稱若不增加移民之執法，則不同意該立法。因而Reid表示，他會考慮在夢想法案中，增加要求每個雇主使用E化的驗證，而政府在其互聯網的工作資格查核系統中（internet-based work eligibility verification system），亦會添加一項工作場所執法衡量之措施。歐巴馬前總統亦支持該法案之立法，以作為他改革美國移民制度的努力之一。然而，2011年

7月，加州即已頒布了加州夢想法案（California DREAM Act），在該州無移民證件的學生，能夠給予公立學校的民間獎學金。該年8月，伊利諾州亦曾授權私人資助的獎學金計畫，頒發給合法和非法移民的子女。

另外在2012年6月15日，歐巴馬前總統宣布一個行政命令，稱其將停止驅逐符合特定條件，包括在擬議中的夢想法案之非法移民。因之此項類似夢想法案之行政命令在2012年8月15日，由美國公民及移民服務署（U.S. Citizenship and Immigration Services, USCIS）開始接受在「童年抵美者暫緩遣返計畫」（Deferred Action for Childhood Arrivals, DACA）下的數千件的該類移民之申請。DACA之申請人，其必須滿足以下之條件，茲列舉其主要規範如下：（一）截至2012年6月1日爲止，DACA之申請人未滿31歲；（二）DACA之申請人於16歲之前，須抵達美國；（三）自2007年6月15日起，DACA之申請人即持續在美國居住；（四）於2012年6月15日之時，DACA之申請人須在美國，且於當日提出暫緩被美國國土安全部之公民暨移民署遣返之要求等等之條件規範。

因爲DACA乃主要在解決與夢想法案申請者同一類型之申請者，因此這兩個移民方案經常合在一起進行辯論。有些人認爲二者幾乎是沒有差異；但亦有人認爲一者是以立法的程序與方式來處理移民問題，另一個僅是行政的措施來處理此同一問題。然而截至2017年1月止，通過DACA註冊登記者卻已有740,000人。而至2017年伊利諾州民主黨參議員Dick Durbin建議迅速通過夢想法案，以便能回應及緩解川普總統行政撤銷2012年的DACA行政命令的措施。但是川普總統卻於2017年9月另外提出更嚴格的促進就業移民改革法案。

另外歐巴馬前總統時期與此夢想法案有相關之另一個移民改革，乃於2014年運用頒布行政命令之方式發布移民相關之行政命令，其乃爲「美國公民及永久居民父母暫緩遣返計畫」（Deferred Action for Parents of Americans and Lawful Permanent Residents，或名爲Deferred Action for Parental Accountability, DAPA），其主要之內容係爲：（一）申請人是美國公民或永久居民之父母，但沒有在美國居住之合法證件；（二）「美國公民及永久居民父母暫緩遣返計畫」實施之時，申請人須住在美國；

（三）於2010年1月1日前，即在美國持續居住；（四）非美國政府需要優先遣返之人等等。不過，上述2個行政命令，當時受到多個美國州政府之集體反對，於2016年之時計有26個州政府，聯合向聯邦最高法院提起控告，指稱歐巴馬前總統利用頒布行政命令之方式，所發布之上述兩個移民之行政命令均係屬違憲。

至2017年7月20日則由南卡羅萊納州共和黨參議員Lindsey Graham所再次提案的「夢想法案」，乃期望對於有下列之條件下，其原屬於不予受理或可遞解出境或要臨時保護其人者，國土安全部要取消對有該身分者驅逐其出境之行動，並且提供合法的永久居民身分給予該外國移民，至於其具備之條件如下：（一）至立法通過之日起算，已連續在美國居住4年以上；（二）在初次入境美國年齡時小於18歲；（三）不是刑事、安全、恐怖主義，或其他安全顧慮之人；（四）並沒有參與任何迫害之行動；（五）未曾被聯邦或州定罪；（六）已達到一定的教育程度之要求。因此國土安全部應取消、移除其被驅逐出境，或調整其在上述條件的基礎下，其可合法地接受永久居留的身分。而外僑若合乎「童年抵美者暫緩遣返計畫」（DACA）之身分者，必須授予此計畫之認可，除非該外僑從事不符合於DACA資格之行為。[11]

然而後來民主黨參議員對於川普總統會同共和黨參議員所宣布之新移民改革法案之草案—促進就業移民改革法案（Reforming American Immigration for Strong Employment Act, RAISE Act）預期將對有DACA身分者產生衝擊；因此民主黨參議員北卡羅萊納州的參議員Thom Tillis，奧克拉荷馬州的James Lankford，以及原夢想法案的共同提案者Orrin Hatch提出一個新的所謂「成功法案」（The SUCCEED Act），以為川普新移民法案之對應法案；其中亦包括在川普總統的移民積分計點制度（merit-based rules）之下，其亦可能取得美國公民資格的管道。該「成功法案」規定，在2012年6月15日前抵達美國的前述之DACA之16歲以下的被濟助之移民申請者，必須遵守多項資格要求，其中條件包括：（一）通過刑事

---

[11] CONGRESS.GOV, "S. 1615 - Dream Act of 2017, 115th Congress (2017-2018)".

背景之檢查；（二）納稅義務的完成繳納；（三）提供給國土安全部生物識別資料；（四）簽署一項豁免條款，亦即如果違反了上述規範，將會被撤銷某些利益。後來幾經國會的多次折衝，該替代「夢想法案」所謂之「成功法案」提案亦是無功而返。

　　儘管該「成功法案」沒有像白宮所要求的那樣，附加任何邊界安全條款，但Tillis參議員表示，這不僅是獨立的所謂「夢想法案」類似之立法，其亦將會有與邊界安全同時考量的相關規範。但是民主黨參議員Tillis卻進一步表示，夢想法案的相關提案每一次都會失敗。因為參議員們都會對此類提案，表現出強硬的路線，同時即便參議院會有通過的共識，該等法案（暗指夢想法案）亦出不了眾議院的大門[12]。民主黨參議員Tillis的意思可能是表明，若夢想法案在參眾兩院多年來通過的難度這麼高，何不對他們所提的替代方案—「成功法案」給予支持呢！

　　然而川普總統於2017年1月20日上任以來，即開始強化治理非法移民問題，包括收緊移民及簽證政策、要求執法者嚴格執行移民法，以及為邊境築牆等做法。因此在2017年前六個月中，全美的非法入境人數驟降了70%，創歷史最佳水平。在川普政府的努力下，眾多非法移民問題已經有解，但最難辦的應屬前述之DACA法案帶來的年輕非法移民問題。2012年，前美國總統歐巴馬簽署DACA法案並開始執行，使滯留美國的年輕非法移民約逾78萬人，其中80%來自墨西哥，被暫緩遣返並獲得工作許可。並且這些非法移民的暫緩遞解期限，可以被延長。而川普政府沒有將DACA法案下的年輕非法移民，列入需嚴格治理的「惡意非法移民」，主要原因是這些人在非法入境時，大部分是被成年人帶入境，他們尚無自主判斷或承擔法律後果的可能。

　　而前述之DAPA方案由歐巴馬前總統在2014年提出，要求對非法入境的美國人的父母暫緩遞解，並給予他們工作許可。這項提案約涉及360萬非法移民。該消息公布後，立即有幾個州的政府將這項提案訴諸法院，理由是DAPA條款違反了憲法及聯邦法律。然而於2017年6月，川普政府

---

[12] Joe Perticone, Business Insider/Politics, "Republicans' new immigration bill could derail Democrats' attempt to bring up the DREAM Act".

正式廢除了DAPA方案。至2017年8月28日白宮發言人證實，目前川普政府正在審議DACA方案，並再次申明稱，最終只有國會通過立法，才能對DACA受益人面臨的處境，給予永久的解決方案。移民分析家認爲，川普政府可以在任何時間結束DACA，也可以在2017年9月之後才來處理法院的裁決結果。對於後者而言，華府智庫「移民政策研究所」（Migration Policy Institute）的政策分析師Julia Gelatt表示，法院的裁決結果很可能會叫停DACA，因爲將受理此案者仍然還是同一位德州法官，他在去年叫停了DAPA和反對擴大DACA受惠者範圍。或許，此案最終將被上訴至最高法院，才能最終有個了斷。Gelatt表示，這些案例棘手的地方在於，DACA受益人都是在未滿16歲之前就進入美國，他們年齡太小，無法爲自己的行爲承擔法律責任。然而一些移民專家卻認爲，歐巴馬簽署DACA，對78萬這一數目龐大的非法移民實行大赦，是違法的[13]。

　　綜上所述，在前布希總統時代將移民之執法，聚焦在對於美國境內有聘僱非法移民之工作場所，進行突擊檢查與強力掃蕩；然而歐巴馬前總統時代則改變上述之移民執法政策，比較強調將非法移民遣送出國，或給予有條件之所謂DACA移民大赦。由此亦可知，美國對於非法移民之政策，常會因當時執政者之不同理念，而有所改變。

第三節　近期川普總統之移民政策

　　川普總統不僅呼籲應該遏制非法移民，也計畫進行移民改革。美國國土安全部表示，聯邦法律允許合法移民者，從其出生地國家帶進來多個家庭成員。平均而言，1位合法移民者一般會「帶進來」另外3名家庭成員移民。但移民來美國的墨西哥人卻帶進來6名家庭成員合法移民美國。美國移民研究中心分析的統計資料顯示，親屬移民人數超過了初始移民人數。這現象被稱爲「連鎖移民」（Chain Migration），因爲每一個合法移民進

13　蘇漾，達卡行政令再起爭議　川普政府重新審議，大紀元。

來的人，都會與許多法定親屬有聯繫。這種連鎖移民現象對美國產生了巨大的影響。這些能夠使親屬移民美國的人，都是本土出生的美國公民或歸化之公民。

　　移民研究中心政策研究主任Jessica Vaughan表示，在過去的10年中，被允許進入美國的1,060萬移民中，只有一半是初始移民，其餘是親屬移民。在過去35年中，有超過60%的美國移民是通過親屬移民被帶進來的。因而如前所述，於2017年8月2日川普總統在白宮和兩名共和黨參議員宣布移民改革法案，不僅採「積分」或「擇優」（merit-based system）制，並於未來10年將縮減綠卡發放的數量。對於親屬移民，未來新法案雖然仍將優先考慮美國居民的直系親屬，包括配偶和子女，但是將終止發放綠卡給其他家庭成員，包括美國居民的成年子女。據新法案規劃的擇優移民制，未來將僅接收受過教育、會講英語及擁有高薪工作的移民，以及移民者必須能在經濟上支持自己和家人。對此，移民專家認為，這將有利於優化人才素質，提高美國工人的薪資水平，保護美國利益。雖然法案受到民眾支持，但是在國會立法議程上可能還有很長的一段路要走[14]。

　　川普總統所提之促進就業移民改革法案（Reforming American Immigration for Strong Employment Act, RAISE Act），乃由共和黨阿肯色州聯邦參議員Thomas Bryant Cotton與喬治亞州聯邦參議員David Alfred Perdue, Jr.共同所提出。該法案旨在通過控制綠卡發放，以便使得合法移民數量減少一半，由此提高美國本土的就業環境。法案提議將每年發放的難民綠卡數量控制在5萬，取消多元化移民簽證，並限制親屬移民的數量。此外法案引入了積分制，通過英文水平、教育程度、工作技能等擇優選擇移民。2017年8月2日，Cotton又向參議院提交了修改後的RAISE法案。同時，美國總統川普對法案表示支持。當日川普在Cotton與Perdue的陪同下在白宮宣布了該法案[15]。

---

[14] 林妍，墨西哥人移民美國　平均帶六家庭成員定居，大紀元。Also see Julia Gelatt and Randy Capps, Migration Policy Institute, "Legalization for DREAMers: A Realistic Appraisal of Potential Chain Migration".

[15] 維基百科，美國移民改革促進就業法案。

　　至2015年止，如圖7-1所示，美國每年約有100萬人左右取得永久居留
資格，即所謂取得綠卡，而僅約一半的人現於美國居住。其中有三分之二
是以依親的方式取得綠卡，亦即家庭贊助之移民占44%，美國公民的直接
親屬占20%。因而「促進就業移民改革法案」旨在減半這100萬透過當前
依親的方式取得綠卡之移民者。目前，美國公民可以贊助配偶、未成年子
女和父母申請移民，而沒有計點制度之限制。根據現行移民類別之上限規
定，美國公民也可以贊助成年子女和兄弟姐妹前來依親移民；而合法之永
久居民也可以贊助配偶、未成年子女、成年未婚的子女來依親移民。川普
總統等人所提促進就業移民改革法案，則會消除除了美國公民與永久居民
之配偶和未成年子女以外的所有依親移民之申請；其中未成年子女的年齡
限制更由21歲降至18歲。因此會降低依親之綠卡申請取得者，其將會從
226,000綠卡取得者降至88,000件。

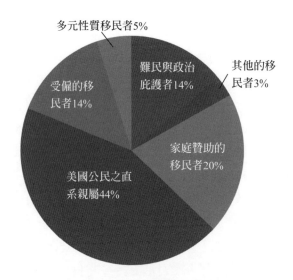

圖 7-1　美國2015年合法的永久居留證（綠卡）發給之分配狀況

（New Legal Permanent Residents by Broad Class of Admission, 2015）

Source: Department of Homeland Security, 2015 Yearbook of Immigration Statistics.[16]

---

[16] Department of Homeland Security, Office of Immigration Statistics December 2016, "2015 Yearbook of Immigration Statistics"; Also see Julia Gelatt, Migration Policy Institute, "The RAISE Act: Dramatic Change to Family Immigration, Less So for the Employment-Based System".

　　基於此移民改革新方案，因爲家庭因素而申請移民，而會受到影響之國家，包括美國居民的親屬之中，有來自墨西哥、多明尼加共和國、菲律賓、中國、印度和越南的親戚的綠卡申請者，爲最大宗。其中除了墨西哥和多明尼加共和國之外，上述國家因爲此移民改革法案而被影響者最爲巨大，例如來自印度和越南的綠卡申請案，將會有約70%會受到影響[17]。

　　同時此移民改革法案將影響美國成年公民的父母之綠卡申請，在2015年度約有133,000個申請，其本來可成爲美國合法永久居民者（Lawful Permanent Residents, LPRs），將只能成爲臨時之移民者（temporary immigrants）。同時此移民的美國公民之贊助者（其子女），首先要證明其父母有醫療保險，並能承擔其父母之全部的經濟負擔與責任。該父母亦將禁止獲得美國任何的公共福利，甚至各州或地方政府亦不得提供任何的經濟支助，否則各該地方政府將面臨聯邦法律之制裁。

　　然而此移民改革法案亦將不會增加雇主贊助的綠卡數量，此申請管道乃基於以就業爲基礎的移民申請案，其乃創立於1990年，每一年均被限制在140,000綠卡申報數量。但此類之申請案，往年亦均包含以配偶和未成年子女爲對象，來申請此類移民之綠卡申請，故而僅餘約一半的綠卡申請者，爲眞正的勞務工作者，但此次之移民改革法案，亦不會增加此類綠卡之申請數量。

　　上述美國參議院的移民改革法案，其所提出的就是改變現行綠卡的分配制度。依據現行之制度，大多數基於就業移民者，有以下五個不同的管道：（一）移民者的特殊能力，可以證明其在該領域有特殊的能力；（二）移民者能提供相關的研究所學位或特殊能力；（三）專業人士，或技術工人（至少具備兩年制大專學位），或者非具特殊技術之工人（只提供每年5,000個綠卡分配名額）；（四）符合美國國家利益的某些特殊移民；（五）移民投資者至少投資50萬美金。

　　所以相對的，本次的移民改革法案，則將美國原本前述之移民（綠卡）甄選之制度，替換成爲下列之積分（或擇優）計點系統：

---

[17] Julia Gelatt, Migration Policy Institute, "The RAISE Act: Dramatic Change to Family Immigration, Less So for the Employment-Based System".

　　（一）工作與薪資：有一個相對較高報酬的工作，亦即較高的薪水將得到較多的積分（最多爲13分）。

　　（二）英語能力：較高的英語能力測驗成績（最多爲12分）。

　　（三）年齡：與25歲的年齡較接近者積分則越高（最多爲10分）。

　　（四）教育的程度：在美國獲得之主要相關領域的較高學位將得到更多的積分（最多爲13分）。

　　（五）投資：在美國投資至少135萬美元（最多爲12分）。

　　（六）非凡的成就：獲得諾貝爾獎或同等殊榮，或具有奧林匹克等級運動員（最多爲25分）。

　　（七）特殊簽證的類型：可能成爲即將被消除的簽證類型者（計2分）。

　　至其改革法案之積分核算方法，以及其詳細之計分標準，則有以下之時代雜誌（Time/Politics），根據該改革法案之草案的基本規範與原則，「自行的」研究與擬議出未來可能的積分核算之計分標準如下[18]：

（一）積分核算方法

　　爲明確起見，積分核算將從改革法案中被簡化。例如，法案中提議的英語測驗，原規定根據申請人的表現來評分；此計分方式則另創制不同程度等級的英語能力排序代替之。關於工作薪金的評定問題，原規範爲150%的中產階級「個人」的中數之收入（150% of median income），則改變成計算2014年實際中產階級每一「家戶」之平均年薪收入51,939美金的150%來核算，即最低年薪必須的77,908.5美元以上。

（二）計分標準（必須總分30分以上才具備申請綠卡的資格）

　　1. 年齡：18歲以下不能申請；18-21歲得6分；22-25歲得8分；26-30歲得10分；31-35歲得8分；36-40歲得6分；41-45歲得4分；46-50歲得2分；50歲以上得0分。

---

[18] Lisa Marie Segarra & Davis Johnson, "Find Out If President Trump Would Let You Immigrate to America", Time/Politics.

2. 教育程度：低於高中畢業得0分；美國高中畢業或外國之同等學歷得1分；外國學士學位得5分；美國學士學位得6分；外國之科學、技術、工程或數學等碩士學位得7分；美國之科學、技術、工程或數學等碩士學位得8分；外國之科學、技術、工程或數學等專業或博士學位得10分；美國之科學、技術、工程或數學等專業或博士學位得13分。

3. 英語能力：不佳（poor）得0分；中等（moderate）得6分；佳（good）得10分；甚佳（excellent）得11分；流利（fluent）得12分。

4. 工作與薪資：年薪低於$77,900得0分；年薪至少有$77,900得5分；年薪至少有$103,900得8分；年薪至少有$155,800得13分。

5. 非凡的成就（Nobel Prize or major international award）：有得諾貝爾獎等非凡的成就25分；沒有得者0分。

6. 非凡的成就（won an Olympic medal in the past 8 years）：有得15分；沒有得0分。

7. 投資：不準備在美國投資得0分；有價值少於135萬美元新的企業投資得0分；有價值介於135萬至1,800萬美元新的企業投資得6分；有價值1,800萬美元以上新的企業投資得12分。

因此每年根據以上之計點系統所累積之申請者的較高點數者，將優先獲准申請綠卡。那些不被選定者，將可以重新下一年度的申請。然而其中的重大轉變乃是，本次移民改革法案之草案，將完全消除過去每個國家基於就業類型，所規範的上限配額。然而至目前為止，沒有一個國家可以獲取任何類別綠卡申請的7%以上的配額數量。也就是說，過往之綠卡申請不易，然而新制度若通過，則障礙與限制將更多。

目前，85%在美國境內，欲從一個臨時的工人簽證或學生簽證，基於就業移民而申請合法永久居民者，根據現行的移民法，很難找到雇主的贊助來申請其永久之居民。然而若根據Raise Act的新移民改革草案之新積分制度，則必須具備有一份高薪的工作，較佳的英語溝通能力，與美國本土取得的主要學門之學位，因此那些已經在美國唸書或工作的H-1B簽證

者[19]，將保持較強的優勢，而較能以就業爲基礎來申請獲得綠卡。具備有H-1B工作簽證的國家，即爲印度與中國，以及其留學生至美國最多的中國、印度、沙烏地阿拉伯和韓國。因此將有可能主導此新移民改革方案中，基於積分計點的新簽證系統之申請案，同時一些以英文爲官方語言的國家的國民，在申請此類移民時亦會有優勢。

根據擬議的新移民積分制度，具備有美國本土的一定學士學位，以及滿足其他之特性規定，就有足夠的點數可以獲得綠卡，其甚至不需要有經雇主的贊助即可取得居留權。這部分的改革規範，已與一些以雇主贊助爲主之國家，並具備有悠久歷史之積點系統的加拿大和澳大利亞等國之發展趨勢背道而馳。然而這些國家，在近年來亦曾調整其積分計點制度，並以適當工作的取得爲要件，但是同時亦發現，並非所有這些較高技術能力的移民者，都能達成其勞方市場的要求。

美國此種積點系統之提議，肯定會造成難以置信的競爭情況，亦即只有最高學歷、英語最流利，薪資較高者會有機會通過申請。美國在2016年，有236,000人申請工作簽證之申請，其人數之上限爲每年85,000個名額。一些來自印度和中國的移民申請者，等了10年或更多的時間來申請此就業之簽證。然而問題是，如果只有那些前述之較高得分者，能獲得申請，將如何能眞正塡補關鍵的勞動市場之人力需求。雖然此新積分計點制度，將允許4年爲一期的調整積分點數之類別與得分的特徵規定，但將不允許調整綠卡的核准總人數，以至於將無法反映不斷變化的經濟條件。由加拿大、澳大利亞、英國，和別的國家使用積點系統的寶貴經驗，乃是能靈活和定期的調整移民申請積分之標準，才是移民積分制度成功的必要條件。

此新移民改革法案之影響性，可能是很大也可能在某方面是不顯著的。因爲此法案以就業爲基礎的積分計點系統的裨益，可能會小於預期；

---

[19] 美國最主要的工作簽證類別，發放給美國公司僱備的外國籍有專業技能的員工，屬於非移民簽證的一種。持有H-1B簽證者可以在美國工作3年，然後可以再延長3年，6年期滿後如果簽證持有者的身分還沒有轉變，就必須離開美國。要成爲H1-B簽證申請的考慮對象，必須從4年制的大學取得了學位，或者與將要在美國從事的職業相關的領域，擁有10年的工作經驗者。

因爲其與現有偏好高學歷、高收入的工人，或已成爲投資移民者，或者對那些已經在美國以現有的規定，已能申請獲得綠卡者來說，其差別與影響程度並不大。然而此美國的移民配額之新改革規範，將有利於來自印度和中國，已經能達到高技能簽證要求的綠卡申請者，因爲目前他們面臨的是長期的申請案件的等待與案件被積壓，所以此次移民改革可能對他們有所助益。至於英語程度的積點，可能略有利於來以自英語爲母語之國家的工人。綜合的來說，此積點的新改革系統，充其量僅帶給有較高技能的移民申請者，有稍微些許的助益而已。

　　但另一方面，此移民改革法案將對於人道主義考量之移民，和基於家庭之移民有重大之影響。在人道主義方面，此新法案將會把難民之安置，每年設定爲50,000人之上限，消除總統對於調整難民之收容，以及其回應世界危機的外交和人道主義考量之處置權限。另依家庭爲基礎的移民系統，因爲新法案減半其配額數量，將會重大的減少家庭之團聚，而此家庭之團聚乃爲美國移民史中，根深蒂固的寶貴之價值觀。其中例如英語之水準從未成爲申請移民美國的要件，但此積分計點新系統，則將會給那些已經熟練英文者更佳的移民機會，而不提供正在學習英語者之申請機會。另一點引人注意的改革，乃是該新法案會增加一個額外的要求，使得綠卡持有者才能順利取得美國公民之資格。其新規定乃是綠卡持有者，在獲得公民身分之前，其贊助者將被要求償還聯邦政府所給予綠卡持有者，其頭5年期間的任何可能發給的福利。此經濟上的要求，並不是過往美國國籍政策的一個特點。另外，透過消除多元的簽證抽籤制度，爲那些較少申請案到美國移民的國家，提供獲得綠卡之機會；該新法案亦將對於那些沒有雇主或家庭聯繫的此類移民者，會因此而切斷此種新的與多元的抽籤方式之移民潮流。所以此新法案與移民管理的新想法與概念，將會有戲劇性的巨大變化，現行美國的移民政策與長期以來美國的移民價值，都將受到極大的挑戰[20]。

　　另者在川普政府移民改革法案說明中，亦宣布終止「童年抵美暫緩遣

---

[20] Julia Gelatt, Migration Policy Institute, "The RAISE Act: Dramatic Change to Family Immigration, Less So for the Employment-Based System".

返計畫」，並要求美國國會採取法律行動，若然則約近80萬名幼年來美的夢想生（DREAMers），將面臨無法繼續長期在美國工作與生活的窘境。美國之移民律師指出，由於沒有合法身分，未經檢驗入境的夢想生難通過其他途徑轉換身分，只有期待「夢想法案」過關。同時由於DACA受益人沒有合法身分，只被允許合法工作，因此對於即使有工作的夢想生，也無法通過H-1B工作簽證進而申請工作綠卡。即使夢想生與美國公民結婚，如果沒有經檢驗的入境紀錄，也是無法通過結婚轉變身分。因此只有經檢驗入境者，才有機會通過結婚轉換身分。許多已經有接到遞解令，但受DACA保護的夢想生，在申請DACA方案時，已提供了個人資料，如果廢除DACA，將使他們完全暴露在聯邦政府的監控之下。移民專家表示，希望國會能盡快通過「夢想法案」，讓這些已在美國生根的孩子們有更好的歸宿[21]。

　　至於難民的收容方面的新移民政策之發展方向，則2017年9月26日川普政府向國會提交的一份報告提議，2018年度美國接收難民人數減少到45,000人，這是1980年難民法案立法之後的最低水平。川普就任總統後曾發布行政令，將2017年美國接收難民人數定為最多5萬人。其遞交給國會的報告中說明，川普政府建議從非洲最多接收19,000名難民，東亞5,000名，歐洲和中亞2,000名，拉丁美洲和加勒比地區1,500名，中東和南亞17,500名難民。在國會要求行政當局在每個財政年度開始前，向其提交的難民報告中，川普政府表示，目前已經在美國境內的外國人，尋求庇護案例日益增多。而華爾街日報曾因而率先報導了美國2018年將接收45,000名難民的消息，該報稱國務院最初爭取的上限是至少5萬名，但隨後國務卿Rex Tillerson修改了工作人員的提議，並將對總統提出的建議定為4萬5,000人。國土安全部（Department of Homeland Security）建議的數字則為4萬人[22]。因此，難民之收容亦必將受到一定之限縮。

---

[21] 陳小寧，DACA沒合法身分「夢想法案」是希望，世界日報聯合新聞網。

[22] 夏雨，川普政府計畫明年最多接收4.5萬名難民，大紀元。

第四節　各國移民積分計點制度之概述與比較

壹、美國移民積分計點制度之改革—從工作為基礎之綠卡申請至積點制或擇優制（points-based; merit-based）

美國每年約有140,000個基於就業而發給的綠卡。依據目前的移民規定，在美國以外的移民申請者，可提出申請3個類別的最優先之移民申請；其中第一優先的類別，包括在科學與體育領域有優秀的能力與表現者，或者跨國公司的經營管理者，或優秀的研究人員。然而如前節之論述，現行之美國移民申請制度將更改為積點的系統，其之考慮因素包括教育水準、年齡和薪資等。雖然在英國、加拿大和澳大利亞與日本也使用相似的系統[23]；然而卻有一些的差異存在，將論述比較之如後。

貳、英國移民積分計點制度

2008年2月，英國政府介紹了英國的第一個以積點為基礎的移民系統，其乃以澳大利亞的系統為參考。其替換過去複雜的移民申請規定，因為以往的移民申請規定有80餘種類型的簽證規範。此系統雖包含冗長的子系統之計點方式，但大致上分成為4個層級的積點系統。第3層級（Tier 3）本來是低技能移民者申請之管道，但系統開始運作後，英國政府決定沒有必要進一步從歐盟以外地區，引進非技術之移民；因此其已被刪除，並已調整成為以下之層級規範：

第1層級（Tier 1）：高技能之移民（擁有特殊才能、高技能、高淨值投資者、具高學歷之企業家）。

第2層級（Tier 2）：具備專技之工人（不能由英國或歐洲經濟體工人所填補的工作職缺、公司內部之專技工作人員、宗教或運動員專長之人員）；其名額上限為每年20,700人，除非該移民申請者之收入已超過

150,000英鎊則可視之為例外。

第4層級（Tier 4）：學生（在小學、中學，或大專受教育者）。

第5層級（Tier 5）：臨時移民者（temporary migrants）。

每一層級有其分配積點的特定之屬性；例如對於第1層級之計分，每一個申請者，其所核計的分數根據以下不同的標準；其即為（一）英語能力；（二）在財力上支持自己的經濟能力；（三）年齡以及以往的學經歷等。至於移民者若擁有「特殊才能」，則必須在他們的領域，被公認為是全球的頂尖人才，至其配額上限為每年1,000人，然而至今仍很少有人運用了這種管道來申請移民英國。至於第2層級申請移民者，則必須具備有一個特定的工作機會，以便於申請此層級之移民，而且其總分必須達到70分。然而到目前為止，最簡便的方法達到這一積分目標，乃是透過所謂的「短缺職業名單」（Shortage Occupation List）之工作來提高積分，例如重要公司的主要管理階層、生物化學家、工程師或醫生等工作。因為此類工作可占50分，其計分高於其他之計分，包括高於年齡和經驗等條件之計分。

參、澳大利亞移民積分計點制度

當澳大利亞工黨政府主政之後，其於1972年決議，移民者將基於其個人的能力特質和對澳大利亞社會的可能貢獻，來申請移民簽證。也就是說，透過其個人的職業能力狀況來審酌其申請案。因之以往澳大利亞的移民政策，以種族和民族的條件來作為評定的重要基準，也因此被揚棄替換之。澳大利亞的簽證制度大致分為旅遊簽證（holiday or vacation）、學生簽證（student）、工作簽證（work）、商務簽證（business activities）、永久居留簽證（permanent resident）、其他類別（more options）之簽證等6大類；至於其他類簽證尚有旅遊打工（working holiday）、難民及人道救援（refugee or humanitarian）、醫療簽證（medical treatment）等13

種[24]。

　　然而澳大利亞上述的工作簽證有關之移民積分計點制度，亦經歷了幾個版本，其正式於1989年被立法與建置完成，並在最近的2011年7月亦有所更新。該移民積分計點方案將簽證分為2大類，亦即：（一）具有專技的工人；（二）雇主的擔保2類。第一類之專技工人的簽證必須以積點來進行衡量，其必須滿足65點以上之積分。專技工人包括專業和體力勞動者，例如會計師與技術工人等都可獲取60積分。至於積分為40點之較低積分的專技工人，則包括了年紀較輕的工人或室內裝修工等。在專技工人方面，其得分的因素包括年齡、經認證的證照或資格，以及其在國外工作的經驗等條件。至於前述第二類之雇主擔保的簽證類別，則不需要進行積點的測試與評量。

肆、加拿大移民積分計點制度

　　加拿大乃是1967年全球第一個建置移民積分計點系統的國家。根據美國中央論壇智庫的報告（Centre Forum），加拿大系統顯著特點乃是，其優先考慮最急需的人力需求，而不僅是某一類特定工作的提供。和其他國家一樣，加拿大對於專技工人與其他種類的移民之間作了區分的處理。若尚未在加拿大找到雇主，而欲以專技工人申請聯邦專技工人移民簽證者，則其每年上限之名額為25,500名；另外再加上各1,000個上限的以「專業」或者「技術」為由的其他相關性之移民配額。專技工人移民在某一特定的偏遠領土，如新斯科舍省（Nova Scotia），或可獲得更大移民的權重計分。

　　要符合申請加拿大移民，必須要滿足最低限度的67點，每個積點項目的最大值，如下所示：（一）教育背景25分；（二）精通英語和法語的語言24分；（三）以往工作經驗15分；（四）最適合工作的黃金年齡12分；（五）有就業10分；（六）個人適應能力（adaptability），例如有家

---

[24]　Australia Government, "Department of Immigration and Border Protection, Visa Finder".

眷或伙伴一起申請移民者等，最高得10分；以及個人經濟的條件亦列入考量[25]。其中語言部分，則除了上述主要官方語言最高計24分之外，第二官方語言亦可最多再加計4分，語言部分總共最多得28分[26]。

伍、日本移民積分計點制度

根據日本法務省入出國管理局（Immigration Bureau of Japan）2009年5月29日之「促進接受高技能專業人才移民」的報告中，其說明所謂可接受移民之高技能專業人才包括：（一）與日本國內資本或勞動力，有互補關係，且有高品質、不可替代的人力資源；（二）此人力資源將為日本工業帶來創新，並通過與日本人民的友好競爭，促進專業或技術工作力市場的發展，提高日本工作勞力市場的能量與效率。因此為了促進高技能的外國專業人員的移入，遂於2012年5月7日推出了一個積分計點制度（points-based system），向高技能的外國專業人員提供優惠的移民待遇。

其中第一大類（i）之高技能外國專業人士的身分，則又細分為3小類（即為ia、ib以及ic）：亦即區分為1.高級學術研究者（ia）；2.高級專業／技術者（ib）；以及3.高級企業管理者（ic）。根據上述每一小分類身分的特點，分別設置每個移民申請案的學術背景、職業專長，以及年薪水準等等計分之標準。如果總分達到70分，則將給予優惠的移民處理與待遇，其目的乃是促進日本接受高技能的外國專業人員移入日本[27]。日本推出此新制度，將縮短外國「高級人才」取得永久居留權的期限，擬由之前的5年減少至3年，如滿足一定條件，最快居留1年就可獲批准永久居留。另外上述3小類（即屬於第一大類者）之移民優惠規定包括：給予5年的居留期限、放寬對永久居留的要求與規範、允許高技能外國專業人士的配偶工作，以及在一定條件下可帶父母陪同高技能的外國專業人士，到日本的居

---

[25] Adam Donald, "Immigration points-based systems compared", BBC News.

[26] Government of Canada, "Immigration-Selection Factors: federal skilled workers".

[27] 日本法務省入出國管理局，"Point Evaluation Mechanism" & "Points-based System for Highly-Skilled Foreign Professionals"。

留許可等等。

　　至於其所謂之高技能外國專業人士之第二大類（ii）人士，即為在其原本之母國從事「高技能專業之第一大類」者，並有工作3年以上的專業人士稱之。至於此第二大類之移民優惠規定則包括：除了准予無限期居留之外，並給予第一大類型者的所有優惠移民之待遇。然而要被認定為高級人才，需要在「高級人才積分表」中取得70分或以上之積分，大學教授、科學研究人員、企業家及高級行政管理人員，是較易取得高分的例子。評分標準包括學歷、工作經驗、年收入、年齡等。擁有專利發明、曾發表學術論文、在其母國曾就讀大學、創業做生意，或通過日語能力考試N1及格者都有加分。學歷越高、工作經驗及年收入越多者越高分；年齡則成反比，越年輕者得分越高。以一名大學畢業、30歲以下，有5年至7年工作經驗的青年上班族為例，符合以上3項條件者，則可得分數為35分，加上日語能力考試N1及格，總共有50分。如要達至70分的最低門檻，年收入需要達600至700萬日圓。日本希望每年藉此吸納2,000名外國專才，但實際及格者極少，2012年數字顯示只有17人合於資格。由於日本政府計畫在2020年前，將外國資訊科技人才（Information Technology, IT）由目前3萬人增加至6萬人，故IT人才在申請簽證及居留權時都較為有利[28]。

陸、我國移民積分計點相關之制度發展

　　依據外國人從事就業服務法第46條第1項第1款至第6款工作資格及審查標準第5條之1規定：「在我國公立或經立案之私立大專以上校院畢業之外國留學生、僑生或其他華裔學生，除符合本標準其他規定外，依附表計算之累計點數滿七十點者，得受聘僱從事第四條之工作，不受前條規定之限制。中央主管機關應就前項許可之人數數額、申請期間、申請文件及核發許可程序公告之[29]。」而附表中點數之計算則包括：（一）學歷（最高

[28] 香港經濟日報，日本新制吸專才移民　甚麼職業移民有分加。

[29] 外國人從事就業服務法第46條第1項第1款至第6款工作資格及審查標準。

30點）；（二）聘僱薪資（最高40點）；（三）工作經驗（最高20點）；（四）擔任職務資格（計20點）；（五）華語語文能力（最高30點）；（六）他國語文能力（最高20點）；（七）他國成長經驗（計10點）；（八）配合政府政策（計20點）[30]。因此我國目前僅有此「僑外生留臺工作評點」之移民「積分計點」的計點相關制度，故而外國人應在臺取得大學學士（含）以上學歷之外國留學生、僑生與其他華裔學生，並經勞動部勞動力發展署依據上述法規審核累計點數滿70點，即符合外國專業人員工作許可案件之申請資格。

　　另外行政院會於民國106年4月20日通過國發會擬具的「外國專業人才延攬及僱用法」草案，並送請立法院審議。該草案是非常重要的立法草案，因為人才是國家競爭優勢的關鍵，如何吸引外籍專業人才來臺，同時提升整體人才素質，是重要的工作。大幅鬆綁居留限制，改善外籍專業人士在臺居留、工作及生活的便利性，將有助延攬、留用國際優秀人才。此次對於原先外籍專業人士進入臺灣的規範未做太多改變，主要是解決其在臺居留、工作及生活的合理性，將來可進一步思考檢討及放寬來臺有關的門檻，這也是此次立法之主要精神所在。故而其乃為延攬及吸引外國專業人才來臺從事專業工作及生活，填補國內人才及技術缺口，協助我國企業國際化布局，並引領產業發展及國內技術進步，帶動國人國際觀視野及就業機會，進而促進經濟朝高科技、高附加價值方向轉型。在不改變外籍專業人才來臺的工作資格及審查標準原則下，放寬其簽證、居留、保險及退休等待遇，使臺灣工作環境更加友善，因此才擬具此「外國專業人才延攬及僱用法」草案。

　　至於該草案主要之重點如下：（一）雇主聘僱外國專業人才在我國從事專業工作，應向勞動部申請許可；為鼓勵學校擴大延攬外國教師，就外國專業人才來我國擔任學校教師，改為向教育部申請許可；（二）受聘僱從事專業工作之外國特定專業人才，其聘僱許可期間與居留證有效期間、租稅優惠及直系尊親屬申請停留等優惠措施；（三）外國特定專業人才如

---

[30] 勞動力發展署，評點配額須知。

擬在我國從事專業工作者，得申請工作許可、居留簽證、外僑居留證及重入國許可四證合一之就業金卡；（四）受聘僱從事專業工作之外國專業人才，已取得永久居留許可者，爲勞工退休金條例之適用對象；其配偶及未成年子女得申請永久居留；其符合一定條件之成年子女得申請在我國工作；（五）外國高級專業人才申請永久居留，其配偶及未成年子女，得隨同本人申請永久居留；（六）就讀國外大學校院之外國籍學生，或畢業不超過2年之外國籍畢業生，經取得中央目的事業主管機關許可，得來我國從事長期停留實習活動；（七）香港或澳門居民在臺灣地區從事專業工作、尋職或實習之準用規定[31]。

　　然而至民國106年10月31日立法院遂正式三讀通過上述之「外國專業人才延攬及僱用法」，於民國106年11月22日公布，並由行政院核定自107年2月8日施行，爲我國留才攬才立下重要里程碑。該法之要點爲：（一）鬆綁工作、簽證及居留規定；（二）鬆綁父母配偶及子女停居留規定；（三）提供退休、健保及租稅優惠等[32]。故而其法之重要內容爲，放寬對外國專業人才的簽證、居留、全民健康保險、租稅、退休等待遇。同時未來外國特定專業人才，不需透過雇主，就可申請自由轉換工作的工作許可、居留簽證、外僑居留證與重入國許可等四證合一之「就業金卡」。同時亦放寬外國專業人才聘僱期間由3年延到5年，廢止每年須在臺183天規定等等新的措施[33]。

　　至於該法之第3條規定：「本法之主管機關爲國家發展委員會。本法所定事項，涉及中央目的事業主管機關職掌者，由各該機關辦理。」因此，例如雇主聘僱外國專業人才應向勞動部申請許可；聘僱有關就業服務法第46條第1項第3款之學校教師者，應檢具相關文件，向教育部申請許可。該法之第7條又規定雇主聘僱從事專業工作之外國特定專業人才，其聘僱許可期間最長爲5年，期滿有繼續聘僱之需要者，得申請延期，每次最長爲5年，不受就業服務法第52條第1項規定之限制；若其之期滿有繼續

---

[31]　行政院新聞傳播處，行政院會通過「外國專業人才延攬及僱用法」草案。

[32]　國家發展委員會，重大政策：外國專業人才延攬及僱用法。

[33]　外國專業人才延攬及僱用法。

居留之必要者，得於居留期限屆滿前，向內政部移民署申請延期。該法之第8條規定就業金卡之申請程序、審查、重新申請之一定條件，及其他相關事項之辦法，則由內政部會商勞動部及外交部定之。至於外國專業人才租稅優惠遞延留用之期間等租稅優惠問題，則由財政部會商相關機關定之。外國專業人才為藝術工作者，其申請之工作資格、審查基準、申請許可、廢止許可、聘僱管理及其他相關事項之辦法，則由勞動部會商文化部定之。外國專業人才擬在我國從事專業工作者，申請之條件、程序、審查及其他相關事項之辦法，由外交部會同內政部並會商中央目的事業主管機關，視人才需求定之。以上所舉該新法之種種規範，其意在放寬外國專業人才延攬及僱用標準，期為我國援引更多外國之人才，以便促進我國之經濟與各類建設之發展。

　　另者，行政院之教育科學文化處之資料進一步顯示，外國專業人才延攬及僱用法之遂行，其需要配合訂定或修正之子法共計11項，且涉及8個部會，其雖然皆已於行政院公報資訊網進行預告，預告期滿將可逐案對外發布。並期運用經濟部提升Contact Taiwan網路媒合人才之平臺，建構成為國家層級單一全球攬才入口網站，並整合外交部、教育部、內政部等各部會資源，建置「網實合一、鏈結國際」全球一站式的攬才機制，以積極延攬外國專業人才。至於在臺灣境內，則擬再結合內政部建置之「外國專業人才申辦窗口平臺」，提供外國專業人才來臺線上申辦業務，以及專人專責攬才服務；境外則由外交部及駐外館處持續強化海外長期駐點攬才及服務窗口，並由教育部擴充教育部海外人才資料庫之蒐集及運用，共同啟動全球攬才行動。因此各部會將加速完成其相關之子法，及其他配套措施之法制作業，國發會亦將對外舉辦說明會，邀集各國商會、各類外國人才團體及外國人才代表一同參與，針對外國人才專法、子法之內容及各重要配套措施等，偕同相關主政部會進行說明與規劃[34]。

　　其中所謂各相關主政部會之重要配套措施，除前述已援引之法令規定之外，例如亦可由勞動部依據上述新公布之「外國專業人才延攬及僱用

---

[34] 行政院，院會議案「外國專業人才延攬及僱用法」預定施行規劃及配套準備情形。

法」第4條及第7條規定，雇主欲聘僱外國特定專業人才，須符合相關中央目的事業主管機關公告的科技、經濟、教育、文化藝術、體育、金融、法律及建築等8大領域所定外國人資格，並由雇主向勞動部申請聘僱許可，經許可後其聘僱許可期間最長為5年，不受就業服務法第52條最長許可3年的限制。目前科技部、金管會及法務部已將科技、金融及法律等3領域的外國人之資格公告發布，勞動部亦將配合發布應備文件規定[35]。又如經濟部亦曾預告「外國專業人才延攬及僱用法第四條第一項第四款第二目具有數位內容產業教學專門知識或技術之專業工作」之草案，預告具有數位內容產業教學專門知識或技術之專業工作，指外國人受聘僱從事下列數位內容產業之實際技術教學工作：（一）數位遊戲產業：家用遊戲軟體、電腦遊戲軟體、手遊遊戲軟體；（二）電腦動畫動漫產業；（三）體感科技產業；（四）其他經勞動部會商中央目的事業主管機關指定之數位內容產業等等[36]。又如教育部亦曾預告「外國特定專業人才具有體育領域特殊專長」草案，其公告內容為外國特定專業人才具有體育領域特殊專長者，須符合下列條件之一：（一）曾獲國際體育（運動）比賽前三名或具優異技能有助提升我國運動競技實力。（二）曾任各國家代表隊教練、國際性體育（運動）比賽裁判或具優異賽事績效而有助提升我國運動競技實力[37]。

因此上述各類型之外國專業人才延攬及僱用等等規範甚多，且其之推行牽涉之單位甚為廣泛與繁雜；因此我國之新立法對外籍專業人才而言，雖然已初具有友善的移居相關法律之保障，然而宜否如英、美、加拿大、澳大利亞，以及日本等國，進一步訂定相關之子法、施行細則，或者績點計分制度，以便建構成具體可行又簡便之「整體性」的配合措施，則有待進一步的觀察與研究、規劃，以便能真正落實此專業人才延攬及僱用之立

---

[35] 勞動部勞動力發展署，勞動部發布「外國專業人才延攬及僱用法」有關外國專業人才在臺工作的相關法令。

[36] 經濟部公共政策網路參與平臺，行政院法令草案預告，經濟部公告：預告「外國專業人才延攬及僱用法第四條第一項第四款第二目具有數位內容產業教學專門知識或技術之專業工作」草案。

[37] 經濟部公共政策網路參與平臺，教育部公告：預告「外國特定專業人才具有體育領域特殊專長」草案。

法目的與落實執行之效果。因為我國目前外國專業人才延攬及僱用處理之機構，分散於8個部會之相關業務，不但事權無法統一，雖然有前述之經濟部提升Contact Taiwan網路媒合人才平臺，成為國家層級單一全球攬才之入口網站，但對於提升申請者之效率與方便性方面，不若前述各國來得容易而有效；另者，各部會各行其職責，但對於外國人才之「全方位」評等方面，無法如各國之績分計點制度來得如此全面、公平，又更難以找到在能力、語言、社會融入與久任等多方面都能適任之專業人才。因此，或許可考慮另訂其法之施行細則，而將各國之績分計點制度的優點列入考量，而使得外國專業人才延攬及僱用能真正發揮其效果。然而若進一步從移民的推拉理論等經濟之因素論之，則我國經濟發展之吸引力，或許才是延攬外國專業人才的最根本與有效之道矣。

柒、各國移民積分計點制度之比較

川普政府移民改革法案—促進就業移民改革法案（RAISE Act）其之「積分」或「擇優」制雖然與英國、澳大利亞、加拿大與日本等國，所採的積分計點制雷同，但其之規範顯得更為嚴苛，且有種種限縮綠卡申請之新規範。

美國移民研究中心分析的統計資料顯示，親屬移民人數超過了初始移民人數；即為前節所稱之為「連鎖移民」（Chain Migration），因為每一個合法移民進來的移民者，都會與許多法定親屬有聯繫。這種「連鎖移民」現象對美國產生了巨大的影響。這些能夠使親屬移民美國的人，都是本土出生的美國公民或歸化公民。因此根據下列表7-1，各國移民制度（含積分計點制）之比較中可發現，本次美國之促進就業移民改革法案，即將縮減特定之永久居留之發放，並包含難民綠卡數量、綠卡之樂透之限額與取消等措施。又將會終止發放永久居留證給國民其他非直系親屬之家庭成員；以及對於公民申請直系親屬移民者，必須承擔其父母之全部的經濟負擔與責任，並要有一段的期間以臨時之移民者之暫時居留之身分

（temporary immigrant）加以觀察。而且對於所有以工作之身分申請移民者加以計點之規範，完全取消其過去依據就業之類型，針對每個國家個別規範之綠卡的上限配額，亦即不分國籍完全以積點計分制度，來衡量其以工作之身分提出移民之申請。至於其他各國雖然對於工作移民的積點計分，亦以擇優人才的方式來處理，但美國之「促進就業移民」的計點規定，顯然較為嚴苛；同時對於親屬之移民與非法移民之處置（取消DACA之措施等），亦突顯出川普政府確實以「美國優先」為其諸般行政與移民政策規範之最主要憑藉。

　　至於我國新立法公布並於民國107年2月8日開始施行之外國專業人才延攬及僱用法，雖為我國留才、攬才立下重要里程碑，然其需要配合訂定或修正之子法共計11項，且涉及8個部會，其雖然皆已於行政院公報資訊網進行預告，預告期滿將可逐案對外發布，然而其之落實執行似宜如英、美、加拿大、澳大利亞，以及日本等國一樣，進一步訂定相關之子法、施行細則，亦即建置如其之績點計分制度，以便建構完成具體可行之「整體性」的配合措施，以便能真正落實此專業人才延攬及僱用之立法之目的，與落實其執行之效果。

表 7-1　各國移民制度（積分計點制）之比較

計點項目＼國別	美國	英國	澳大利亞	加拿大	日本	中華民國
縮減特定之永久居留之發放（含難民綠卡數量、綠卡之樂透）；或不同之計點制度	每年發放的難民綠卡數量控制在5萬、取消綠卡之樂透抽籤制度	分成4個層級的積點系統，每一層級有其分配積點的特定的屬性	NA	加拿大對於專技工人與其他種類的移民之間作了區分的處理；所有移民必須要滿足最低限度的67分	2012年5月推出促進接受高技能專業人才移民之積分計點制度	僅有「僑外生留臺工作評點」之「積分計點」的相關制度

表 7-1　各國移民制度（積分計點制）之比較（續）

計點項目＼國別	美國	英國	澳大利亞	加拿大	日本	中華民國
將終止發放永久居留給國民其他非直系親屬家庭成員	終止發放綠卡給非直系親屬；必須承擔其父母全部的經濟負擔與責任	NA	NA	個人適應能力，例如有家眷或伙伴一起申請移民者等，最高得10分	允許其配偶工作，並可帶父母到日本居留	NA
僅針對工作簽證之計點規範	將消除過去每個國家基於就業類型所規範的綠卡上限配額，改以積分計點審查之	分成四個層級的積點系統（包括所有簽證）。第3層級本來是低技能移民者申請之管道，已被刪除	有多種簽證規定。工作簽證分2類，其中專技工人的簽證必須以積點來衡量（顧主贊助移工不需計點）	加拿大是在1967年全球第一個建置移民積點系統的國家；其優先考慮最急需的人力需求，而不僅是某一類特定工作的提供	第一大類高技能外國專業人士細分為3小類；第二大類亦有更為優惠之規定	民國106年10月通過「外國專業人才延攬及僱用法」，同年11月22日公布，並自107年2月8日施行
工作與薪資之計點規範	較高的薪水將得到較多的積分	第1層級（高技能之移民）在財力上支持自己的經濟能力；第2層級移民必須有特定的工作機會	專技工人在國外工作的經驗	以往工作經驗15分；有就業的機會10分	年薪水準有計分之規範	「僑外生留臺工作評點」聘僱薪資，最高40點
英語能力之計點規範	較高的英語能力測驗得到較多的積分	第1層級有英語能力計點規範	NA	精通英語和法語24分；第二官方語言亦可最多再加計4分，總共最多得28分	有日語能力考試N1及格之規範	「僑外生留臺工作評點」華語能力，最高計30點；他國語文能力，最高計20點

表 7-1　各國移民制度（積分計點制）之比較（續）

計點項目 ＼ 國別	美國	英國	澳大利亞	加拿大	日本	中華民國
年齡之計點規範	與25歲的年齡較接近者積分則越高	有年齡之計點規範	專技工人有年齡之計點規範	最適合工作的黃金年齡12分	有年齡之計點規範	NA
教育的程度之計點規範	在美國獲得之主要相關領域的較高學位將得到更多的積分	第1層級申請者有一定之學、經歷規範	專技工人必須要有經認證的證照或資格	對於各類移民教育背景計25分	有教育程度之計點規範	「僑外生留臺工作評點」學歷，最高計30點
投資之計點規範	於美國投資至少135萬美元	NA	NA	個人經濟的條件亦列入考量	NA	NA
非凡的成就之計點規範	獲得諾貝爾獎或同等殊榮，或具有奧林匹克等級運動員	移民者擁有「特殊才能」，必須在其領域被公認為是全球的頂尖人才，至其配額上限為每年1,000人	NA	NA	擁有專利發明、曾發表學術論文等有分加之規定	「僑外生留臺工作評點」工作驗，最高20點；擔任職務資格計20點；他國成長經驗，計10點
簽證的類型之計點規範	可能成為即將被消除的簽證類型者計2分	NA	NA	NA	NA	NA

附註：上表中之NA，表示無此項規定或無此項之參考資料。

第五節　結論

　　美國本是以移民而漸次形成之國家，重視家庭之團聚與各類人才之吸納，亦是其國家經營的重要價值與共識。但是因時序的遷移與國內與國際上之政治、社會與經濟的快速變遷，此種重視移民之傳統價值與觀念也逐漸的在崩解與轉變之中。

　　傳統上，美國兩大政黨在移民的見解與處置方式上有一定之分野。至20世紀末之後，因為戰亂或政爭而產生了國際間難以解決的難民收容問題，加上傳統之非法移民亦無法緩解之環境下，美國兩大政黨在移民問題的處理上更是壁壘分明。從本文前述的引述與論說之中，可看出大部分的民主黨者，對於移民者以較寬鬆協助的立場來處理之，其中對於夢想法案或DACA、DAPA的移民方案之多次提案與推動，就可看出端倪。反之，共和黨員對於國家安全與國土安全之考量，就給予較多的關注，例如夢想法案多年來提案之無法達成共識，以及DACA方案的取消執行，至最終「促進就業移民改革法案」之提出，已能感覺出共和黨以「美國優先」之保護主義，誠然已接續美國第5任總統門羅（James Monroe）於1823年所提出之「門羅主義」之精神[38]，即以美國或美洲為主軸的再次復辟與抬頭。此乃國際環境與國內之經濟與政治的壓力所使然。兩黨之政治哲學與移民價值雖各有盤算，但亦有其正當之背景因素與理由，同時在普羅之大眾亦各有廣大的支持者。因此筆者以為，移民政策的釐訂，是一種政治治理與社會經營模式的選擇，在此之中有人道的考量、社會倫理價值的建構，與國家安全的維繫等多元問題的交互作用。因此無怪乎在國際移民最多的美國，會有長期不同立場之爭辯。

　　綜上所論，美國之人口移動實際占了全球人口移動的19.1%，因此其

---

[38] 「門羅主義」（Monroe Doctrine）是詹姆斯‧門羅總統發表於1823年第7次對國會演說的國情咨文中，表明美國當時的觀點，即歐洲列強不應再殖民美洲，或涉足美國與墨西哥等美洲國家之主權相關事務。直到19世紀末，門羅主義被視為定義美國基本外交政策的起始點，也是持續時間最長的意識形態之一。許多美國政治家和總統都曾援引該聲明，包括老羅斯福（Theodore Roosevelt）、甘迺迪（John F. Kennedy）、雷根（Ronald Reagan）等總統。kknews.cc/zh-tw/world/anb8oyj.html, retrieved Oct. 30, 2017.

國之移民政策之變遷，動見觀瞻影響全球之人口流動與政經發展至鉅。然而在如何吸引優秀人才移入，以便更促進其國力之開展，以及在如何防堵非法移民或人口販運等問題之叢生等等之正、反兩面意見的影響之間，評估與規劃其最適合之移民政策，確實成為美國移民政策的兩難議題。然而其近期政策之演變為1980至1990年代，由於國際人口移動愈趨頻繁，美國移民的工作重點逐轉向控制非法移民之上。但是1990年移民法，亦開始增加移民簽證的類別，主要為家庭團聚、僱用及配額抽籤移民等三大類，此法也規範了移民歸化的准駁依據。2001年的911攻擊事件，使美國移民法的執法重點，轉向於國境安全及非法外國人的查緝，但美國的移民政策仍舊歡迎合法移民，並有協助其融入美國社會之措施。然而因為美國遭受911的恐怖攻擊，其之移民政策已有一定程度之檢討與省視。其中對於國土安全、國境保護與移民政策之間的平衡點，卻有進退兩難之爭論與待解決之窘境。

　　至2007年，美國境內之非法移民人數，達到歷史上之最頂點，其已達1,200萬人。面對美國長期發展所衍生的移民相關問題，至2009年歐巴馬任擔任總統之後，其之移民政策改革著重下列四個面向，其即為（一）持續強化國境安全；（二）加強對非法外勞的違法雇主之課責；（三）建立能反映多元的價值觀與多元需求的移民系統，以強化經濟競爭力；以及（四）非法居留者的管理等。然歐巴馬總統於2012年連任後，始較大力的推動移民政策的改革。其中於2013年歐巴馬總統曾發表移民政策，說明肯定移民對美國的貢獻，並指出現行移民法已不合時宜，其認為要從：（一）嚴密國境安全和取締非法雇主之執法；（二）使已在美國的非法移民者，能有取得合法身分的途徑；以及（三）吸引外國優秀人才和投資者，並給予身分或親屬依親的方便等三大方向，來進行移民法改革。然而歐巴馬之移民政策中所論之非法移民合法化之DACA及DAPA方案，其實就是「大赦」，其在各界引起極大的爭議。

　　另一個由2001年8月1日在美國布希前總統時代即被美國參議員Dick Durbin（伊利諾州的民主黨參議員）以及Orrin Hatch（猶他州共和黨參議員）共同提出之後，一直延伸至歐巴馬前總統時代之美國的重要的移民

政策，亦即是所謂之「夢想法案」（DREAM Act），在美國國會歷雖然歷經多年之提案討論，至今仍然是爭論不休始終無法定案。然而川普總統於2017年1月20日上任以來，即開始強化治理非法移民問題，包括收緊移民及簽證政策、要求執法人員嚴格執行移民法，以及為邊境築起高牆等新作為。因此在2017年前6個月中，全美的非法入境人數驟降了70%，創歷史最佳水平。於2017年8月2日，川普總統更進一步在白宮和2名共和黨參議員宣布移民改革法案—促進就業移民改革法案（RAISE Act），不僅採「積分」或「擇優」（merit-based system）制，並於未來10年將縮減綠卡發放的數量。對於親屬移民，雖然未來新法案仍將優先考慮美國居民的直系親屬，包括配偶和子女，但是將停止發放綠卡給其他家庭成員，包括美國居民的成年子女。根據新法案規劃的擇優移民法制，未來將僅接收受過教育、會講英語及擁有高薪工作的移民，以及移民者必須能在經濟上支持自己和家人。對此，移民研究之專家認為，這將有利於優化人才素質，提高美國工人的薪資水平，保護美國利益。雖然法案受到民眾支持，但是在國會立法議程上，可能還有很長的一段路要走。另者在川普政府移民改革法案說明中，亦宣布終止「童年抵美暫緩遣返計畫」（即DACA方案），並要美國國會採取法律之行動，因此約近80萬名幼年來美的夢想生（DREAMers），將面臨無法繼續長期在美國工作、生活之窘境。

另外，川普政府移民改革法案—促進就業移民改革法案（RAISE Act）其之「積分」或「擇優」制雖然與英國、澳大利亞、加拿大、日本以及我國目前僅有之「僑外生留臺工作評點」等等國家，所採用的積分計點制雷同，但其之規範顯得更為嚴苛，且種種限縮綠卡申請之新規定，顯然與「民族大熔爐」之傳統移民價值，以及與世界人口移動的典範相背離。至其會否引起全球的抵制與反彈，以及會否影響其政經之發展與國際領導地位，則留待研究者進一步的深入的觀察其後續之發展。然而正如美國前述之夢想法案歷經多年之立法過程與爭議，因而無法塵埃落定一般，川普政府所提之移民改革法案—「促進就業移民改革法案」，亦必將是冗長的立法表決與爭議，而難以形成美國兩大黨之共識。

至於我國新立法公布並於民國107年2月8日開始施行之外國專業人才

延攬及僱用法，雖爲我國留才、攬才立下重要的里程碑，然其需要配合訂定或修正之相關之配套規範，或者相關之法規共計11項，且涉及8個部會。其雖然皆已於行政院公報資訊網進行預告，預告期滿將可逐案對外發布，然而其之落實執行似宜如英、美、加拿大、澳大利亞，以及日本等國，進一步訂定相關之法規、施行細則，或者績點計分制度，以便建構成具體可行之「整體性」的配合措施；則有待觀察與研究，以便能眞正落實此專業人才延攬及僱用之立法之目的，與落實執行之效果。因爲目前我國新立法並公布施行之「外國專業人才延攬及僱用法」，雖然由各部會各行其職責，但對於外國人才之「全方位」評等方面，無法如前述各國之績分計點制度來得如此全面、公平與簡便。而其規範，或許會更難以找到在能力、語言、社會融入與久任等多方面，都能適任之專業人才。因此，或許可考慮另訂其法之施行細則，而將各國之績分計點制度的優點，以及我國本土的特殊環境與狀況均列入考量，而使得外國專業人才延攬及僱用能眞正發揮其效果。然而若進一步從移民的「推拉理論」（Push and Pull Theory of Migration）等經濟之因素論之，則我國經濟發展之吸引力，或許才是延攬外國專業人才的最根本與有效之道矣。

參考文獻

一、中文部分

柯雨瑞、高佩珊（2015），非法移民與人口販運，陳明傳等合著，移民的理論與實務，五南圖書。

二、外文部分

White, Jonathan R., Terrorism and Home Security 7th ed., (Wadsworth Cengage Learning, 2012).

三、網路資料

大紀元，發達國家應重新考慮移民問題，http://www.epochtimes.com/b5/1/7/5/n106500.htm，瀏覽日期：2013年12月11日。

行政院，院會議案「外國專業人才延攬及僱用法」預定施行規劃及配套準備情形，https://www.ey.gov.tw/News_Content.aspx?n=4E506D8D07B5A38D&s=95D03DA313879EE7，瀏覽日期：2018年4月30日。

行政院新聞傳播處，行政院會通過「外國專業人才延攬及僱用法」草案，https://www.ey.gov.tw/News_Content2.aspx?n=F8BAEBE9491FC830&s=6F782DD060554341，瀏覽日期：2018年4月30日。

法務部全國法規查詢資料庫，外國人從事就業服務法第四十六條第一項第一款至第六款工作資格及審查標準，http://law.moj.gov.tw/LawClass/LawAll.aspx?PCode=N0090031，瀏覽日期：2018年4月30日。

法務部全國法規查詢資料庫，外國專業人才延攬及僱用法，http://law.moj.gov.tw/LawClass/LawContent.aspx?PCODE=A0030295，瀏覽日期：2018年5月30日。

林妍，墨西哥人移民美國　平均帶六家庭成員定居，大紀元，www.epochtimes.com/b5/17/9/29/n9680972.htm，瀏覽日期：2017年10月30日。

國家發展委員會，重大政策：外國專業人才延攬及僱用法，https://www.ndc.gov.tw/Content_List.aspx?n=E61E31EE6FB10140&upn=0A078649EEC83462，瀏覽日期：2018年4月30日。

夏雨，川普政府計畫明年最多接收4.5萬名難民，大紀元，http://www.epochtimes.

com/b5/17/9/27/n9676362.htm，瀏覽日期：2018年4月30日。

陳小寧，DACA沒合法身分「夢想法案」是希望，世界日報聯合新聞網，udn.com/
　　news/story/6813/2685761，瀏覽日期：2017年10月30日。

勞動力發展署，評點配額須知，http://ezworktaiwan.wda.gov.tw/ezworkch/file/apply03.
　　pdf，瀏覽日期：2018年4月30日。

勞動部勞動力發展署，勞動部發布「外國專業人才延攬及僱用法」有關外國專業人
　　才在臺工作的相關法令，https://www.wda.gov.tw/News_Content.aspx?n=7F220D
　　7E656BE749&sms=E9F640ECE968A7E1&s=6467929714C53AEA，瀏覽日期：
　　2018年4月30日。

經濟部公共政策網路參與平臺，行政院法令草案預告，經濟部公告：預告「外國專
　　業人才延攬及僱用法第四條第一項第四款第二目具有數位內容產業教學專門
　　知識或技術之專業工作」草案，https://join.gov.tw/policies/detail/2fcfaed6-4ec6-
　　494d-80f2-7d172a480a10，瀏覽日期：2018年4月30日。

經濟部公共政策網路參與平臺，行政院法令草案預告，教育部公告：預告「外
　　國特定專業人才具有體育領域特殊專長」草案，https://join.gov.tw/policies/
　　detail/94aa2ec5-d5c2-44d4-8d4b-91bf673aba9a，瀏覽日期：2018年4月30日。

維基百科，美國移民改革促進就業法案，zh.wikipedia.org/wiki/%E7%BE%8E%E5%9
　　B%BD%E7%A7%BB%E6%B0%91%E6%94%B9%E9%9D%A9%E4%BF%83%E
　　8%BF%9B%E5%B0%B1%E4%B8%9A%E6%B3%95%E6%A1%88，瀏覽日期：
　　2017年10月30日。

蘇漾，達卡行政令再起爭議　川普政府重新審議，大紀元，www.epochtimes.com/
　　b5/17/8/31/n9584413.htm，瀏覽日期：2017年10月30日。

DW在線報導，三千億移民匯款：靜靜的發展援助，2008，www.dw-world.de/dw/ar-
　　ticle/0,2144,3806129,00.html，瀏覽日期：2017年10月30日。

BBC CHINESE.com，分析：發達國家的移民問題（2001），news.bbc.co.uk/chinese/
　　trad/hi/newsid_1420000/newsid_1423000/1423032.stm，瀏覽日期：2013年12月11
　　日。

香港經濟日報，日本新制吸專才移民　甚麼職業移民有分加？，https://topick.hket.
　　com/article/1540221/%E6%97%A5%E6%9C%AC%E6%96%B0%E5%88%B6%E5
　　%90%B8%E5%B0%88%E6%89%8D%E7%A7%BB%E6%B0%91%E3%80%80%
　　E7%94%9A%E9%BA%BC%E8%81%B7%E6%A5%AD%E7%A7%BB%E6%B0%
　　91%E6%9C%89%E5%88%86%E5%8A%A0%EF%BC%9F?mtc=10027，瀏覽日

期：2018年4月30日。

kknews每日頭條，美國門羅總統的「門羅主義」：美洲是我的地盤，你們別來搗
　　亂，kknews.cc/zh-tw/world/anb8oyj.html，瀏覽日期：2018年4月30日。

Pchome個人新聞臺，全球移民2050年破4億（2011），mypaper.pchome.com.tw/the-
　　caiyi/post/1321856097，瀏覽日期：2013年12月9日。

日本法務省入出國管理局，"Point Evaluation Mechanism" & "Points-based System for
　　Highly-Skilled Foreign Professionals", http://www.immi-moj.go.jp/newimmiact_3/en/
　　evaluate/index.html & http://www.immi-moj.go.jp/newimmiact_3/en/system/index.
　　html, retrieved Nov. 30, 2017.

Australia Government, Department of Immigration and Border Protection, Visa Finder,
　　https://www.border.gov.au/Trav/Visa-1, retrieved Oct. 30, 2017.

BBC News, "US immigration proposals: What's in the Raise Act?", www.bbc.com/news/
　　world-us-canada-40814625, retrieved Oct. 30, 2017.

CONGRESS.GOV, "S. 1615 - Dream Act of 2017, 115th Congress (2017-2018)", https://
　　www.congress.gov/bill/115th-congress/senate-bill/1615, retrieved Oct. 30, 2017.

Department of Homeland Security, Office of Immigration Statistics December 2016, "2015
　　Yearbook of Immigration Statistics", www.dhs.gov/sites/default/files/publications/
　　Yearbook_Immigration_Statistics_2015.pdf, retrieved Oct. 30, 2017.

Donald, Adam, "Immigration points-based systems compared", BBC News, www.bbc.com/
　　news/uk-politics-29594642, retrieved Oct. 30, 2017.

Government of Canada, "Immigration-Selection Factors: federal skilled workers", www.
　　cic.gc.ca/english/immigrate/skilled/apply-factors.asp, retrieved Oct. 30, 2017.

Gelatt, Julia, Migration Policy Institute, "The RAISE Act: Dramatic Change to Family
　　Immigration, Less So for the Employment-Based System", www.migrationpolicy.
　　org/news/raise-act-dramatic-change-family-immigration-less-so-employment-based-
　　system, retrieved Oct. 30, 2017.

Gelatt, Julia & Randy Capps, Migration Policy Institute, "Legalization for DREAMers: A
　　Realistic Appraisal of Potential Chain Migration". www.migrationpolicy.org/news/
　　legalization-dreamers-realistic-appraisal-potential-chain-migration, retrieved Jun. 1,
　　2018.

Perticone, Joe, Business Insider/Politics, "Republicans' new immigration bill could derail
　　Democrats' attempt to bring up the DREAM Act", www.businessinsider.com/daca-

dream-act-merit-based-immigration-bill-2017-9, retrieved Oct. 30, 2017.

Segarra, Lisa Marie & Davis Johnson, "Find Out If President Trump Would Let You Immigrate to America", Time/Politics, time.com/4887574/trump-raise-act-immigration/, retrieved Oct. 30, 2017.

United Nations, Department of Economic and Social Affairs, Population Division, Total International Migrant Stock, Trends in International Migrant Stock: The 2017 Revision, http://www.un.org/en/development/desa/population/migration/data/estimates2/estimates17.shtm, retrieved May 30, 2018.

U.S. Citizenship and Immigration Services, Consideration of Deferred Action for Childhood Arrivals (DACA), www.uscis.gov/humanitarian/consideration-deferred-action-childhood-arrivals-process, retrieved May 10, 2012.

U.S. Citizenship and Immigration Services. "History of Genealogy-Late Twentieth Century", www.uscis.gov/history-and-genealogy/our-history/agency-history/late-twentieth-century, retrieved Jan. 30, 2017.

U.S. Citizenship and Immigration Services. "History of Genealogy-Post-9/11", www.uscis.gov/history-and-genealogy/our-history/agency-history/post-911, retrieved Dec. 12, 2013.

USA White House, "The President's Blueprint for Building a 21st Century Immigration System", www.whitehouse.gov/blog/2011/05/10/president-s-blueprint-building-21st-century-immigration-system, retrieved May 10, 2012.

第八章

美國川普政府移民政策分析

高佩珊*

第一節　前言

　　在川普（Donald J. Trump）競選總統之時，「移民」（immigration）、「中國」（China）與「經濟」（economy）幾乎成為他每次演講時的關鍵字。選前他多次批評中國對美國的貿易使用不公平的競爭手段，致使美國經貿遭受巨大損失，美國對中國的貿易逆差不斷擴大，中國搶走美國人的工作[1]。因此，他若勝選，必將採取諸如徵收反補貼稅、禁止中國政府補貼的商品進口、禁止未符合環保法規的商品進口等等措施，防止美國經濟繼續在對中貿易上遭受巨大損失。在移民政策上，川普同樣以充滿個人色彩及想法的言詞大肆批評墨西哥，聲稱當選後將建立美墨邊境長城、驅逐非法移民、撤除歐巴馬總統（Barack Obama）簽署的移民行政令等等[2]；在在於非法移民議題上展現強硬態度。一直以來，美國便是一個由來自各國的移民所組成的多元社會；移民為美國帶來豐沛

---

* 中央警察大學國境警察學系暨研究所副教授。
本文初次發表於2018年中央警察大學「國境管理與執法」學術研討會，感謝與談人給予之寶貴意見，促使本文能更加完整。電子郵件：pkao@mail.cpu.edu.tw。

[1] 關於川普競選時，對於中國的指責與批評，請參見「特朗普在對華關係上都說過什麼？」，BBC中文網，2016年11月9日，http://www.bbc.com/zhongwen/trad/world/2016/11/161109_trump_on_china。

[2] 關於川普在競選期間對於移民議題的表述，請參見「川普移民政策依舊嚴屬10要點助解讀」，大紀元，2016年9月2日，http://www.google.com.tw/amp/www.epochtimes.com/b5/16/9/2/n8262363.htm/amp。

的人力資源，促進美國國家經濟的高度成長，進而吸引更多移民的遷入。美國始終為許多國家人民追求夢想、渴望移居的地方；懷有「美國夢」（American Dream）的人，前仆後繼的湧向美國。然而，為規範數量龐大的移民遷入，美國多年來試圖在理想與現實之間思考、協調移民法規，歷屆政府皆試圖推動重大移民法案的改革；但移民問題始終為美國朝野兩黨激烈辯論的議題。歐巴馬總統曾經在移民問題與移民政策上做出許多改革，試圖保障移民的權益。例如，2011年5月時，歐巴馬政府即在「建構二十一世紀」（Building a 21st Century Immigration System）的藍皮書中，說明移民不僅能為美國創造就業機會，也是政府稅收的來源之一[3]；因此，美國將運用一切資源來保障邊界安全，加強國家內部及工作場域的有效執法，以改善合法的移民系統。2013年1月底，白宮繼而提出「創造二十一世紀的移民體系」（Creating an Immigration System for the 21st Century），說明歐巴馬政府將以持續加強邊境安全、打擊僱用非法勞工的僱主、幫助非法移民的合法化、簡化合法移民程序等四大原則，改善移民問題[4]。然而，歐巴馬政府為移民改革所做出的努力，在川普上臺後，便遭遇種種困境。川普於2017年1月25日上任後，隨即簽署兩項強化邊境安全的行政命令（executive order），包括建築美墨邊境隔離牆、加強邊境巡邏、增加邊境執法人員、降低給予避難城市（sanctuary cities）的聯邦資金等。因此，本章重點將著重在川普上臺後，對於移民議題所展現的態度與所採取的一連串移民措施，除相關名詞解釋及文獻探討外，亦將觀察、分析美國國內民眾對於川普移民政策之態度與看法，進而做出結論。

---

[3]　"Building a 21st Century Immigration System," *The White House*, May 2011, http://www.whitehouse.gov/sites/default/files/rss_viewer/immigration_blueprint.pdf.

[4]　"Creating an Immigration System for the 21st Century," *The White House*, January 29, 2013, http://www.whitehouse.gov/issues/immigration.

第二節 名詞解釋與文獻探討

本節介紹幾個與美國移民有關之重要名詞，與幾篇與本章題目有關之文獻進行分析與探討，以瞭解美國移民議題以及學界就美國移民問題已進行之相關研究。

壹、名詞解釋

一、美國海關和邊境保護局（U.S. Customs and Border Protec-tion, CBP）

美國海關和邊境保護局擁有6萬多名員工，爲世界上最大的執法組織之一，該局主要工作除防止恐怖分子及恐怖武器進入美國外，亦在促進合法的國際旅行和貿易。作爲美國第一個統一的邊境組織，該局採取全面的邊界管理和控制辦法，結合並協調海關、移民、邊境安全和農業保護之工作。海關和邊境保護局人員負責美國多條法令的執法工作，每天面對將近100萬名旅客，平均查驗超過6.7萬個貨櫃，逮捕1,100人，查獲近6噸非法毒品。每年，海關和邊境保護局透過執行美國貿易法（The Trade Act），促進平均3兆美元合法貿易的執行。該局自2003年起，成爲美國全國第一個全面的邊境安全管理機構，維護美國國家邊界和入境口岸的完整性，被納入成爲國土安全部（Department of Homeland Security, DHS）的一個機構，並與移民和海關執法局共同合作進行執法[5]。

二、美國移民及海關執法局（U.S. Immigration and Customs Enforcement, ICE）

美國移民及海關執法局負責執行聯邦法律以管理邊境管制、海關、貿易和移民等工作，促進美國國土安全和公共安全。該局於2003年經由合併前海關總署（U.S. Customs Service）和移民歸化局（Immigration

---

[5] "About CBP," *US Customs and Border Protection*, November 21, 2016, https://www.cbp.gov/about.

and Naturalization Service, INS）的調查和內部執法人員創立而成。目前，移民及海關執法局在全美和46國設有超過400個辦事處2萬名雇員，每年預算約為60億美元，主要用於3個重要業務單位：國土安全調查（Homeland Security Investigations, HSI）、執法和移交行動（Enforcement and Removal Operations, ERO），以及首席法律顧問辦公室（Office of the Principal Legal Advisor, OPLA）。第四個部門—管理和行政（Management and Administration）單位則負責支援前述3個工作單位以推進移民及海關執法局的任務[6]。

三、美國公民及移民服務局（U.S. Citizenship and Immigration Services, CIS）

美國公民及移民服務局自2003年3月1日正式承擔聯邦政府的移民服務職能。依照2002年公布的國土安全法（Homeland Security Act of 2002）將其前身「移民歸化局」（INS）廢除並與「移民及海關執法局」（ICE）、「海關和邊境保護局」（CBP）共同合作，成為國土安全部（DHS）下的三個組成機構，分別處理移民業務、移民執法和邊境安全職能。該局負責監督合法移民的移入，主要工作在促進國家安全，處理移民案件，管理合法的移民制度，目前擁有1.9萬名政府約聘雇人員分布在全球200多個辦事處。公民和移民服務局提供包含公民身分及相關歸化程序、家庭成員的移民、工作簽證，以電子驗證方式核實個人在美國工作的合法權利，為在美國國內外因戰爭、饑荒、文明和政治動亂而流離失所的個人以及被迫逃離其國家的人提供人道主義保護計畫，提供美國公民收養來自其他國家的兒童，為移民提供成功融入美國公民文化所必需的資訊和工具，為研究人員提供及時獲得移民和歸化歷史紀錄的家譜計畫等多項服務[7]。

---

[6] 關於移民和海關執法局的詳細介紹請見官方網頁。"Who We Are," *US Immigration and Customs Enforcement*, March 20, 2018, https://www.ice.gov/about.

[7] 關於公民及移民服務局成立的歷史及其業務內容介紹，參"What We Do," *US Citizenship and Immigration Services*, April 12, 2018, https://www.uscis.gov/about-us/what-we-do。

四、幼年入境暫緩遞解（Deferred Action for Childhood Arrivals, DACA）計畫[8]

又稱「追夢人計畫」（Dreamers）或「達卡」（DACA）的「幼年入境暫緩遞解」計畫為歐巴馬總統於2012年簽署並開始實施之法案計畫，試圖讓為數龐大，幼年時期便抵達美國的非法移民可以暫緩遞解並能獲得工作許可，合法在美國工作；且能延長暫緩遞解的期限。暫緩遞解計畫提供被遞解者一項臨時保護，讓符合資格的人可以獲得臨時居留在美國並能獲得工作許可證的權利；但是暫緩遞解計畫並不提供獲得合法永久居民或美國公民身分的途徑。根據該項計畫，申請「幼年入境暫緩遞解」者需符合以下條件：1.於2012年6月15日時年齡未超過31歲者；2.於16歲生日前已經到達美國的人；3.自2007年6月15日至今，始終居住於美國者；4.2012年6月15日當天已經在美國且沒有身分者；5.未犯重罪、嚴重輕罪、3次以上輕罪紀錄者，且不會對美國國家或公眾安全造成威脅之人。除上述條件外，申請人亦必須正在求學中，或者已經完成高中學業取得高中畢業文憑（High School Diploma）或取得「普通教育發展」（General Education Development）證書[9]，亦或者是從海岸護衛隊或軍隊光榮退伍者。達卡有效期限為2年，到期後可以延續效期；獲得達卡後，便可以取得工作、駕照和社會安全號碼（Social Security Number）[10]。由於共和黨及民主黨遲遲未能就移民議題達成協議，使得歐巴馬總統決定於2014年11月20日繞過國會簽署「移民責任行政命令」（Immigration Accountability Executive Order），宣布10項對於移民執法政策及合法移民制度的重大修改。其中，對於達卡計畫進行了3項修改；例如，取消年齡上限必須為31歲以下者；連續居住在美國的日期從2007年6月15日推前至2010年1月1日；自2014年11月24日起核准的達卡有效期由2年改為3年。此項行政命令提出後

---

[8]　關於達卡計畫最新資訊，詳見附件一。

[9]　「普通教育發展」（GED）證書為美國高中學力證書，發放給未於學校就讀但通過測驗者；擁有美國高中畢業文憑或普通教育發展證書者皆能申請高等學府就讀。

[10]　關於此項判決的影響與其後果，參張雪梅，歐巴馬關於移民政策行政令在最高法院受挫，大紀元，2016年7月10日，http://www.google.com.tw/amp/www.epochtimes.com/b5/16/7/9/n8083320.htm/amp。

卻受到26個共和黨州長提出集體訴訟，認為該行政命令違憲。最後，上訴
到最高法院；最高法院在2016年6月23日以4：4的投票結果未能通過歐巴
馬的移民改革行政命令。事實上，根據媒體報載，2016年時在美國的亞裔
非法移民人數超過150萬人，其中約有1成的人符合此項計畫的申請資格，
但提出申請者只有不到15%，華人申請人數每年不到5,000人[11]。

五、暫緩遞解美國公民或永久居民的父母（Deferred Action for Parental Accountability, DAPA）計畫

　　「暫緩遞解美國公民或永久居民的父母」（DAPA）為歐巴馬政府時
期提出的計畫，試圖建立與「幼年入境暫緩遞解」（DACA）相似的程
序，提供相關福利於符合下列條件的申請者：1.於2014年11月20日擁有美
國公民或合法永久居民的兒女者，無論其子女年齡為何；2.自2010年1月
1日起已經連續居住在美國者；3.於2014年11月20日且申請此計畫時已經
居住於美國；4.於2014年11月20日未具有任何合法身分者；5.不曾被懷疑
與恐怖主義、幫派有關聯者；或未濫用簽證，非為近期的非法越境者；或
未曾被判定重罪；未觸犯移民法律的惡性重罪、嚴重輕罪或多次輕罪者；
6.不具備其他因素導致美國公民及移民服務局（CIS）拒絕其行使酌情權
的請求。已獲得最後遣返命令，但符合上述標準的人士得提出申請並支付
465美元的申請費和提交指紋；DAPA核准者可以獲得3年的工作許可證。
美國公民及移民服務局原先預計自2015年5月19日開始接受DAPA申請[12]；
但2017年6月15日美國國土安全部發布訊息，宣布正式取消「暫緩遞解美

---

[11] 申請「達卡」紐約華裔女孩人生大逆轉，大紀元，2016年9月3日，http://www.epochtimes.
com/b5/16/9/3/n8263609.htm。

[12] 奧巴馬移民宣告包含對父母的暫緩遞解行動（DAPA）及擴展幼年來美暫緩遞解行動
（DACA），Asian Americans Advancing Justice Los Angles，2014年11月20日，https://chu.
house.gov/sites/chu.house.gov/files/documents/Summary_Admin_Relief%20%28Traditional%20
CHINESE%29.pdf。英文內容，參Jen Charles Johnson, "Policies for the Apprehension,
Detention, and Removal of Undocumented Immigrants," *US Department of Homeland Security*,
November 20, 2014, https://www.dhs.gov/sites/default/files/publications/14_1120_memo_
prosecutorial_discretion.pdf; "Exercising Prosecutorial Discretion with Respect to Individuals Who
Came to the United States as Children and with Respect to Certain Individuals Who Are the Parents
of U.S. Citizens or Permanent Residents," *US Department of Homeland Security*, November 20,
2014, https://www.dhs.gov/sites/default/files/publications/14_1120_memo_deferred_action.pdf。

國公民或永久居民的父母」計畫。

六、零容忍（Zero-Tolerance）與抓了就放（Catch and Release, CAR）政策

　　由於大量非法移民的湧入，2018年4月6日美國司法部（Department of Justice）宣布將對非法移民採取「零容忍」，川普總統並於當日簽署備忘錄，要求盡速結束過去歐巴馬政府對於非法移民「抓了就放」（CAR）的政策，並命令國土安全部與其他機構共同協調合作，於45天內向總統提交報告，仔細說明各個部門已經推行或正在推行的措施，目的在結束「抓了就放」行為的一切措施。「抓了就放」政策指的是過去美國政府對於非法移民的處理方式都是抓到他們後，便將他們釋放，再讓他們等待法院聽證通知；但大多數的非法移民並未如期出現於聽證會場，導致難以估計數量龐大的非法移民分布在美國社會內[13]。川普總統簽署的備忘錄還指示政府各部門分享資訊，包含沿著邊境建造的拘留設施或該設施運作的合約和指派庇護官員至拘留所。此外，亦需要詳細列出目前所有關押違反移民法的外國人士的軍事設施。

七、大蓬車（Caravan）

　　根據媒體報導，2018年3月份開始，在美國與墨西哥的邊界開始湧現大約5萬多名非法移民，4月時載滿大批來自中南美洲如宏都拉斯、瓜地馬拉、薩爾瓦多等多國非法移民的大蓬車，試圖以非法方式進入美國，導致司法部長塞斯（Jeff Sessions）批評美國移民法律的漏洞以及南部邊境無法有效阻止非法移民進入美國，致使美墨邊境現狀令人難以忍受[14]。美國雖然以「北美自由貿易協定」（North American Free Trade Agreement, NAFTA）要求墨西哥政府阻止大蓬車非法入境美國，亦派遣國民警衛隊前往邊境支援，仍然無法阻止難民的湧入。根據媒體報導，墨西哥政府仍

---

[13] 終結非法移民「抓著就放」川普簽備忘錄，大紀元，2018年4月7日，http://www.google.com.tw/amp/www.epochtimes.com/b5/18/4/7/n10284081/amp。

[14] 結束「抓著就放」美國對非法移民「零容忍」，看中國，2018年4月8日，http://m.secretchina.com/news/b5/2018/04/08/855128.html。

舊發放1個月效期的過境簽證給大篷車車隊成員，讓他們決定向墨西哥政府尋求庇護或者是返回母國，亦或是繼續往美國前進。因此，司法部長塞斯於5月2日宣布增派35名檢察官與18名法官進駐美墨邊境海關，[15]以便加速審核庇護申請與起訴非法入境的大批難民。

八、美墨邊境長城（Mexico-United States Great Wall）

　　為阻止大量非法移民試圖從中南美洲經由墨西哥進入美國，美國自1994年開始便在美墨邊界建築圍欄（Mexico-United States Barrier）；小布希政府時期國會甚至通過「安全圍欄法案」（Secure Fence Act of 2006）[16]，開始在雙方邊境興建多處圍欄，但這些圍欄並未連成一線，而是斷斷續續分布在邊境各地，各區段圍欄之間存在多處缺口，使得非法移民仍然很容易經由圍欄之間的缺口進入美國。自川普競選總統時期開始，便多次強調要在美國與墨西哥邊界加強和升級圍欄，興建長城（The Wall），以嚇止非法移民。2017年1月25日[17]，川普總統於國土安全部簽署「促進邊境安全和移民執法」（Border Security and Immigration Enforcement Improvements）及「增進美國內陸地帶公共安全」（Enhancing Public Safety in the Interior of the United States）2項行政命令（executive order）[18]，以加強邊境安全並緊縮移民政策。當時川普還

---

[15] 「大篷車」1,000難民抵邊境　美增派53司法人員坐鎮，自由時報，2018年5月4日，http://news.ltn.com.tw/news/world/breakingnews/2416077。

[16] 小布希政府時期國會通過並獲得總統簽署的「2006年安全圍欄法案」要求國土安全部長在該法案頒布後的18個月內採取適當行動，以實現對美國陸地和海上邊界的控制；包括（一）通過更有效邊境人員監督系統和技術的使用，如無人機、地面傳感器、衛星、雷達和攝影機；（二）加強基礎設施，例如額外的檢查站、所有入境通道和車輛障礙物等，以防止非法移民的進入邊境，並便利美國海關和邊境保護局（CBP）的邊境通道。此外，亦指示國土安全部長每年向國會報告邊境管制進展情況。關於該法案全文可見，"H.R.6061 - Secure Fence Act of 2006," *Congressional Record*, Vol. 152, October 26, 2006, https://www.congress.gov/bill/109th-congress/house-bill/6061/text?overview=closed。

[17] "Executive Order: Border Security and Immigration Enforcement Improvements," *The White House*, January 25, 2017, https://www.whitehouse.gov/presidential-actions/executive-order-border-security-immigration-enforcement-improvements/.

[18] "Executive Order: Enhancing Public Safety in the Interior of the United States," *The White House*, January 25, 2017, https://www.whitehouse.gov/presidential-actions/executive-order-enhancing-public-safety-interior-united-states/.

宣稱若未能獲得國會批准，將動用政府資金開工興建在美墨邊境造牆。

九、國民警衛隊（National Guard）

創立於1636年殖民地時代的民兵組織，於1824年8月改名爲「國民警衛隊」[19]。1903年，由當時俄亥俄州參議員迪克（Charles W. F. Dick）擁護的「民兵法案」（The Militia Act of 1903），又被稱爲「迪克法案」（Dick Act）通過後，將各州的民兵組織組合成國民警衛隊體系[20]。國民警衛隊爲美國的國民兵（民兵），爲各州的預備役軍事部隊。1916年的「國防法案」（National Defense Act of 1916）通過後，陸軍國民警衛隊（Army National Guard）約占美國陸軍一半作戰力量和三分之一的支援體系；空軍國民警衛隊（Air National Guard）則於1947年成立；均由「國民警衛局」（National Guard Bureau）管理，是美國重要的武裝後備力量。平時皆有自己工作的國民兵聽命於州長或民兵指揮官，由各州政府指揮，因此國防部並無指揮權，只有指導權；遇上重大災難時，州長或民兵指揮官可以下令召集國民警衛隊。國民警衛隊主要工作任務是維護國土安全、維持社會穩定、協助救災；發生戰爭時聯邦政府可以調動國民警衛隊服現役。川普總統於2018年4月4日簽署一項備忘錄要求加強美國邊境安全，阻止非法移民及販毒者進入美國，並要求向邊境最終增加2,000至4,000名國民警衛隊；此要求得到德州及亞利桑那州政府的支持，立即派遣400名國民警衛隊至美國與墨西哥邊境處支援[21]。

十、旅客信任計畫（Trusted Traveler Programs）

美國「海關和邊境保護局」（CBP）的「旅客信任計畫」（TTP）包含「全球入境計畫」（Global Entry）、旅行者快檢安全電子網絡（Secure

---

[19] 關於美國國民警衛發展歷史沿革可見官方網頁，National Guard, http://www.nationalguard.mil/About-the-Guard/How-We-Began/。

[20] William M. Donnelly, "The Root Reforms and The National Guard," *US Army Center of Military History*, May 3, 2001. https://history.army.mil/documents/1901/Root-NG.htm.

[21] 終結非法移民「抓著就放」川普簽備忘錄，大紀元。

Electronic Network for Travelers Rapid Inspection, SENTRI）[22]，以及美國和加拿大海關互相認可的「芳鄰卡」（NEXUS Card）與商業汽車自由安全貿易（Free and Secure Trade for Commercial Vehicles, FAST）快速通關計畫[23]。旅客信任計畫爲已經通過預先審查的國內和國際旅客提供更快速的安全檢查程序，以使「運輸安全管理局」（Transportation Security Administration, TSA）與海關和邊境保護局官員能夠專注於未知乘客。爲了美國國家安全並期望爲旅客提供安全和高效率的旅程，美國強烈支持擴大旅客信任計畫。自2017年11月1日起，我國與美國旅客皆能互相使用對方機場之自動查驗通關系統。因此，已經加入美國海關和邊境保護局旅客信任計畫的美國公民在申請自動查驗通關時只需要於我國移民署的申請櫃檯出示有效護照，我國移民署官員會當場拍照並採集食指指紋，申請費用爲新臺幣3,000元，核可後即可使用我國電子通關查驗系統（e-Gate）[24]。

十一、全球入境計畫（Global Entry, GE）

　　「全球入境計畫」（GE）是美國「海關和邊境保護局」（CBP）的一項計畫，該計畫讓會員可以在入境美國時，於美國主要機場及全球各地預先核定的地點，使用全球入境計畫的自動查驗機，進行快速的海關及移民通關檢查。自2017年11月1日起，臺灣成爲東亞第3個、全球第12個加入美國全球入境計畫的夥伴，中華民國護照持有人必須持有有效護照、

---

[22] 旅行者快檢安全電子網絡（SENTRI）快速通關計畫申請費用爲122.5美元。申請通過者可以在美國與墨西哥邊境使用快速通關的SENTRI車道，以便更快地進入美國。任何國籍的公民都可以申請SENTRI，惟外國公民必須獲得進入美國所需的任何適用文件或簽證。申請人須準備公民身分證明，即護照或美國I-551合法永久居民卡、出生證等文件，以及進入美國所需的任何適用文件或簽證。詳見"Trusted Traveler Programs," *Department of Homeland Security*, August 23, 2018, https://www.dhs.gov/trusted-traveler-programs。

[23] 商業汽車自由安全貿易（FAST）快速通關計畫申請費用爲50美元，申請者能使用指定的FAST車道更快地將貨物運到美國。美國公民、美國合法永久居民、加拿大公民、加拿大永久居民和墨西哥國民皆可以申請。申請人須準備公民身分證明，即護照或美國I-551合法永久居民卡、出生證等文件，以及進入美國所需的任何適用文件或簽證。詳見"Trusted Traveler Programs," *Department of Homeland Security*。

[24] 臺美互惠使用自動通關啓用開創兩國新合作，移民署全球資訊網，2017年10月26日，https://www.immigration.gov.tw/public/Attachment/84161594239.pdf。

ESTA電子旅行許可或有效的美國簽證，便有資格申請此項計畫。申請者通過身分背景調查後，美國海關和邊境保護局的官員便會與申請者面談，面談地點在美國、加拿大及卡達等100個全球入境計畫申辦中心或落地申請處進行，面談時會做最後的資格審核[25]。全球入境計畫讓事先申請並通過審核、低風險的旅客在抵達美國時可以快速完成通關檢查。會員只需在全球入境計畫的自動查驗機上，出示機器可判讀的護照或美國永久居民卡，並將手指置放在指紋掃描機上確認指紋，填寫完電子檔的海關申報後，自動查驗機便會列印一張收據給旅客，以便直接前往提領行李。但在入境美國時，會員仍有可能會被挑選出來做詳細檢查。但若在申請書上提供虛假或不完整的資料；曾經因任何刑事犯罪被定罪或有待審中的刑事控訴或未執行的通緝令（包括酒醉駕車）；曾經被發現有違反任何國家海關、移民，或農業的規定或法律；為任何聯邦、州或當地執法機關進行調查的對象；根據移民規定不被允許入境美國的人，包括持有核准的豁免或假釋文件的申請人；未能達到海關及邊境保護局的低風險狀態要求；或以某些簽證類別入境美國者，將不符合全球入境計畫之申請[26]。全球入境計畫申請費用為100美元，有效期為5年。

十二、芳鄰卡（NEXUS Card）

「芳鄰卡」原為美國與加拿大政府於2002年推出提供兩國公民陸路過境快速通關之申請，隔年起凡符合資格的兩國永久居民亦能申請使用；2004年則擴大至機場使用。凡持有芳鄰卡者，只需在美國和加拿大邊境出示卡片，供機器掃瞄判讀後，便能使用專用通道快速通關，避免延誤通關。芳鄰卡使用效期為5年，但該卡無法取代美國簽證，若申請者或持有芳鄰卡者的護照簽發地區未豁免美簽，仍需要依照簽證效期更換簽證。加拿大永久居民申請芳鄰卡前3年必須持續居住於加拿大，且每年不能短於

---

[25] 臺灣加入全球入境計畫，美國在台協會，2017年10月26日，https://www.ait.org.tw/zhtw/taiwan-joins-global-entry-zh/。

[26] 關於「全球入境計畫」的詳細介紹，可參見美國在台協會官方網頁，https://www.ait.org.tw/zhtw/global-entry-zh/。

6個月。倘若申請人曾經違反移民法、海關條例且留有紀錄，或曾經於任一國家犯下嚴重罪行，將無法申請此卡[27]。自2011年2月開始，美國「全球入境計畫」也與「芳鄰卡」合作，芳鄰卡持有者能同時享有「全球入境計畫」待遇。芳鄰卡的申請費用為50美元。

貳、移民相關文獻分析

事實上，川普總統上臺後，對於移民所展現的態度和制定的一系列移民政策與措施，受到許多國內外研究移民議題學者的關注。例如，在2018年4月最新出版的文章〈川普的移民攻擊〉（*Trump's Immigration Attacks, In Brief*）中，羅美洛（Mary Romero）從文化層面探討川普對於移民的態度[28]，她認為川普使用了簡單的二分法區分「美國人」與「穆斯林」，以善與惡的二元世界觀（binary worldview）分類「西方」與「伊斯蘭教」。羅美洛從川普對墨西哥人、穆斯林與無證移民（undocumented immigrants）所發表的言論與看法分析，批評川普的移民政策。她指出，川普呼籲終止穆斯林難民的入境，是因為他認為他們是伊斯蘭恐怖組織招募的潛在目標。她認為在湧入美國的這些難民當中有許多人是其實是有資格獲得庇護的，但因為缺乏法律知識而難以獲得使案件成功的機會。對於美墨邊境長程的建立，她認為不只會擾亂生態系統，亦會對邊界兩側的人口造成嚴重後果。該篇文章就川普政府對於移民的態度批評政府作為，與從國家安全、社會安全角度探討川普移民政策的學者，呈現不同的觀點。

瑞奇（Gary Reich）在〈當川普政府遇上移民聯邦主義〉（*Hitting a Wall? The Trump Administration Meets Immigration Federalism*）談到[29]，過去10年美國的移民政策特點就是國會的持續不作為、單方面的行政動作、

---

[27] 關於芳鄰卡之詳細介紹，參見"NEXUS," *Canada Border Services Agency*, October 30, 2017, http://www.cbsa-asfc.gc.ca/prog/nexus/menu-eng.html。

[28] Mary Romero, "Trump's Immigration Attacks, In Brief," *Contexts*, Vol. 17, Issue 1, Winter 2018, pp. 34-41.

[29] Gary Reich, "Hitting a Wall? The Trump Administration Meets Immigration Federalism," *Publius: The Journal of Federalism*, Vol. 48, Issue 3, July 1, 2018, pp. 372-395.

州和地方政府政策與活動的積極。瑞奇批評移民聯邦主義和國會勢力的結合意味著，儘管在政策意圖上存在根本分歧，但川普的本土主義與歐巴馬的整合主義同樣面臨議程的限制，以至於無法爲國家制定一致的移民政策。最終造成州和地方政府越來越自信地以通過立法（legislation）、決議（resolutions）、行政動作（executive actions）和法院挑戰（court challenges）向政府當局提出訴求。其次，各州之間出現了廣泛的政策差異，一些州內存在政策矛盾和衝突。最後，雖然聯邦政府保留了對移民政策的全權，但移民生活所在的州和地方法律卻越來越多地挑戰政府的權威。瑞奇認爲許多證據顯示，移民聯邦主義造成巨大的移民政策缺陷。因爲，生活在美國的移民越來越受到各種不同法律拼湊的擺布，這些法律因州而異，各地不盡相同。國家政策出現內部的矛盾，這些矛盾表示政策隨意的制定過程，而這個過程又使移民的生活受制於一系列複雜的政策網絡之中。國會的優柔寡斷和國家與地方彼此之間的政策競爭，更造成國會作爲立法機構的困難；使得國會無法以立法的方式推動更多的行政動作，各州和地方的個別行動，在在削弱了國會的權威。該篇文章精準指出目前美國移民法制與政策之缺陷，立法與行政部門之不協調，導致移民問題叢生，無法有效解決。

　　紐約移民研究中心（Center for Migration Studies of New York）的克文（Ronald Kerwin）與瓦倫（Robert Warrent）在最新出版的〈夢想法案—符合資格者的投資〉（*DREAM Act-Eligible Poised to Build on the Investments Made in Them*）一文中[30]，介紹該移民中心2017年的一項研究結果。該研究發現具備夢想法案資格者不僅具備高度生產力且與美國社會存有深厚的聯繫。因爲全美有超過220萬人能依據夢想法案獲得有條件的居住資格，另外還有92萬9,000人現今年齡在18歲以上，雖然他們當初到達美國時未滿18歲，也因爲還未獲得高中學歷或尙未入學，無法根據該法案獲得身分。在符合夢想法案條件者中，大量（5,000人以上）的人分布在全美41個州和30多個郡的大都市區和城市。潛在的符合夢想法案條

---

[30] Donald Kerwin and Robert Warren, "DREAM Act-Eligible Poised to Build on the Investments Made in Them," *Journal on Migration and Homeland Security*, Vol. 6, Number 1, 2018, pp. 61-73.

件者平均已經在美國居住超過14年，16歲以上的人60%皆已經投入勞動市
場，其中相當高的比率居住在威斯康辛州、麻省、猶他州、阿肯色州、伊利
諾州、田納西州與奧勒岡州；大多以銷售、餐飲、建築、運輸、清潔等相關
工作為主。許多符合夢想法案條件者皆具備高度技能和資格，其中7萬500人
為自由業；88%的人能說流利的英語。在這些人當中，392,500人擁有美
國公民身分的子女，超過10萬人與美國公民或合法永久居民結婚；29%
的人在大學就讀或已經獲得大學學位。符合夢想法案條件者包含50,700人
獲得臨時保護身分（Temporary Protected Status, TPS），大多來自薩爾瓦
多、海地和宏都拉斯；45%的人居住在邁阿密都會區、洛杉磯、華盛頓特
區、休斯頓、紐約市、舊金山都會區和達拉斯。該項研究還強調各州和地
方政府已經花費1,500億美元的鉅額投資在教育這些年輕的美國人。他認
為隨著時間的推移和取得公民身分的道路上，這些投資最後都會反饋在美
國整體教育水準的提升、就業率的提高、美國家庭成員的關係和流利的英
語能力。該篇文章指出符合夢想法案條件者是存在美國社會內一大群人，
他們已經深深地融入在美國社會，應該通過立法盡速給予這些年輕移民合
法的身分。本篇文章觀點呼應歐巴馬政府時期，對於移民政策改革所持之
立場與觀點，可惜在歐巴馬任期最後立法與行政部門仍未就移民政策之改
革達成協議。

　　另一位外國學者富勒登（Maryellen Fullerton）在國際難民法期刊上發
表的〈川普、動盪與恐怖主義：美國移民和難民禁令〉（*Trump, Turmoil,
and Terrorism: The US Immigration and Refugee Ban*）文章指出[31]，川普就
任美國總統以來，美國的政治舞臺充滿大規模示威、醒目的頭條新聞和
半夜狂發的推特。例如，總統的國家安全顧問因為被揭露提供了與外國
官員會面的假新聞，導致上任不到1個月就辭職。司法部長被發現因為虛
假地敘述了他與俄羅斯官員的聯繫，被迫迴避俄羅斯干涉2016年總統大
選的調查。聯邦調查局（FBI）主任前往國會山莊作證等種種混亂。川普
把移民和犯罪分子、恐怖分子連結在一起，上任5天就簽署了2份與移民

---

[31]　見Maryellen Fullerton, "Trump, Turmoil, and Terrorism: The US Immigration and Refugee Ban,"
International Journal of Refugee Law, Vol. 29, Issue 2, June 1 2017, pp. 327-338.

有關的行政命令，即「邊境安全與促進移民執法」（Border Security and Immigration Enforcement Improvements）和「加強美國國內公共安全」（Enhancing Public Safety in the Interior of the United States）。第一個行政命令授權建造一個沿著美國南部與墨西哥邊境的圍牆，並要求僱用更多邊境巡邏人員。第二個行政命令威脅要扣留拒絕與聯邦移民官員合作且爲移民提供庇護的城鎮的聯邦資金。2份行政命令充滿反移民的語氣，導致美國朝野對於此兩項行政命令的合法性進行公開激烈的辯論。該篇文章敘述川普總統上臺以來對於移民問題展現的態度與推行之措施，以及各州對於總統行政命令提起之訴訟，並認爲情緒已經造成美國嚴重的政治危機；惟該篇文章並未分析民眾意見及受影響之難移民立場。以上多篇文章顯示川普總統就任以來，在移民問題上展現的強硬立場，導致朝野及國內外的混亂、批評與激烈的辯論。本文將在下一節就川普政府推行之移民新措施做一介紹與討論。

第三節　川普政府上臺後採取之移民政策新措施

自川普競選總統時期開始便多次抨擊非法移民問題，影響國家安全；川普上臺後，更是針對移民議題提出一系列嚴格新措施；諸如緊縮移民與簽證發放政策，強化對於非法移民的治理，嚴格執行移民法規，要求在美國與墨西哥邊境建築高牆等等。本節將整理並列出自川普上臺後，對於移民問題提出之一系列新政策。

壹、緊縮移民與簽證發放、加強入境檢查與管制

2017年1月27日，川普就職一周即試圖通過發布第13769號行政命令以「保護國家免遭外國恐怖分子進入美國」爲由，履行他全面徹底關閉穆斯林進入美國的競選承諾。該紙被稱爲「穆斯林禁令」（Muslim Ban）的行

政命令將入境美國的難民人數限制在50,000人，並暫停從伊朗、伊拉克、利比亞、索馬利亞、蘇丹、敘利亞和葉門等7國入境的人數以最終終止穆斯林難民的入境。此行政命令造成700多名旅行者被拘留，超過60,000人簽證被暫時撤銷。許多州對此旅行禁令提出抗議和訴訟；針對訴訟，美國第九巡迴上訴法院於2017年2月2日宣布「臨時禁制令」（temporary restraining order），並在2017年8月31日達成的和解協議中，要求聯邦政府確認原定前往美國但在旅行禁止公布時被禁止入境的旅客，提供他們免費的法律諮詢和協助入境簽證的申請[32]。

貳、加強邊境管理、打擊犯罪

非法進入美國的移民大多數來自拉丁美洲國家如墨西哥、宏都拉斯、薩爾瓦多和瓜地馬拉等地區[33]，主要分布在加州和德州[34]。為阻止非法移民及毒販進入美國，川普於2018年4月簽署加強邊境安全的備忘錄，要求在南部邊界進行軍事部署，維護國家安全[35]。對此，與墨西哥擁有最長邊境的德州州長艾波特（Greg Abbot）立即做出回應，宣布將增加派往美墨邊界的國民警衛隊人數，以使部署人數超過1,000名[36]；主要在協助邊境巡邏人員進行監控、通訊等工作。亞利桑那州亦宣布派遣338名警衛隊至邊境加強管理。新墨西哥州州長馬丁內斯（Susana Martinez）也表示支持川普的要求。據報導，共和黨執政的三個州皆已經派遣或即將派往美墨邊界的國民警衛隊人數共約1,600人；川普要求最終向邊境增加2,000名到4,000名國民警衛。加州州長布朗（Jerry Brown）則表示會派遣400名國民警衛

---

[32] Mary Romero, "Trump's Immigration Attacks, In Brief", p. 39.

[33] 川普蓋長城更划算：美國打擊非法移民，利大於弊？，聯合報，2016年12月6日，https://global.udn.com/global_vision/story/8663/2151054。

[34] Mary Romero, "Trump's Immigration Attacks, In Brief", p. 39.

[35] 事實上，小布希和歐巴馬總統時期都曾派遣軍隊至美墨邊境協助執法，但都未取得良好效果。

[36] 保護美墨邊境　三州將派近1,600國民警衛隊員，大紀元，2018年4月11日，http://www.epochtimes.com/b5/18/4/11/n10294507.htm。

隊到邊境支援，但不會參與任何移民執法[37]。

參、嚴格執行移民法規

　　在川普就職典禮不久，隨即簽署一項國土安全行政命令，要求強化移民及海關執法局（ICE）的執法能力，就既有20,000名人員再增加10,000名[38]。2017年4月，司法部長塞斯（Jeff Session）宣布新的移民執法準則，結束歐巴馬時代「抓了就放」（CAR）的做法，並對曾經非法入境美國，包含以盜用身分、簽證或假文件欺詐的人追究重罪。過去在歐巴馬政府時期，移民局拘捕非法入境美國或非法居留的人後，就會釋放他們並給他們一個參加移民聽證會的日期；在這個日期之前他們可以留在美國，某些情況甚至可以被無條件釋放。川普政府在移民法改革的框架中提出要結束這種「抓了就放」的政策，要求嚴格執法；特別是遣返非法移民中有犯罪紀錄者以提升移民法執法效率，對非法入境採取零容忍原則。

肆、建築美墨邊境長城

　　美國和墨西哥的邊境約1,900英里，跨越加州、新墨西哥州、亞利桑那州及德州；川普總統自競選總統以來就一再表明，希望加強美國與墨西哥的邊境管理，嚴格執行移民法規，甚至要興建10到15公尺高的混凝土高牆（The Wall）代替柵欄（fence），還將要求墨西哥負擔費用。川普將興建美墨圍牆，視為打擊非法移民活動的重點，認為築牆能阻擋毒品、恐怖分子和跨國黑幫非法進入美國。對於川普的築牆政見，墨西哥總統潘尼亞尼托（Enrique Peña Nieto）表示，墨西哥會就兩國關係發展與美國合作，但墨西哥政府絕對不會出錢興建長城。川普就任後提出，如果國會批准在美國南部與墨西哥邊境沿線建立圍牆的資金，他就會同意對童年非法入境

---

[37] 布朗同意派400警衛隊員去邊境，大紀元，2018年4月13日，http://www.epochtimes.com/b5/18/4/13/n10299429.htm。

[38] Mary Romero, "Trump's Immigration Attacks, In Brief", p. 39.

者提供保護，惟最後仍未能與民主黨人士達成協議。2017年7月川普再度表示，若民主黨不支持他提出的邊界安全法案，通過250億美元的築牆資金，他寧願讓政府「關門大吉」[39]。事實上，美墨邊界現已存在約700英里的屏障，只是各區域圍欄、柵欄的高度、材質與形式不一且彼此之間未完全連結一起（見圖8-1）。2017年7月11日眾議院批准16億美元邊境安全預算，預計2018年開始動工築牆；眾議院批准的計畫除築牆經費外，還包括將花費1億美元聘僱500名邊境巡邏隊，1.31億美元使用新技術，1.06億美元採用新型飛行設備和感應器材，1.09億美元更新邊境檢查設備。此外，也將分配6.17億美元給移民及海關執法局（ICE），以使該局預算達到70億美元[40]。惟國會最後在2018年3月批准通過之1.3兆美元的政府開支法案中，仍只核准16億美元用於加強邊境安全，與川普提出之築牆預算構想及實際估算所需經費仍有極大差距，且國會限制該筆經費只能用於添購新設備及加強現有的圍牆與堤壩，不能用於建造新圍牆；川普隨後表示將建議由國防部出資築牆。

圖 8-1　美墨邊境現有圍牆分布圖

資料來源：文匯網，美墨邊境線上的八種人生：圍牆一直都在，生活照常進行，2017年2月13日，
　　　　　https://kknews.cc/zh-tw/world/4q8ygyg.html。

---

[39] 川普推特發文威脅民主黨築牆預算不過要讓政府停擺，經濟日報，2018年7月31日，https://money.udn.com/money/story/5602/3281218。

[40] 美墨「長城」動工有望　490億預算眾議院准了，自由時報，2017年7月12日，http://news.ltn.com.tw/news/world/breakingnews/2129342。

伍、終止達卡（DACA）計畫

　　原先的達卡計畫允許16歲以下或2012年6月15日抵達美國時未滿31歲的無證移民，可以延長2年的延期訴訟並有資格獲得工作許可。但川普上臺後，司法部長塞斯於2017年9月5日宣布終止「幼年入境暫緩遞解」（DACA）計畫。迄今爲止，DACA計畫的未來仍然有待法院的判決。此外，美國司法部也於2018年3月正式起訴試圖保護非法移民不被驅逐出境、要求地方警局拒絕執行聯邦法律的庇護州－加州[41]。對此，加州總檢察長貝塞拉（Xavier Bacerra）表示，加州移民執法重心在維護公共安全，而非驅逐出境[42]。

第四節　美國民衆對移民議題之態度與看法

　　美國移民政策改革複雜之處在於聯邦與各州看法不同，民主與共和黨兩黨歧見衆多，民衆看法也與政府不盡相同。在民意部分，根據紐約移民研究中心的研究，79%的美國選民支持通過立法，盡速給予符合夢想法案的年輕移民者合法的身分[43]。75%的民衆對移民持正面看法（見圖8-2）。根據皮尤研究中心（Pew Research Center）最新的一項調查顯示，自2001年以來越來越多的美國民衆贊成提高合法移民人數（見圖8-3）；38%的人認爲合法移民進入美國的人數應該維持現有水平，32%表示應該增加人數，24%的人認爲應該降低人數。自2001年以來，支持增加合法移民進入美國的民衆比例上升了22個百分點（從10%上升到32%），而支持減少的比例下降了29個百分點（從53%降至24%）。至於川普讓非法移民家庭離散的作法，多個民調同時顯示，美國民衆不認同川普讓非法移民父母與兒童在邊界被迫分離（見圖8-4）。

---

[41] 美司法部對加州庇護政策提訴指三州法違憲，大紀元，2018年3月8日，http://www.epochtimes.com/b5/18/3/7/n10198932.htm。

[42] 同前註。

[43] Mary Romero, "Trump's Immigration Attacks, In Brief", p. 39.

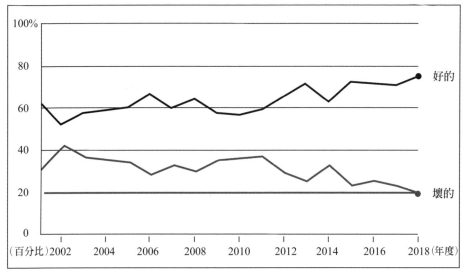

圖 8-2 美國民眾對移民看法調查

資料來源：Niraj Chokshi, "75 Percent of Americans Say Immigration is Good for Country, Poll Finds," New York Times, June 23, 2018, https://www.nytimes.com/2018/06/23/us/immigration-polls-donald-trump.html.

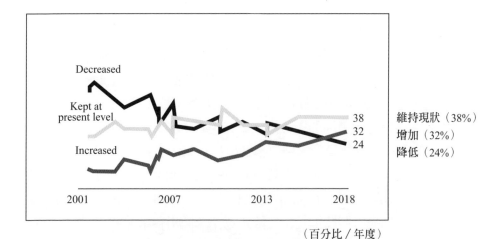

（百分比／年度）

圖 8-3 美國民眾對合法移民人數的看法

資料來源："Shifting Public Views on Legal Immigration Into the U.S.," Pew Research Center, June 28, 2018, http://www.people-press.org/2018/06/28/shifting-public-views-on-legal-immigration-into-the-u-s/.

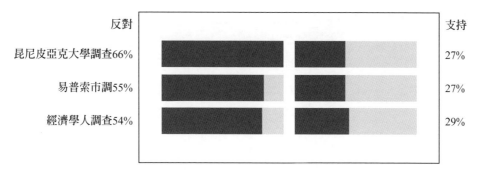

圖 8-4　美國民眾對非法移民家庭在邊界被迫分離之看法

資料來源：Niraj Chokshi, "75 Percent of Americans Say Immigration is Good for Country, Poll Finds," New York Times, June 23, 2018, https://www.nytimes.com/2018/06/23/us/immigration-polls-donald-trump.html.

第五節　結論

　　移民議題在美國始終為一個充滿正反兩方不同意見的辯論重點，共和黨向來堅持加強遣返非法移民，而民主黨則認為應對已然入境美國的非法移民展現寬容態度。共和與民主兩黨雖然皆贊成加強邊境管制，但民主黨堅決反對興建美墨邊境圍牆。川普政府雖然持續執行歐巴馬政府時期對於有犯罪紀錄之非法移民的遣返，兩任政府對於無犯罪紀錄的非法移民態度卻大相逕庭。歐巴馬總統曾經於2014年11月繞過國會推出移民改革計畫，以行政命令方式准許美國境內約500多萬的非法移民，獲得合法居留地位與工作機會[44]。但對於川普總統而言，只要是非法移民都不應該留在美

---

[44] 美國境內非法移民約有1,110萬名，歐巴馬的移民改革計畫允許擁有子女在美國出生或子女擁有合法居留權的非法成人移民，得以申請工作許可，為期3年。此外，居住在美國至少5年的非法移民能免於被遣送出境。但這些人今後不能申請公民，也無法如同其他美國人一樣申請任何政府津貼或福利。儘管如此，歐巴馬的移民改革計畫仍然引起當時共和黨籍的德州州長當選人艾波特（Greg Abbot）在德州南區聯邦法院對聯邦政府提起訴訟，艾波特指稱歐巴馬的行政命令違法。除德州以外，當時還有阿拉巴馬州、喬治亞州、愛達荷州與印第安那州共17個州都對歐巴馬的移民新措施不滿表示會加入訴訟行動。他們表示指控歐巴馬的作法會引發一波非法越境浪潮，迫使德州等美國西南邊境各州，在執法、醫療照護和教育等費用上增加支出。當時的白宮發言人唐納（Shawn Turner）表示，歐巴馬總統的行政作為具有合法正當性。美國移民法改革爭議17州控告歐巴馬政府，自由時報，2014

國；因此，他上臺以來對於非法移民展現的態度和推行的嚴厲移民政策，同樣造成許多州不滿進而控告川普的移民行政命令不合法。短期看來，不只是聯邦和各州政府、民主與共和兩黨、合法移民與非法移民，在移民問題上仍難達到共識；美國移民改革仍有一長段艱辛的路。

年12月4日，http://news.ltn.com.tw/news/world/breakingnews/1174143。奧巴馬：500萬非法移民將合法留居美國，BBC中文網，2014年11月21日，https://www.bbc.com/zhongwen/trad/world/2014/11/141121_obama_immigration。

參考文獻

一、中文部分

特朗普在對華關係上都說過什麼?，BBC中文網，2016年11月9日，http://www.bbc.com/zhongwen/trad/world/2016/11/161109_trump_on_china。

川普移民政策依舊嚴厲10要點助解讀，大紀元，2016年9月2日，http://www.google.com.tw/amp/www.epochtimes.com/b5/16/9/2/n8262363.htm/amp。

張雪梅，歐巴馬關於移民政策行政令在最高法院受挫，大紀元，2016年7月10日，http://www.google.com.tw/amp/www.epochtimes.com/b5/16/7/9/n8083320.htm/amp。

申請「達卡」紐約華裔女孩人生大逆轉，大紀元，2016年9月3日，http://www.epochtimes.com/b5/16/9/3/n8263609.htm。

美司法部對加州庇護政策提訴指三州法違憲，大紀元，2018年3月8日，http://www.epochtimes.com/b5/18/3/7/n10198932.htm。

奧巴馬移民宣告包含對父母的暫緩遞解行動（DAPA）及擴展幼年來美暫緩遞解行動（DACA），Asian Americans Advancing Justice Los Angles，2014年11月20日，https://chu.house.gov/sites/chu.house.gov/files/documents/Summary_Admin_Relief%20%28Traditional%20CHINESE%29.pdf。

終結非法移民「抓著就放」川普簽備忘錄，大紀元，2018年4月7日，http://www.google.com.tw/amp/www.epochtimes.com/b5/18/4/7/n10284081/amp。

布朗同意派400警衛隊員去邊境，大紀元，2018年4月13日，http://www.epochtimes.com/b5/18/4/13/n10299429.htm。

美墨邊境線上的八種人生：圍牆一直都在，生活照常進行，文匯網，2017年2月13日，https://kknews.cc/zh-tw/world/4q8ygyg.html。

結束「抓著就放」美國對非法移民「零容忍」，看中國，2018年4月8日，http://m.secretchina.com/news/b5/2018/04/08/855128.html。

「大篷車」1,000難民抵邊境 美增派53司法人員坐鎮，自由時報，2018年5月4日，http://news.ltn.com.tw/news/world/breakingnews/2416077。

美墨「長城」動工有望 490億預算眾議院准了，自由時報，2017年7月12日，http://news.ltn.com.tw/news/world/breakingnews/2129342。

美國移民法改革爭議17州控告歐巴馬政府，自由時報，2014年12月4日，http://news. ltn.com.tw/news/world/breakingnews/1174143。

臺美互惠使用自動通關啓用開創兩國新合作，移民署全球資訊網，2017年10月26 日，https://www.immigration.gov.tw/public/Attachment/84161594239.pdf。

臺灣加入全球入境計畫，美國在台協會，2017年10月26日，https://www.ait.org.tw/ zhtw/taiwan-joins-global-entry-zh/。

川普推特發文威脅民主黨築牆預算不過要讓政府停擺，經濟日報，2018年7月31日，https://money.udn.com/money/story/5602/3281218。

川普蓋長城更划算：美國打擊非法移民，利大於弊？，聯合報，2016年12月6日，https://global.udn.com/global_vision/story/8663/2151054。

保護美墨邊境　三州將派近1,600國民警衛隊員，大紀元，2018年4月11日，http:// www.epochtimes.com/b5/18/4/11/n10294507.htm。

二、外文部分

Donald Kerwin, "Moving Beyond Comprehensive Immigration Reform and Trump: Principles, Interests, and Policies to Guide Long-Term Reform of the US Immigration System," *Journal on Migration and Homeland Security*, Vol. 5, Number 3, 2017.

Donald Kerwin and Robert Warren, "DREAM Act-Eligible Poised to Build on the Investments Made in Them," *Journal on Migration and Homeland Security*, Vol. 6, Number 1, 2018.

Gary Reich, "Hitting a Wall? The Trump Administration Meets Immigration Federalism," *Publius: The Journal of Federalism*, Vol. 48, Issue 3, July 1, 2018.

Jen Charles Johnson, "Policies for the Apprehension, Detention, and Removal of Undocumented Immigrants," *US Department of Homeland Security*, November 20, 2014, https://www.dhs.gov/sites/default/files/publications/14_1120_memo_prosecutorial_ discretion.pdf.

Mary Romero, "Trump's Immigration Attacks, In Brief," *Contexts*, Vol. 17, Issue 1, Winter 2018.

Maryellen Fullerton, "Trump, Turmoil, and Terrorism: The US Immigration and Refugee Ban," *International Journal of Refugee Law*, Vol. 29, Issue 2, June 1 2017.

Niraj Chokshi, "75 Percent of Americans Say Immigration is Good for Country, Poll Finds," *New York Times*, June 23, 2018, https://www.nytimes.com/2018/06/23/us/

immigration-polls-donald-trump.html.

National Guard, http://www.nationalguard.mil/About-the-Guard/How-We-Began/.

William M. Donnelly, "The Root Reforms and The National Guard," *US Army Center of Military History*, May 3, 2001, https://history.army.mil/documents/1901/Root-NG.htm.

"About CBP," *US Customs and Border Protection*, November 21, 2016, http:// https://www.cbp.gov/about.

"Building a 21st Century Immigration System," *The White House*, May 2011, http://www.whitehouse.gov/sites/default/files/rss_viewer/immigration_blueprint.pdf.

"Creating an Immigration System for the 21st Century," *The White House*, January 29, 2013, http://www.whitehouse.gov/issues/immigration.

"Executive Order: Border Security and Immigration Enforcement Improvements," *The White House*, January 25, 2017, https://www.whitehouse.gov/presidential-actions/executive-order-border-security-immigration-enforcement-improvements/.

"Executive Order: Enhancing Public Safety in the Interior of the United States," *The White House*, January 25, 2017, https://www.whitehouse.gov/presidential-actions/executive-order-enhancing-public-safety-interior-united-states/.

"Exercising Prosecutorial Discretion with Respect to Individuals Who Came to the United States as Children and with Respect to Certain Individuals Who Are the Parents of U.S. Citizens or Permanent Residents," *US Department of Homeland Security*, November 20, 2014, https://www.dhs.gov/sites/default/files/publications/14_1120_memo_deferred_action.pdf.

"H.R.6061 - Secure Fence Act of 2006," *Congressional Record*, Vol. 152, October 26, 2006, https://www.congress.gov/bill/109th-congress/house-bill/6061/text?overview=closed.

"NEXUS," *Canada Border Services Agency*, October 30, 2017, http://www.cbsa-asfc.gc.ca/prog/nexus/menu-eng.html.

"Shifting Public Views on Legal Immigration Into the U.S.," *Pew Research Center*, June 28, 2018, http://www.people-press.org/2018/06/28/shifting-public-views-on-legal-immigration-into-the-u-s/.

"Trusted Traveler Programs,"*Department of Homeland Security*, August 23, 2018, https://www.dhs.gov/trusted-traveler-programs.

"Who We Are," *US Immigration and Customs Enforcement*, March 20, 2018, https://www.

ice.gov/about.

"What We Do," *US Citizenship and Immigration Services*, April 12, 2018, https://www.us-cis.gov/about-us/what-we-do.

附錄　幼年入境暫緩遞解（Deferred Action for Childhood Arrivals）簡明資訊（2017年9月）

何謂「童年入境者暫緩遣返行動」（DACA）計畫？

DACA，是「童年入境者暫緩遣返行動」（Deferred Action for Childhood Arrivals）的簡稱。這是2012年開始的一項聯邦移民計畫，旨在幫助在童年時來到美國的無證移民。DACA為符合資格的無證移民提供免受遣返的臨時保護，並使其能獲得工作准許。DACA接受人，或稱「夢想生」（Dreamers），可以合法工作，獲得社會安全卡，並接受其他重要福利和服務（包括紐約州醫療補助，Medicaid）。這可以有助於他們自己及其家庭。

川普總統宣布DACA計畫停止，這意味著什麼？

自2017年9月5日起，聯邦政府將停止接受新的DACA申請。2017年9月5日為止收到的新的DACA申請表將被裁決。其DACA將在2018年3月5日當日或之前失效的人們能獲得一次續期2年的更新，前提是聯邦政府截至2017年10月5日收到其續期更新的申請表。其DACA身分將在2018年3月6日當日或之後到期的DACA接受人將不能獲得續期更新。所有當前的DACA身分均將持續有效，直至其到期日。另外，聯邦政府在2017年9月5日起將不會批准為DACA接受人提出的任何新的「預先假釋」（Advance Parole）文件，即俗稱的「回美證」。

我擁有DACA和工作許可，我的就業准許卡仍然有效嗎？

您的就業准許卡（employment authorization card）在直至到期日之前是有效的，除非被個別地終止或剝奪。

我擁有DACA，聯邦政府是否將用我的資訊來遣返我？

聯邦政府已確認：在DACA申請中所提供的資訊將不會被主動地提供給移民執法機構。然而，同以前一樣，在涉及公眾安全威脅、犯罪行動或詐騙的情況下，有關資訊可以被遞交給移民執法機構。

我是DACA接受人，我的紐約州駕駛證會怎麼樣？如果我失去DACA身分，我能獲得一份身分證嗎？

　　紐約州駕駛證和身分證的有效時間至該證件上的截止日為止（不是「臨時探訪者」（Temporary Visitor）截止日期。然而，根據紐約州法律法規，如果在申請更新時您不再具有有效的「臨時探訪者」身分（如DACA、受臨時保護身分以及其他移民身分），則您不能更新您的駕駛證或其他的車輛管理局（DMV）身分證件。無論移民身分為何，需要身分證的紐約市居民可以免費申請一張紐約市身分證（IDNYC）。紐約市身分證（IDNYC）不能授予您駕駛的證件，但在全市政府機關和很多其他情況下是被接受的身分證。如需預約，請致電311，說「IDNYC」或者訪問網站nyc.gov/IDNYC。

為DACA接受者提供幫助

　　「紐約市行動」（ActionNYC）能在您的社區內並以您的語言提供免費且安全的移民法律幫助。請在星期一至星期五上午9點至下午6點之間致電1-800-354-0365；或者致電311，說「ActionNYC」。「紐約市健全」（NYC Well）是一項免費且保密的心理健康服務渠道，提供超過200種語言的全天候服務。請致電1-888-NYC-Well，發訊息WELL到65173；或者瀏覽www.nyc.gov/nycwell。

採取行動，為DACA辯護

　　請到網站nyc.gov/DACA，瞭解更多資訊。打電話給您本地的選舉產生的官員，發出您關於DACA的心聲。去市長辦公室做義工，在即將舉行的市議廳會議、講座上提供幫助，為DACA辯護。瀏覽網站：nyc.gov/MOIAVolunteer；或者發電子郵件到MOIA-Volunteers@cityhall.nyc.gov。邀請市長移民事務辦公室（Mayor's Office of Immigrant Affairs）到您的社區參加一次「知道您的權利論壇」（Know Your Rights Forum）。瀏覽網站nyc.gov/InviteMOIA；致電（212）788-7654（上班時間）。

國家圖書館出版品預行編目資料

移民政策與法制／陳明傳等著.--初版.--臺北
市：五南圖書出版股份有限公司，2019.01
　　面；　公分
ISBN 978-957-763-208-1（平裝）

1.移民　2.公共政策

577.61　　　　　　　　　　107021704

1RA8

移民政策與法制

作　　　者 ― 陳明傳（263.6）、許義寶、王寬弘、柯雨瑞、
　　　　　　　黃翠紋、高佩珊、江世雄、黃文志、蔡政杰、
　　　　　　　吳冠杰

發 行 人 ― 楊榮川

總 經 理 ― 楊士清

副總編輯 ― 劉靜芬

責任編輯 ― 蔡琇雀、呂伊真、李孝怡

封面設計 ― 姚孝慈

出 版 者 ― 五南圖書出版股份有限公司

地　　　址：106台北市大安區和平東路二段339號4樓

電　　　話：(02)2705-5066　　傳　　　真：(02)2706-6100

網　　　址：https://www.wunan.com.tw

電子郵件：wunan@wunan.com.tw

劃撥帳號：01068953

戶　　　名：五南圖書出版股份有限公司

法律顧問　林勝安律師

出版日期　2019年1月初版一刷
　　　　　2023年5月初版二刷

定　　　價　新臺幣400元

經典永恆・名著常在

五十週年的獻禮——經典名著文庫

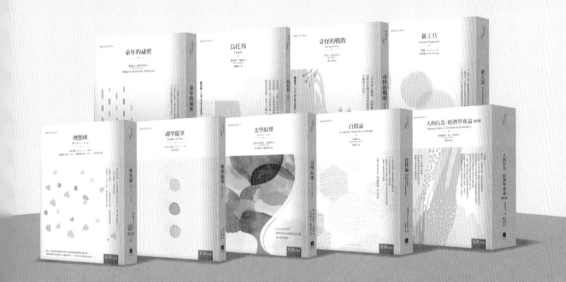

五南，五十年了，半個世紀，人生旅程的一大半，走過來了。
思索著，邁向百年的未來歷程，能為知識界、文化學術界作些什麼？
在速食文化的生態下，有什麼值得讓人雋永品味的？

歷代經典・當今名著，經過時間的洗禮，千錘百鍊，流傳至今，光芒耀人；
不僅使我們能領悟前人的智慧，同時也增深加廣我們思考的深度與視野。
我們決心投入巨資，有計畫的系統梳選，成立「經典名著文庫」，
希望收入古今中外思想性的、充滿睿智與獨見的經典、名著。
這是一項理想性的、永續性的巨大出版工程。
不在意讀者的眾寡，只考慮它的學術價值，力求完整展現先哲思想的軌跡；
為知識界開啟一片智慧之窗，營造一座百花綻放的世界文明公園，
任君遨遊、取菁吸蜜、嘉惠學子！